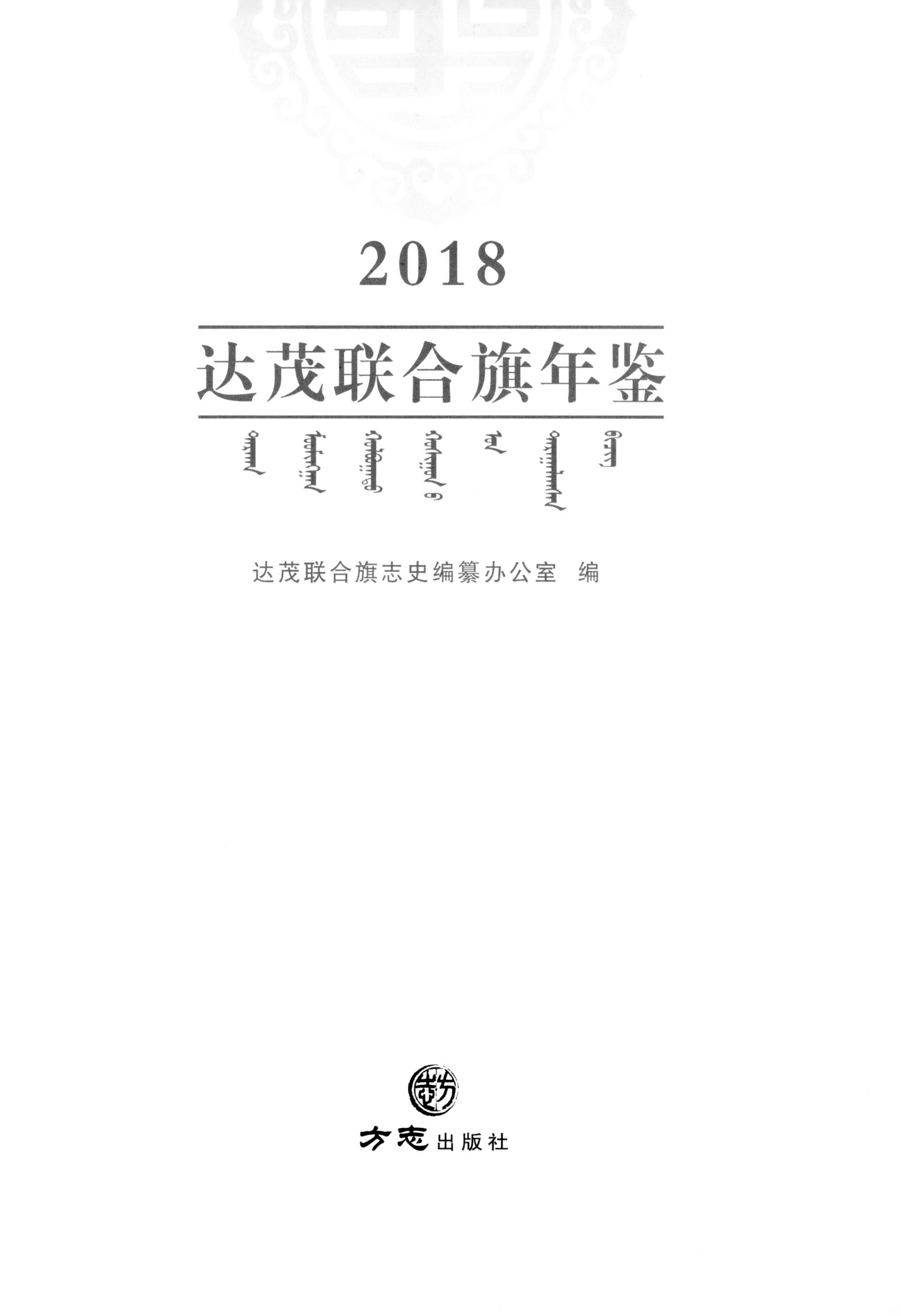

2018

达茂联合旗年鉴

达茂联合旗志史编纂办公室 编

方志出版社

图书在版编目(CIP)数据

达茂联合旗年鉴. 2018 / 达茂联合旗志史编纂办公室编. -- 北京:方志出版社, 2020.12
ISBN 978-7-5144-4749-1

Ⅰ. ①达… Ⅱ. ①达… Ⅲ. ①达尔罕茂明安联合旗 - 2018 - 年鉴 Ⅳ. ①Z522.64

中国版本图书馆 CIP 数据核字(2021)第 214842 号

达茂联合旗年鉴(2018)

编　　者: 达茂联合旗志史编纂办公室
责任编辑: 黄 彦
出 版 者: 方志出版社
地址 北京市朝阳区潘家园东里 9 号(国家方志馆 4 层)
邮编 100021
网址 http://www.zgfzcb.cn
发　　行: 方志出版社图书经销中心
电话(010)67110500
经　　销: 各地新华书店
印　　刷: 包头市京精彩色印务有限责任公司
开　　本: 889×1194　1/16
印　　张: 18.125
字　　数: 382 千
印　　数: 001~300 册
版　　次: 2020 年 12 月第 1 版　2020 年 12 月第 1 次印刷
ISBN 978-7-5144-4749-1　定价:180.00 元

《达茂联合旗年鉴（2018）》编纂委员会

主　　任　雪　松

　　　　　刘海泉

副 主 任　王利军

委　　员　杨志敏　贾智源　冯俊飞　冯国成　王宏伟　吕丽娜

主　　编　王宏伟

编　　委　樊瑞祥　李晨辉　包　妍　付晓颖　谢　安　甘地戈

　　　　　姜　哲　陈福佳　张璟旭　郭晓宇　杨　浩　张敏慧

　　　　　靳旭超　韩晓宇　李岩峰　赵彦泽　任虹霞　道日娜

　　　　　牧　仁　李　喆　刘宇星　郝永乐　皇宇璇　杨　帆

　　　　　乌达巴拉　于阿木古楞

美　　编　古麦平面设计工作室

编辑说明

一、《达茂联合旗年鉴(2018)》坚持以马克思列宁主义、毛泽东思想、邓小平理论、“三个代表”重要思想、科学发展观、习近平新时代中国特色社会主义思想为指导,记载达茂联合旗2017年度自然、政治、经济、文化、社会等各个方面发展情况,力求达到存史资治的作用。

二、《达茂联合旗年鉴(2018)》共设特载、达茂概览、大事记、中国共产党达茂联合旗委员会、达茂联合旗人民代表大会、达茂联合旗人民政府、中国人民政治协商会议达茂联合旗委员会、纪律检查委员会、监察委员会、军事、法治、群众团体、综合经济管理、财政 税务 金融、农村牧区经济、工业与园区建设、商贸流通、城乡建设、环境和生态保护、交通运输、邮政通信、教育科技、文化体育广电旅游、卫生计划生育、民政民族宗教、人力资源和社会保障、苏木乡镇等类目,约20万字。

三、记录时限为2017年1月1日至12月31日,收录资料的地域范围为达茂联合旗行政区域。

四、《达茂联合旗年鉴(2018)》所载内容均由达茂联合旗旗属和驻旗各机关、企事业单位、社会团体提供。

目 录

财务 税务 金融

特 载

中共达茂联合旗十三届四次全会报告(节选)

旗委书记 恩和特布沁

(2017年2月5日)

2016年各项工作任务

2016年,面对严峻复杂的经济形势和艰巨繁重的改革发展稳定任务,在自治区党委和包头市委的坚强领导下,旗委团结带领全旗各级党组织和各族干部群众,深入实施"全面转型、开放发展"战略,主动作为、攻坚克难,实现"十三五"良好开局。

——综合实力实现新提升。全旗地区生产总值完成212.8亿元、增长7.3%,固定资产投资完成222.9亿元、增长14.6%,公共财政预算收入完成16.58亿元、增长7.5%,社会消费品零售总额达到23.2亿元、增长9.6%,城镇和农村牧区常住居民人均可支配收入分别达到34370元和12691元、均增长7.7%。我旗成为国家有机产品认证示范创建区,获得全国计划生育优质服务先进旗、2016创新中国绿色发展优秀城市殊荣,成功创建为国家卫生旗县;被评为自治区农畜产品质量安全旗、文物工作先进集体,创建自治区文明旗县城进入拟命名行列,自治区双拥模范旗实现"七连冠"。"达茂羊肉"被认定为国家地理标志保护产品,"达茂小红皮小麦"成为国家地理标志证明商标,"达茂草原羊"被认定为中国驰名商标,"九华"被认定为自治区著名商标。黄花滩村入选国家美丽宜居村庄,明安镇入选国家美丽宜居小镇和自治区特色景观旅游名镇。成功承办第四届中国游牧文化旅游节和自治区新闻出版广播影视固边工程现场会。

——转型升级取得新成效。重点项目扎实推进,实施亿元以上重点项目60个、竣工27个,招商签约项目15个、协议投资151亿元,引进国内(区外)资金79亿元。工业经济稳中有进,落实中央结构调整奖补等专项资金8364万元、融资1.7亿元,规模以上工业增加值增长8.9%,亿立萤石等7户企业挂牌新四板；新增清洁能源并网100万千瓦，风电并网规模蒙西第一，蒙西地区电力外送通道论证列入国家电力发展“十三五”规划。农牧业提质增效，粮食总产量1.08亿公斤，连续五年稳定在1亿公斤以上；建成规模化肉羊育肥基地5处、种羊纯繁基地1处，新建黄花滩现代农牧业产业园区，毕力格泰、文公乡情成为自治区龙头企业，龙头企业与农牧民利益联结机制更加完善，带动4015户、1.2万农牧民增收致富。全域旅游创建成效显著，建成旅游大数据中心，组建“1+3”旅游综合执法机构，各景区基础设施更加完善，全域旅游服务网络基本形成，智能化管理走在自治区前列；希拉穆仁草原旅游标准化示范点通过国家中期评估，新增AAA级景区2处、AA级1处，成功举办“冰雪草原·最美达茂”旅游节，全年接待游客突破200万人次，创历史新高。

——*改革开放取得新进展*。各领域改革有序推进，全年实施10个领域140项改革，出台重要改革文件64个、形成改革成果126项；圆满完成自治区试点改革任务，土地确权实测68.7万亩，草原确权承包试点工作通过自治区验收；深化多元化矛盾纠纷解决机制改革，化解矛盾纠纷1560余件，形成了一批可复制推广的改革经验。对外开放水平持续提升，开工建设公路物流园区二期、铁路物流园区、海关保税仓库等项目，肉类进口指定口岸、互市贸易区分别获得国家质检总局和自治区人民政府批复，塔温陶勒盖煤矿至杭吉口岸公路列入中蒙合作建设项目；改造联检大楼，新建联检部门功能性用房、出入境人员服务中心，建成出境免税店，启用报关报检综合服务大厅和“五进五出”货运通道，重组普盛满都拉海关监管场所，旅检出入境通道实现“三互”大通关，全年进出口货物80.1万吨、增长234%。

——*城乡统筹取得新突破*。百灵庙镇服务功能持续完善，实施关系长远发展的城建重点项目40个，建成区集中供热普及率、污水处理率、生活垃圾无害化处理率分别达到90%、88%和97%，绿地率32.2%，达到自治区园林县城创建标准；改造棚户区1952户，居民住宅楼房化率达到90%。农村牧区建设进程加快，建立三级干部包联“十个全覆盖”工程责任制，完成183个自然村工程建设任务，农牧民生产生活条件得到根本改善。发展承载能力进一步增强，开工建设通用机场和包满铁路三期工程，希拉穆仁至百灵庙公路具备通车条件，建成通村公路227公里；新建110千伏变电站3座，实施新一轮农村电网改造；完成农村牧区安全饮水工程242处。生态建设和环境保护工作扎实推进，全旗牧草平均高度27.2厘米、植被平均盖度27.7%、森林覆盖率14.3%，取缔不符合环保要求小企业40余家，中央环保督察组交办的13件环境问题全部整改销号，圆满完成包头市下达的节能减排任务。

——社会建设取得新成果。脱贫攻坚步伐加快，健全旗、乡、村三级帮扶组织机构，落实各级各类扶贫资金1.16亿元，1228名国贫人口、2389名市贫人口稳定脱贫。教育事业均衡发展，新建完善了一批校园基础设施，中小学全部达到自治区义务教育办学标准。公共卫生服务体系更加完善，新建改造基层卫生院6所、嘎查村卫生室7个，建成蒙医医院整体搬迁项目，启动创建国家健康促进旗。文化建设成果显著，建成嘎查村文化室6个、文化广场14个、转播台站10座，创作《草原检察官》《影观达茂》等一批文艺精品，送戏送电影下乡1208场，群众精神文化生活更加丰富。社会保障能力明显增强，城镇新增就业1523人，农牧民转移就业2.26万人，城镇登记失业率3.71%；城乡居民养老、医疗保险参保率分别达到100%和99.5%，低保、“五保”等困难群众救助工作扎实开展。社会大局和谐稳定，信访批次和人次分别下降21.8%和20.7%。持续加强安全生产和食品药品监管，有效保障群众生命财产安全。档案、志史、气象、红十字、残疾人、老年人等各项事业也取得了新进展。

——从严治党开创新局面。“两学一做”学习教育扎实开展，搭建八学、五大课堂等平台深化学习，党员干部“四个意识”明显增强，选树了全国优秀共产党员潘志荣等先进典型。基层党组织建设全面加强，圆满完成旗、乡两级党委换届，深化三级联述联评联考，创新设立北疆联合党委和老年文体协会联合党支部，设置一批北疆堡垒户、党员中心户、党小组和流动党支部，党的工作触角向一线延伸；深化“四个一”联系服务群众工作模式改革，便民服务网络更加完善；实施嘎查村阵地达标工程，基层保障经费均达到或超过自治区标准。干部和人才队伍持续优化，选拔了一批政治强、敢担当、作风正的领导干部，招录各类人员127人。党风廉政建设持续强化，全面落实“两个责任”，严格执行中央“八项规定”和各级配套规定，严查违纪行为，给予党纪、政纪处分和组织处理37人。民主政治建设扎实推进，支持人大及其常委会依法履行职能，支持政协及其常委会积极建言献策，支持司法机关独立行使职权，全面加强统战工作，认真落实党的民族宗教政策，充分发挥群团组织作用，各层次各领域政治参与有序扩大。

在旗委十三届八次全体会议上的讲话

旗委书记 雪松

(2017 年 11 月 28 日)

今天会议的主要任务是深入学习贯彻党的十九大精神，贯彻落实《中共中央关于认真学习宣传贯彻党的十九大精神的决定》《内蒙古自治区党委关于认真学习宣传贯彻党的十九大精神，决胜全面建成小康社会加快建设亮丽内蒙古的决定》《中共包头市委员会关于学习宣传贯彻党的十九大精神的决定》，研究讨论《中共达茂联合旗党委关于认真学习宣传贯彻党的十九大精神的实施方案（讨论稿）》《中共达茂联合旗委员会"三重一大"事项集体决策制度》《全旗 2017 年主要经济指标预计完成情况及 2018 年预期目标安排情况》，动员全旗各级党组织和广大党员干部，不忘初心、牢记使命，守望相助、团结奋斗，围绕全市"提档升级、争创一流"发展目标，更加紧密地团结在以习近平为核心的党中央周围，为决胜全面建成小康社会、早日建成"亮丽内蒙古，共圆伟大中国梦"的达茂篇章而不懈奋斗。

一、提高思想认识，切实把思想和行动统一到党的十九大精神上来

学习宣传贯彻党的十九大精神，是当前和今后一个时期的首要政治任务。党的十九大胜利闭幕后，旗委严格按照中央、自治区党委和包头市委的要求，及时部署、有力推进，全旗各级党组织立即行动、精心组织，迅速兴起了学习宣传贯彻党的十九大精神的热潮。我们要在前一段学习宣传贯彻的基础上，按照习近平总书记"全党来一个大学习"的重要指示，在学懂弄通做实上狠下功夫，着力在以下六个方面聚焦聚力、持续努力。

一要把着力点聚焦到习近平新时代中国特色社会主义思想是党必须长期坚持的指导思想上，我们要深入学习领会"八个明确"的核心内容和"十四个坚持"

的基本方略，深入学习领会这一重要思想的时代背景、科学体系、精神实质、实践要求，深入学习领会这一重要思想的重大政治意义、理论意义、实践意义，以高度的政治认同、思想认同、理论认同、情感认同，更加坚定自觉地用这一重要思想固本培元、凝魂聚气、指引方向、统领工作。

二要把着力点聚焦到5年来党和国家事业取得历史性成就和发生历史性变革上，深刻认识过去5年我们党和国家事业之所以能够取得历史性成就、发生历史性变革，最重要的是我们党有了习近平总书记这个核心，有了以习近平为核心的党中央的坚强领导，有了习近平新时代中国特色社会主义思想的科学指引，从中汲取力量、激发豪情、鼓舞斗志，更加牢固地树立中国特色社会主义道路自信、理论自信、制度自信、文化自信。

三要把着力点聚焦到作出中国特色社会主义进入了新时代、我国社会主要矛盾已经转化为人民日益增长的美好生活需要和不平衡不充分的发展之间的矛盾等重大政治论断的深远影响上，我们要牢牢把握我国发展新的历史方向，按照新时代的要求完善发展战略和各项政策，推进和落实各项工作；牢固树立新发展理念，着力解决发展不平衡不充分的突出问题，更好满足人民多方面日益增长的需要。

四要把着力点聚焦到贯彻落实党的十九大的重大决策部署上，我们要深刻认识党的十九大关于改革发展稳定、内政外交国防、治党治国治军重大部署的丰富内涵和实践要求，紧密结合实际，创造性地抓好贯彻落实，统筹推进“五位一体”总体布局和协调推进“四个全面”战略布局，更加奋发有为地为实现新时代党的历史使命而奋斗。

五要把着力点聚焦到以习近平为核心的新一届中央领导集体是深受全党全国各族人民拥护和信赖的领导集体上，我们要深刻认识到，党的十九大选举产生的新一届中央领导集体，集中体现了全党全军全国人民的共同意志，充分反映了党和人民事业蓬勃兴旺，特别是选举习近平继续担任中央委员会总书记，为我们党迈进新时代、开启新征程、续写新篇章提供了最坚强有力的保证，更加坚定自觉地维护以习近平为核心的党中央权威和集中统一领导。

六要把着力点聚焦到习近平总书记是全党拥护、人民爱戴、当之无愧的党的领袖上，我们要深刻认识习近平总书记高超的政治智慧、宏阔的战略格局、顽强的意志品质、强烈的历史担当、深厚的为民情怀、崇高的人格魅力、非凡的领袖风范，深刻认识领袖身上展现的强大信仰力量、真理力量和人格力量，在任何时候、任何情况下都坚定自觉地爱戴核心、忠诚核心、服从核心、捍卫核心。

二、精心组织周密部署，不断推动党的十九大精神学习宣传贯彻工作往实里走、往深里走

学习好、宣传好、贯彻好党的十九大

精神是全旗当前和今后一个时期的头等大事、中心工作、首要任务。全旗各级党组织要按照中央、自治区党委、包头市委和旗委的统一部署,精心组织、周密安排、广泛动员,迅速在全旗范围内掀起学习宣传贯彻党的十九大精神的热潮。关于如何更好地学习宣传贯彻十九大精神,我们在11月6日召开的全旗传达贯彻党的十九大精神干部大会上已进行专门的安排部署,宣传部门也下发了相关的通知,这里我再重申一下:

一要突出学习的深度,做到学通学透。各级各部门要以高度的政治自觉和强烈的使命担当,周密部署、迅速组织广大党员干部原原本本、认认真真学习党的十九大文件特别是大会报告,努力做到学深学透、融会贯通、内化于心、外化于行。全旗各级党组织要把党的十九大精神作为理论学习的中心内容,制定切实可行的学习计划,通过组织专题学习研讨、办好专题报告、辅导讲座等多种形式,将党的十九大精神逐级传达到每一个党支部,传达到每一名党员干部群众。市委已开始对县级干部开展轮训工作,旗委组织部要会同宣传部尽快制定党员干部轮训工作计划,有重点、分批次抓好党员领导干部和基层党支部书记的集中培训,引导广大党员干部精读原文、深悟原理,循序渐进地领会和把握其中的精神实质、精髓要义和内在逻辑,推动各级党组织和党员干部更加自觉地学习贯彻党的十九大精神、学习贯彻习近平新时代中国特色社会主义思想。各级领导干部特别是县级领导要以上率下带头学、作示范,先学一步、深学一层,真学真懂、真信真用,同时要加强分管领域和部门的统筹指导,认真落实党员领导干部讲党课制度,把广大党员干部的思想和行动统一到党的十九大确立的新思想、新论断、新目标、新要求上来,确保学习活动不走形式、不走过场、务求实效。

二要突出宣传的广度,做到入脑入心。各级各部门特别是宣传部门要精心组织、深入推进,继续大规模地开展集中宣讲、新闻宣传、网络宣传,努力营造学习贯彻党的十九大精神的浓厚氛围。要继续加大宣传力度,充分用好传统媒体和新媒体,既宣传党的十九大确立的重要思想、重要观点、重大判断、重大举措,又宣传我旗在学习贯彻落实党的十九大精神、推动达茂发展和党的建设各个方面工作上的新思路、新举措、新成效,充分反映干部群众学习贯彻的良好风貌,引导全旗上下把学习贯彻党的十九大精神与推动达茂工作紧密结合起来,增强宣传的深入性和针对性。要继续抓好宣讲活动,旗委宣传部要在前一个阶段工作的基础上,主动对接自治区党委、包头市委的宣讲活动,组织宣讲团继续深入基层一线开展宣讲活动,全面准确地将党的十九大精神面对面宣讲到基层,确保宣讲活动覆盖到各个社会群体。要注重常态长效,继续采取干部群众喜闻乐见的形式,推动党的十九大精神进企业、进农村牧区、进机关、进校园、进嘎查村(社区)、进军营,真正把党的十九大精神讲清楚、讲明白,让群众听得懂、能领会、可落实,着力把学习贯彻的氛围造得更浓,把干部群众的干劲鼓得更足。要把学习宣传贯彻工作融入日常、抓在经常,结合“两学一做”学习教育常态化制度化,按照上级的要求,谋划制定“不忘初心、牢记使命”主题教育方案并抓好组织实施,使党的十九大精神成为凝聚人心、鼓舞士气、推动工作的持久动力。

三要突出贯彻的力度,做到真学真用。学习宣传贯彻党的十九大精神,关键在知行合一、真抓实做、全面贯彻,让党的十九大精神在达茂旗落地生根。要旗帜鲜明讲政治。坚决维护以习近平为核心的党中央权威和集中统一领导,是最大的政治、最重要的纪律,是做好一切工作的首要前提。我们要牢固树立“四个意识”,坚定“四个自信”,更加紧密地团结在以习近平为核心的党中央周围,更加自觉地在思想上政治上行动上同以习近平为核心的党中央保持高度一致,更加坚决地贯彻党的基本理论、基本路线、基本方略,更加扎实地把中央和自治区党委、包头市委、旗委的各项决策部署落到实处。要深学笃用新思想。深刻领会习近平新时代中国特色社会主义思想的时代背景、历史地位、科学体系、精神实质、实践要求,深入领会贯穿其中的坚定信仰信念、鲜明人民立场、强烈历史担当、求真务实作风、勇于创新精神和科学方法论,学思践悟、知行合一,更好地用党的创新理论武装头脑、指导实践并将其体现在我们的工作思路、工作谋划、工作举措、工作作风、工作成效上,努力在解放思想上提升新境界,在改革开放上实现新突破,在科学发展上取得新成效,奋力开创达茂经济社会发展新局面。要聚焦主业强党建。贯彻落实党的十九大精神,推进新时代下各项事业发展,关键在党,关键在人。我们要按照新时代党的建设总要求,对全旗党建工作进行全面审视,进一步完善党建工作思路举措,严格落实管党治党政治责任,全面推进党的政治建设、思想建设、组织建设、作风建设、纪律建设和制度建设,特别是要坚持把党的政治建设摆在首位,以推进“两学一做”学习教育常态化制度化和开展“不忘初心、牢记使命”主题教育为抓手,用党的创新理论武装头脑,推动全党更加自觉地为实现新时代党的历史使命不懈奋斗,不断增强党的政治领导力、思想引领力、群众组织力、社会号召力。

三、全力做好当前工作,以党的十九大精神为指导开创达茂经济社会发展新局面

学习宣传贯彻党的十九大精神,关键在行动,归根结底要落实到“干”字上。做好当前各项工作,保持良好发展态势,是贯彻落实党的十九大精神的基本要求和具体体现。要紧盯当前的大事要事,拿出实实在在的行动和成效,确保党的十九大精神落实好、见成效。

(一)圆满完成年度目标。年度目标能否圆满完成,是对各级各部门学习贯彻党的十九大精神的有效检验、具体检验。现在距离年底不到40天的时间了，全年工作到了全面冲刺阶段,我们要按照“各项目标任务要全部完成”的要求,认真盘点,准确定位，确保全年目标任务圆满完成。要紧盯经济运行，合理调整2017年主要经济指标。今年以来,受经济下行、推进供给侧结构性改革、清理整顿政府投资项目等诸多因素影响，我们对2017年主要经济指标完成情况进行了研究分析,并与包头市有关部门沟通对接,综合汇总各方面因素，并经旗委常委会会议研究决定,对地区生产总值、固定资产投资、一般公共预算收入、社会消费品零售总额四项指标进行调整：地区生产总值由年初的增长8%左右调整为4%左右,固定资产投资由增长15%左右调整为2%左右,一般公共预算收入由增长6%左右调整为下降68.05%，社会消费品零售总额由增长10%左右调整为6%左右。城镇常住居民和农村牧区常住居民人均可支配收入预期目标分别为增长8%左右和8.5%左右,预计可完成预期目标,未做调整。要立足发展实际，科学制定2018年各项经济指标:地区生产总值增长7%左右,固定资产投资增长7%左右，一般公共预算收入增长6%左右，社会消费品零售总额增长6%左右,城镇、农村牧区常住居民人均可支配收入分别增长8%左右和8.5%左右。要紧扣决胜全面建成小康社会,大力实施科教兴旗战略、人才强旗战略、乡村振兴战略、区域协调发展战略、可持续发展战略、军民融合发展战略,特别要突出抓重点、补短板、强弱项,使全面建成小康社会得到人民认可、经得起历史检验。要结合党的十九大的新要求和形势任务的新变化,在深化落实旗委第十三次党代会决策部署方面不断推出新举措、取得新成效，加快形成优势突出、结构合理、创新驱动、区域协调、城乡一体的发展新格局,努力实现更高质量、更有效率、更加公平、更可持续的发展。

(二)全力做好重点工作。始终坚持目标导向与问题导向相结合,紧紧围绕发展之需,把旗委、政府关于生态建设、对外开放、产业升级、城乡建设等方面的思路举措落到实处,抓大事、破难题,补短板、创优势,确保各项工作实现全面突破、取得新的成效。

一要突出抓好环境保护,持续推进绿色发展。党的十九大报告强调:“必须坚持节约优先、保护优先、自然恢复为主的方针，形成节约资源和保护环境的空间格局、产业结构、生产方式、生活方式,还自然以宁静、和谐、美丽。”要坚持人与自然和谐共生,正确处理经济社会发展与生态环境保护的关系,牢固树立绿水青山就是金山银山的理念,深刻汲取甘肃祁连山国家级自然保护区局部生态破坏问题突出的教训，像对待生命一样对待生态环境，抓好突出环境问题整治，让达茂的天更蓝、草更绿、水更清、空气更清新、广大群众更开心。要大力改善草原生态环境，严格落实草原补奖机制，巩固阶段性禁牧成果，探索草原生态恢复后保护和利用的新途径，拓宽禁牧牧民增收致富新渠道，实现草原增绿与牧民增收双赢。要下大力气做好禁牧工作。各苏木乡镇、草监局、禁牧办等相关部门要高度重视禁牧工作，严格草原管护，坚决打击偷牧夜牧等行为，充分利用元旦、春节等重要节点，引导牧民尽快出栏牲畜。我们将严厉惩处在禁牧工作中执行不力的部门和个人，凡是落实不力的，旗委、政府将严肃追责问责。要强化生态保护建设，推动小流域综合治理，全面推行河长制，推进治水常态长效；完善重点生态功能区产业准入负面清单，加强工业园区、农牧业面源污染和矿山地质环境综合治理，发展生态环保产业。坚决制止和惩处破坏生态环境行为，盯紧巡视反馈环境问题的整改落实，巩固生态环保建设成果，筑牢祖国北疆生态安全屏障。

二要突出抓好转型升级，全力振兴实体经济。牢固树立创新、协调、绿色、开放、共享的发展理念，以供给侧结构性改革为主线，抓住振兴实体经济这个根本，提升发展质量和效益，增强我旗经济创新力和竞争力。要推动工业经济提质增效。坚持做优做大增量，依托丰富的风能、太阳能资源，创新清洁能源发展模式，推进清洁能源就地消纳，推动千万千瓦级风电基地建设，全面提升清洁能源产业效能。改造提升传统产业，利用好俄蒙资源和对外贸易优势，推进白彦花煤田开发和就地加工转化，启动实施一批资源消耗低、环境污染小、经济效益好的重大项目，不断做大工业规模，增强工业发展后劲。要全力抓好全域旅游。强化A级景区建设，加快推动吉穆斯泰景区、百灵那达慕文化（体育）产业园创建为AAAA级旅游景区，引进大型旅游公司开发建设。完善自驾游营地配套设施，探索开行铁路旅游专列，开通跨境旅游线路，探索航空旅游发展新模式，提前谋划滑雪、滑冰等冬季旅游项目。完善全域、全时、全民旅游规划，顺利通过创建国家全域旅游示范区验收。

三要突出抓好改革开放，着力增强发展动力。习近平总书记深刻指出："改革只有进行时，没有结束时。新时代坚持和发展中国特色社会主义，根本动力仍然是全面深化改革。"我们要始终高举改革旗帜，站在更高起点谋划改革，以更大的决心、勇气和力度推进改革，不断为全旗各项事业发展注入新的动力和活力。要扎实推进改革工作。统筹推进经济、社会等各领域改革，重点抓好总书记嘱托自治区先行先试的三项改革，努力在加强生态文明制度建设、完善龙头企业与农牧民利益联结机制、深化与俄蒙合作等方面形成有分量的改革成果，坚决破除制约发展的体制机制障碍，充分释放改革红利。要着力扩大对外开放。深度融入“一带一路”和呼包鄂协同发展战略,推进互市贸易区、肉类进口指定口岸、海关保税仓库等项目,建成满都拉口岸至塔温陶勒盖矿运公路,积极推动满都拉口岸至赛音山达跨境公路、满都拉口岸至朱恩巴音跨境铁路等项目,加快推进铁路综合物流园区建设项目。全力扩大进出口业务,深化“三互”大通关改革,加强双边贸易“单一窗口”建设,推进免费申报机制,提高口岸通关效率,力争年底过货突破200万吨,努力打造自治区向北开放的重要战略支点。

四要突出抓好社会民生,打好精准脱贫攻坚战。习近平总书记强调:“历史是人民书写的,一切成就归功于人民。只要我们深深扎根人民、紧紧依靠人民,就可以获得无穷的力量,风雨无阻,奋勇向前。”我们一定要按照党的十九大的要求,坚持把增进民生福祉作为发展的根本目的,坚持把人民对美好生活的向往作为奋斗目标,坚持在发展中保障和改善民生,多谋民生之利、多解民生之忧,带领人民创造美好生活,让改革发展成果更多更公平惠及全体人民,朝着实现全体人民共同富裕不断迈进。打好精准脱贫攻坚战,是决胜全面建成小康社会必须迈过的坎,任务艰巨、时间紧迫。我们一定要用改革的思维、科学的方法、踏实的作风,瞄准靶子、精准发力,稳扎稳打、攻克难关,坚决打赢打好。要坚持以脱贫攻坚统揽经济社会发展全局,聚焦“六个精准”“五个一批”要求,精准扶贫、精准脱贫,始终做到所有贫困户最少一项产业扶持项目,年底实现1350名国贫人口全部稳定脱贫,与全市同步全面完成国贫人口脱贫任务,力争早日建成全面小康社会。要全面落实乡村振兴战略与深化脱贫攻坚相结合,注重扶贫与扶志、扶智相结合,着力实施品牌化战略,扩大绿色有机无公害农畜产品生产,完善农牧民与龙头企业利益联结机制,拓宽群众增收渠道,壮大农村牧区集体经济。

五要突出抓好城乡发展,提高城镇化水平。党的十九大报告指出,“农业农村问题是关系国计民生的根本性问题,必须始终把解决好‘三农’问题作为全党工作重中之重。”“要以城市群为主体构建大中小城市和小城镇协调发展的城镇格局,加快农业转移人口市民化”。报告提出的实施乡村振兴战略,很好地继承了党对“三农”问题一以贯之的重视并进行了创新发展,有利于更好地推动城镇化发展。要加快推动百灵庙镇城镇建设。加快推进旧城区和新城区建设,重点推动市政基础设施、街道立面改造、河道生态修复、公园绿化等项目,实施水、电、气、暖管道改造工程,全面完成棚户区改造任务,着力提升城区承载能力。要加快推动新农村新牧区建设。立足产业基础和特色优势,加强各建制镇建设,组织实施一批小城镇优化升级项目,重点打造满都拉、希拉穆仁、明安等特色小镇。要强化新村村容村貌和农村牧区环境综合整治,全面完成危旧房改造,土房全部拆除，确保新村全部搬迁入住。要按照“一村一品”的思路，结合脱贫攻坚工作，充分利用农闲时节，提前谋划完善新村产业发展规划，因地制宜发展优势特色产业。要出台新村管理办法，切实把后续管理做细做实，确保公共服务设施持续发挥效用，实现新村有新貌。

六要突出抓好社会治理，维护社会和谐稳定。党的十九大报告强调：“统筹发展和安全，增强忧患意识，做到居安思危，是我们党治国理政的一个重大原则。”要求“坚持总体国家安全观”“打造共建共治共享的社会治理格局”“有效维护国家安全”。要牢记习近平总书记提出的“守望相助”的重要要求，精心做好维护民族团结工作，发挥典型引领作用，广泛开展向全国优秀共产党员潘志荣、戍边牧民阿迪亚等先进典型学习活动，激发广大干部群众热爱边疆、建设边疆、守卫边疆热情。要深入推进平安达茂、法治达茂、和谐达茂建设，加强安全生产和食品药品安全监管，强化维稳处突、反恐防暴力量和手段建设，增强应急管理和防灾减灾能力；牢固树立“三个离不开”“五个认同”思想，高度警惕一切影响民族团结的苗头性问题；积极化解信访积案，严格落实“三见警”要求，深入开展缉枪治爆和打击“黄赌毒”专项行动，防范和打击境内外敌对势力渗透破坏颠覆活动，提高管边控边稳边能力，维护和谐稳定大局，筑牢祖国北疆安全稳定屏障。

七要突出抓好从严治党，全面提升执政能力。习近平总书记强调：“全面从严治党永远在路上。”我们一定要坚决贯彻党的十九大提出的新时代党的建设总要求，把管党治党的螺丝拧得更紧，把全面从严治党的思路举措搞得更加科学、更加严密、更加有效。各级党组织要进一步提高政治站位、强化政治担当，把抓好党建作为践行“四个意识”的具体行动，毫不动摇坚持和完善党的领导，毫不动摇把党建设得更加坚强有力。要加强思想政治建设，推进“两学一做”学习教育常态化制度化，充分发挥党性教育基地警示教育作用，开展“不忘初心、牢记使命”主题教育，用讲话精神指导实践、推动工作。要加强干部队伍建设，把提拔重用牢固树立“四个意识”和“四个自信”、坚决维护党中央权威、全面贯彻执行党的理论和路线方针政策、忠诚干净担当的干部要求落在实处。要加强基层组织建设，深入实施北疆基层党组织固本工程，改进完善“四个一”联系服务群众工作模式，创建自治区基层党建综合示范旗。要认真落实意识形态工作责任制，坚持党管宣传、党管意识形态，强化正面宣传，牢牢掌握党对意识形态工作的绝对领导权。要加强作风建设，严格落实中央“八项规定”和实施细则精神，充分运用监督执纪“四种形态”，让党员和干部知敬畏、存戒惧、守底线。要加强党风廉政建设，坚持反腐败工作无禁区、全覆盖、零容忍，严格落实“两个责任”，坚决完成中央巡视组“回头看”和自治区巡视督查组反馈意见问题整改，全力以赴推进整改工作,推动全面从严治党向纵深发展。

八要突出抓好换届纪律,确保换届风清气正。换届风气怎么样,是对落实全面从严治党要求、推动形成良好政治生态的一次重要检验，直接关系换届工作的成败。苏木乡镇人大、政府换届工作已经结束。总体来说,换届工作能够按照旗委的部署安排,严格履行有关程序,圆满推进完成。目前,旗人大、政府、政协领导班子将要开展换届。要压实主体责任,坚持守土有责、守土尽责,以严明的纪律、“零容忍”的态度、规范严谨的程序,成风化人、激浊扬清。旗委要把净化换届风气作为履行管党治党主体责任的重要内容,纪检机关担负监督责任，组织部门担负直接责任,人大、政府、政协党组及统战等部门分工负责,齐抓共管、形成合力。通过层层传导压力,级级狠抓落实,确保换届工作能做到敢抓敢管敢碰硬,坚决维护换届工作的严肃性。要加强教育引导,坚持教育在先、警示在先、预防在先,把正面教育与反面警示结合起来，采取观看警示教育片、集中培训、专题学习等方式,加强对换届纪律的学习,教育引导各级领导干部心中有戒、心存敬畏,严守政治纪律和政治规矩,严守组织人事纪律,严守换届纪律要求,时刻绷紧纪律这根弦。要强化监督检查,通过明察暗访等手段,加强对换届风气的全程监督、全面监督,不留空白、不留死角,及时掌握苗头性倾向性问题。既要强化对换届选举工作的指导,又要对换届选举风气进行监督,发现问题立即纠正处理。畅通“12380”电话、信访、短信等举报渠道,对线索具体的反映,要认真调查核实。同时,对故意诬告、散布谣言和不实消息的,一经核实,也要严肃处理。要严肃查处问责,加大查处力度,坚持快查快办,抓早抓小抓现行,对违规违纪问题,发现一起、查处一起、曝光一起。凡是换届风气不正、监督查处不力、造成恶劣影响的,严肃追究责任。

九要突出抓好工作纪律,提高工作落实力和执行力。新时代要有新气象,更要有新作为。在全面建成小康社会的进程中,全旗各级党组织和广大党员干部要坚持解放思想、实事求是、与时俱进、求真务实,保持永不懈怠的精神状态和一往无前的奋斗姿态，全身心投入党和人民事业，强化工作落实,提高工作执行力,推动各项事业持续健康发展。要进一步解放思想。摆脱定势思维、传统理念和固有经验的束缚,紧扣大局、紧贴实际、紧跟时代,坚持用新发展理念引领工作,用改革办法和创新精神解决问题,发扬一往无前的蒙古马精神,不因包袱重而等待、困难多而不为,不因有风险而躲避、有阵痛而不前,奋力闯出一条新时代边疆民族地区科学发展的新路子。要进一步增强本领。始终把加强能力建设摆在突出位置,努力增强学习本领、改革创新本领、科学发展本领、依法执政本领、群众工作本领、狠抓落实本领更好肩负起党和人民赋予的职责使命。要进一步强化纪律。严格的纪律是提升工作执行力和落实力的重要保障。作为机关干部，特别是党员领导干部必须自觉遵守各项规章制度要求，其中党员干部尤其是担任领导职务同志外出、请示、报备，是中央和自治区、包头市的明确规定和重要的工作制度。全旗各级领导干部要严格按照《关于认真做好领导干部外出请示、报备工作的通知》(达党办〔2016〕2 号)、《关于进一步严肃机关工作纪律、加强作风整顿的通知》(达党办〔2016〕81 号)等有关文件的要求，严格要求自己，严肃工作纪律，确保各项工作顺利开展。

(三)科学谋划 2018 年工作。2018 年是贯彻落实党的十九大精神的开局之年，也是我旗深入实施“十三五”规划的关键一年，及早做好工作谋划至关重要。各级各部门要根据十九大提出的一系列新思想、新论断、新部署、新要求，以新发展理念为指引，结合旗情实际，认真谋划好明年乃至今后一段时期工作，为明年经济社会发展“开好头、起好步”打下坚实基础。工作目标要早思考。要紧扣当前形势，紧扣党的十九大精神，深入研究政策，紧密结合实际，主动抓住机遇，找准结合点，切实做到目标早拟订、思路早酝酿、重点早明确，科学确定好明年的工作重点和目标任务。项目建设要早运作。对明年计划实施的重点项目，要早安排、早推进，提前做好各项前期准备工作，切实强化土地、环评、项目审批等要素保障，确保明年一开春就能形成好的建设场面。对上争取要早沟通。要切实加大项目谋划对接的力度、质量和水平，与上级部门搞好对接，争取更多项目列入自治区、包头市计划盘子。好事实事要早谋划。好事实事是旗委、政府向全旗人民作出的庄严承诺，件件关系群众最关心、最直接、最现实的利益，是提升全旗各族群众幸福感和获得感的重要工程。政府等部门要提前谋划筛选 2018 年好事实事，并认真落实责任，明确任务分工，各司其职，各尽其责，提前着手，扎实做好项目前期工作；项目一经确定，就必须严格按照时间节点、项目进度加快推进，切实把实事办实、好事办好。

让我们更加紧密地团结在以习近平为核心的党中央周围，以习近平新时代中国特色社会主义思想为指导，认真学习宣传党的十九大精神，不忘初心、牢记使命，守望相助、团结奋斗，决胜全面建成小康社会，为“建设亮丽内蒙古，共圆伟大中国梦”作出更大的贡献。

达茂联合旗人大十四届五次常委会工作报告(节选)

人大常委会主任　李　凯

(2017年2月23日)

2016年工作回顾

2016年，旗人大常委会认真贯彻党的十八大和十八届三中、四中、五中、六中全会以及习近平总书记系列重要讲话精神，坚持以"四个全面"战略布局为引领，在旗委的坚强领导和市人大常委会的精心指导下，紧紧围绕全旗工作大局，依法行使宪法和法律赋予的各项职权，全力推进人大工作与时俱进，为推动全旗民主法治建设作出了积极努力。

一、坚持推动发展稳中求进和改善民生有效对接，不断增强人民群众获得感

经济发展与民生保障有效对接，才能相得益彰。旗人大常委会始终把监督的着力点放在促进发展和改善民生上，并按照旗委要求，注重抓全局的重点、重点的关键、关键的具体，下大力推动解决涉及发展和民生的突出问题，努力使人民群众在"做大蛋糕"中更多地"分享蛋糕"，增强获得感。全年共组织召开9次常委会会议，15次主任会议，听取和审议"一府两院"专项工作报告8项，开展执法检查2项，依法做出决定决议7项，向"一府两院"提出审议意见12项36条，工作建议18条。人大监督取得了良好的工作效果和社会效应。

加强经济运行监督，推动经济稳定增长。听取审议计划和预算执行情况报告，向旗政府提出6条审议意见。督促政府深化项目建设，对全旗重大项目重点工作中的"综合经济指标""推动工业经济转型增效""推动现代农牧业快速发展""加快城乡一体化发展步伐"等7个方面的168个项目进展情况进行了督查，提出意见建议10条。为全面了解旗政府开展创建全区文明旗县城工作情况，组织市、旗、苏木乡镇三级人大代表对创城工作情况进行集中视察，并对创城工作中存在的问题向旗政府提出有针对性的意见和建议。听取和审议了旗人大常委会调研组关于工业经济运行情况的专题调研报告，提出了确保存量企业稳定运行、完善园区基础设施、加大招商引资力度的审议意见。配合市人大常委会完成了“十个全覆盖”工程的调研。

加强财政审计监督，看好人民的“钱袋子”。常委会认真落实《中华人民共和国预算法》，组织财经委员会成员和预决算审查专家开展学习培训，不断提高审查监督能力；依法推进预算公开，进一步增强预算透明度，接受社会监督。主任会议听取提交人代会审查的全口径预算编制情况汇报，督促细化完善预算编制。听取审议审计工作报告和审计发现问题整改情况报告，督促加快推进财税治理方式改革，加大审计监督力度，切实提高资金使用绩效。

加强民生工作监督，体察民情维护民利。对贯彻实施《中华人民共和国传染病防治法》情况进行了执法检查，提出了强化群众传染病防治意识、提升传染病防控能力、保障传染病防治工作投入的审议意见。对廉租房建设使用情况进行了专题调研，提出了大力宣传保障住房政策，完善后续管理机制的审议意见。对公共卫生服务工作情况进行了专题调研，提出了提高社会公共卫生意识，加强公共卫生服务体系建设，抓好公共卫生服务队伍建设的审议意见。

加强热点问题监督，改善生产生活环境。对贯彻实施《中华人民共和国环境保护法》情况进行了执法检查，提出了强化环保队伍综合能力、加大污水管道配套建设力度、完善百灵庙镇污水处理厂建设、大力保护百灵庙镇三水源地的审议意见。听取和审议了旗政府关于百灵庙镇棚户区改造工作情况的报告，提出了加快拆迁区整地工作、不断改善旧城区人居环境的审议意见。对脱贫工作情况进行了专题调研，提出了积极争取扶贫资金和扶贫项目等审议意见。

加强司法工作监督，推进依法治旗进程。先后听取和审议了旗人民法院行政审判工作情况的报告和旗人民检察院控告申诉工作情况的报告。针对存在的问题，提出了加强行政审判队伍和能力建设，全力推动行政机关负责人出庭应诉；畅通群众诉求渠道，提高控诉队伍素质等审议意见。听取和审议了旗政府关于社会治安工作开展情况的报告，提出了加强基础设施建设、切实消除火灾隐患、强化治安队伍建设的审议意见。配合市人大常委会对“六五”普法工作开展调研，对《中华人民共和国气象法》《中华人民共和国药品管理法》开展了执法检查。

二、坚持贯彻旗委决策和回应社会关切有机结合，依法决定重大事项

围绕旗委决策部署和社会重大关切，旗人大常委会认真行使重大事项决定权，及时把旗委决策转化为全旗人民的共同意志，广泛凝聚建设美丽新达茂的强大合力。

坚持把制度挺在前。根据中央、自治区、市委和旗委有关推动人大工作与时俱进的新要求,常委会认真总结以往的成功实践，积极借鉴先进地区的经验做法,进一步修改完善了人大常委会讨论决定重大事项的规定,对讨论决定重大事项的原则、范围进行了界定,明确了需报请人大常委会讨论、决定的19项重大事项;明确了重大事项提出的形式、主体、时限,重大事项的审查、公开和决议决定的执行、审议意见的办理等操作流程,从而较好地规范了重大事项决定权的行使,促进了决策的民主化、科学化、法制化。

坚持把重大事项谋在先。按照旗人大常委会讨论决定重大事项的规定,常委会进一步完善与"一府两院"工作协调机制,建立了讨论决定重大事项联席会议制度,确定了年度讨论决定重大事项的计划安排,增强了工作的主动性和针对性。去年共作出决议决定7项,特别是作出的《达茂旗人大常委会关于批准〈百灵庙镇城市总体规划调整规划（达茂旗通用机场项目)的报告〉的决议》,主动回应旗委决策和群众期盼,在广泛听取各方面意见建议的基础上,强调要进一步加快达茂旗通用机场项目实施进度,尽早发挥通用航空在我旗经济社会发展中的积极作用。

坚持把决议决定的跟踪问效抓在手。常委会重点围绕本届已作出的重大决议,综合运用听取审议专项报告、视察、专题调研、代表活动等多种方式,抓好跟踪问效,推动各项目标任务落实。围绕旗十四届人大四次会议作出的《达茂联合旗实施"十三五"规划纲要的决议》,组织市、旗人大代表开展专题视察,并听取了旗政府汇报,力促决议落地生根,开花结果。

坚持党管干部与人大依法任免的有机统一。一年来,接受旗人大常委会组成人员辞职申请4名,依法任免旗人大常委会委办负责人5名,任免"一府两院"负责人22名。同时,继续加强干部任后监督,认真施行人大常委会《关于实行政府组成部门负责人履职承诺制的办法》，对政府组成部门负责人2016年履职承诺完成情况进行了督查,并对各组成部门负责人的履诺完成情况进行了满意度评价。配合市人大常委会完成了对地税局开展的工作评议。

三、坚持激励代表依法履职和担当作为互为促进,充分发挥代表作用

加强代表履职能力培训。在旗十四届人大四次会议期间，围绕履行代表职务,审议工作报告,撰写议案、建议意见等方面的内容,通过发放资料、到会指导等方式对全体人大代表进行了培训,进一步提高了代表的履职能力。在常委会组成人员联系走访人大代表过程中,还有针对性地对代表撰写意见建议进行培训，就全旗重点工作开展情况向人大代表进行通报。组织我旗612名自治区、包头市、旗和苏木乡镇人大代表学习党的十八届六中全会精神。同时，常委会还积极组织苏木乡镇人大主席和我旗选举产生的市人大代表参加市人大常委会举办的培训班，进一步提高了人大代表的履职意识和能力。

坚持联系代表工作制度。一年来，常委会邀请32名市、旗两级人大代表列席常委会会议；邀请130多名代表参加了常委会开展的执法检查、专题调研等活动；组织90多名三级人大代表开展集中视察2次；常委会组成人员联系走访旗级人大代表150余人次。一年来，对33个“人大代表之家”开展了3轮工作指导。各级“人大代表之家”组织代表开展持证视察、专题调研、执法检查、接待选民、培训学习等各类活动75次，参与活动的市、旗、苏木乡镇三级人大代表达600余人次，纵向联系力促代表作用得到充分发挥。组织各苏木乡镇人大主席和部分旗人大代表赴巴彦淖尔市、鄂尔多斯市进行学习考察，横向交流又使代表视野更加开阔。加强人大代表履职考核，组织3名市人大代表在常委会上进行述职并进行满意度测评；指导各苏木乡镇人大组织旗级人大代表向选民述职，开展代表履职考核工作，进一步增强人大代表的履职意识和密切联系群众意识。许可司法机关对2名旗人大代表采取强制措施。

加大代表建议、批评和意见督办力度。年初，常委会召开主任会议，对旗十四届人大四次会议代表建议整理情况进行了讨论，共向旗政府转办代表建议62条。在常委会第31次会议上，听取和审议了旗人民政府关于代表建议、批评和意见办理情况的报告，向旗人民政府提出了继续提高代表建议办理工作重要性的认识，进一步抓好建议办理等审议意见。12月下旬，由常委会一名副主任牵头成立调研组，对旗政府办理代表建议、批评和意见的情况再次进行了调查了解。经过二次督办，62件代表建议、批评和意见全部办理完毕，受政策限制或条件不成熟暂不能解决的向代表做了详细的解释和答复。常委会对办理情况表示满意。

四、坚持加强自身建设和夯实基层基础齐头并进，进一步提升人大工作水平

认真落实党建和党风廉政建设的主体责任。常委会党组和机关支部始终坚持从严治党，严格按照相关要求，将“两学一做”学习教育作为机关自身建设的重要内容抓细、抓实、抓常，融入领导干部特别是普通党员经常性学习教育和实际工作中。联系机关工作实际，坚持读原著、学原文、悟原理，组织机关干部开展了系列专题学习，党组成员带头讲党课，机关干部党性意识进一步增强；把党风廉政建设摆在突出位置，纳入重要日程，与人大工作同步考虑，同步部署、同步实施。严格落实《中国共产党党组工作条例》，切实发挥常委会党组领导核心作用。党组成员带头落实中央关于党风廉政建设的整体部署,带头廉洁自律。加强调查研究,全年共形成调研报告6篇,调研成果为旗委决策和推动“一府两院”工作提供了重要参考;注重不断扩大履职公开,主动邀请公民有序参与监督和重大事项决定等工作,23名普通群众受邀旁听了旗人代会或常委会会议。把信访工作作为联系群众、征集民意的重要渠道,全年共受理人民群众来信来访16件次,接待来访群众130多人次,推动解决了一批群众的合法诉求。

加强人大工作宣传力度。常委会紧扣履职重点、民生热点、基层创新亮点和代表履职闪光点,充分发挥电视专题、党报专版和人大专刊、门户网站、微信平台等各类阵地的作用,精心策划宣传内容,及时发布重要信息,不断拓展人大宣传的广度和深度,人大信息采集率位居全市前列,进一步提升了人大宣传的影响力。加强“数字人大”建设,搭建协同办公平台,人大机关信息化水平有了新的提高。《包头市达茂旗人民代表大会志》在我旗各级领导的关怀和相关部门的大力支持下顺利定稿。志书是1950年达尔罕旗和茂明安旗第一届人民代表大会第一次会议以来,特别是1980年设立常委会以来,历届人大及其常委会依法履职的生动体现,对于宣传我旗人大工作特别是人民代表大会制度必将起到积极作用。

加强对苏木乡镇人大工作的指导。常委会各位副主任分别对各苏木乡镇人民代表大会进行了指导把关。同时,邀请人大主席参加常委会开展的执法检查、调研等工作,带动和指导各苏木乡镇人大结合自身实际,加强与代表的联系,深入群众,了解民情,反映民意,不断提高基层人大工作水平。各苏木乡镇人大不断加强自身建设,有效促进了代表主体作用的发挥,深入开展人大代表活动,为推动地区经济社会发展做出了积极贡献。

达茂联合旗人大十五届一次常委会工作报告（节选）

人大常委会主任 李 凯

（2017年12月7日）

五年来的主要工作

旗十四届人大常委会自2012年11月选举产生以来，在旗委的坚强领导和上级人大的有力指导下，在全体代表和全旗各族人民的监督和支持下，紧紧围绕全旗工作大局，认真履行宪法和法律赋予的职责，在服务大局中推动科学发展，在发展民主中维护民生民利，在创新监督中谋求工作实效。五年来，共组织召开44次常委会议、67次主任会议，听取和审议“一府两院”专项工作报告45项，听取旗人大常委会调研组专题调研报告27项，对12部法律法规实施情况开展了执法检查，依法作出决议、决定53项，任免国家机关工作人员145人次，充分发挥了地方国家权力机关的职能作用，为保障和促进全旗经济社会发展作出了积极的贡献。

一、始终坚持党的领导，准确把握正确政治方向，着力推动党委重大决策部署贯彻落实

自觉把人大工作置于党委的领导之下，认真贯彻落实中央、自治区党委、包头市委和旗委重大决策部署，努力推动人大工作与时俱进、创新发展。

（一）围绕全旗工作大局，推动旗委重大决策部署落实。坚持和加强党的全面领导，重大事项、重要问题、重点工作及时向旗委请示报告，始终保持与旗委同心同向、步调一致。始终把推动旗委决策部署的贯彻落实作为监督工作的重中之重，主动承担旗委提出的重大项目、重点工作的督查任务。先后对“八大工程”“九大工程”“精准脱贫工作”“农村牧区危旧房改造”等重点工作开展持续督查，五年共开展30余次督查、9次代表集体视察，就各项重点工作中存在的不足向旗人民政府提出意见建议118条，有力

推动了各项重点工作的深入开展。

(二)行使重大事项决定权,及时把旗委决策转化为全旗人民的共同意志。根据上级党委和旗委有关推动人大工作与时俱进的新要求,修改完善了旗人大常委会讨论决定重大事项的规定,规范了重大事项决定权的行使,促进了决策的民主化、科学化、法制化。五年来,旗人大常委会共作出决议决定53项。先后就百灵庙镇城市总体规划(2011—2020)、包头达茂巴润工业园区总体规划(2013—2030)等一系列重大事项作出决定,为相关工作的开展提供了制度保障。重点围绕本届已作出的重大决议,综合运用听取审议专项报告、视察、专题调研、代表活动等多种方式,抓好跟踪问效,推动各项目标任务落实,力促决议落地生根、开花结果。

(三)严格法定程序,做好人事任免工作。始终遵循党管干部和人大依法任免相统一的原则,扎实做好人事任免工作,五年来,共任免旗人大常委会和"一府两院"组成人员145人次。不断完善人事任免的程序和办法,坚持任前审查了解,坚持无记名投票表决,坚持向宪法宣誓制度,坚持表态发言制度,坚持落实任后监督,人事任免工作进一步规范,被任命人员的法律意识和责任意识进一步提升。

二、增强监督实效,围绕事关群众切身利益的问题进行专项监督,着力推动经济社会发展成果更多惠及人民群众

始终把促进经济社会发展和维护人民群众的根本利益作为工作的出发点和落脚点,加大监督力度,切实提高监督实效。

(一)通过监督促进全旗经济平稳健康运行。听取和审议了旗人民政府关于招商引资和重大项目推进、围封禁牧、新农村新牧区建设以及全旗各年度计划、预算、审计等专项工作报告。开展了安全生产法、土地承包法等法律法规的执法检查。开展了工业经济运行、城镇建设、农牧民专业合作组织建设与发展、农畜产品加工与流通、旅游和口岸工作等专题调研。对全旗重大项目、重点工作和重点工业企业的生产情况进行了多次代表集体视察。提出了优化经济发展环境、扶持中小企业发展、打造精品景区、完善口岸基础设施建设、强化城镇建设与管理等98条意见建议。通过以上工作措施,推动旗人民政府及相关部门主动适应经济发展新常态,积极转方式、调结构,使全旗经济保持了稳中有进、稳中向好的发展态势。

(二)通过监督推动社会民生事业不断改善。听取和审议了旗人民政府关于教育、体育、文化、棚户区改造、深化医药卫生体制改革、草牧场确权、社会治安等专项工作报告。听取和审议了旗人民法院、检察院民商事审判、巡回审判、控告申诉、人民陪审员等专项工作报告。开展了水污染防治法、计划生育法、传染病防治法、文化市场管理条例等法律法规的执法检查。开展了城乡居民最低生活保障、低收入群体住房保障、“阳光工程”和“温暖工程”、农村土地流转、劳动保障监察、基本公共卫生服务、精准脱贫等专题调研。提出了坚持改善民生增进人民福祉、加快推进棚户区改造、深化教育和医药卫生体制改革、丰富人民群众精神文化生活、积极争取扶贫资金和扶贫项目等146条审议意见。通过上述工作措施，推动旗人民政府及相关部门切实解决了一批最直接、最现实、人民群众最关心的民生问题，有效地维护了广大人民群众的切身利益。

（三）通过强化持续跟踪监督增强监督实效。修订完善了旗人大常委会审议意见办理办法，始终坚持“提出审议意见，督办落实情况，二次听取审议意见办理情况”的“双审议”工作法。2012年年底以来，先后听取和审议“一府两院”审议意见落实情况的报告68项。通过抓审议意见的落实，形成了人大监督精准、“一府两院”办理到位的良性互动机制，有力推动了我旗经济社会又好又快发展。

三、围绕全面依法治国，充分发挥人大在法治建设中的重要作用，着力推动法治达茂建设

围绕全面依法治国、依法治旗各项任务积极履职，充分发挥人大在依法治旗中的作用，为推进法治旗县建设作出了积极贡献。

（一）深入推进严格执法。将推进严格执法作为监督重点，先后对文物保护法、环境保护法、道路交通安全法等12部法律法规的实施情况进行了执法检查。不断改进执法检查方式方法，深入调查研究，广泛征求意见，提出有针对性的审议意见，推动了相关工作的落实。稳步开展规范性文件备案审查工作，从源头上规范行政行为。

（二）着力推进公正司法。重点围绕刑事审判、行政审判、预防职务犯罪、反贪污贿赂等工作，听取旗人民法院、检察院专项工作报告10次，开展调研20余次，就提高案件执行率、完善陪审员制度和查办贪污贿赂等职务犯罪案件提出具体要求，推进公正司法。支持旗人民法院、检察院开展审判权、检察权运行机制改革，助力司法体制改革。注重化解社会矛盾，认真办理群众来信来访，五年共受理群众来信281件，接待来访541人次，督促群众所反映问题得到有效解决，维护了社会和谐稳定。

（三）努力促进全民守法。坚持把法制教育与法治实践相结合，坚持法制讲座和会前学法制度，先后组织学习了宪法、监督法、组织法、代表法、选举法等法律法规，督促旗人民政府丰富普法内容，提高普法质量，使法治观念进一步深入人心。充分发挥各级人大代表的带头作用，组织人大代表在各自的岗位上，广泛宣传法律法规，促进全民守法。

四、完善代表履职机制，充分保障代表行使民主权利，着力增强人大工作活力

充分尊重代表主体地位，密切同

代表的联系,加强代表履职能力建设,健全服务保障机制,较好地发挥了代表作用。

(一)增强履职能力,拓展代表履职渠道。坚持把学习培训作为提升代表履职能力的基础性工作,围绕认真履行监督职权、推动人民代表大会制度与时俱进等内容,对市、旗、苏木乡镇人大代表进行专题培训。五年来举办旗级培训6次,参加自治区、市级人大组织的培训10次,各苏木乡镇人大组织培训学习120余次,实现三级人大代表参训全覆盖。拓宽代表履职渠道,五年来邀请代表180人次列席了常委会议,318人次参加了常委会组织的调研、视察和执法检查,174人次参加了对“一府两院”的工作评议、行风评议及有关民生问题的讨论、听证。持续推进委员联系代表、代表联系选民“双联”活动,积极组织全旗737名各级人大代表参与精准脱贫工作,代表直接投入1亿多元,为贫困户创造就业岗位200多个,辐射带动群众1000余人增收,在脱贫攻坚中发挥了应有作用。

(二)打造履职平台,充分发挥“人大代表之家”作用。按照高标准建“家”、规范化管“家”、常态化用“家”的要求,持续推进“人大代表之家”建设,共建立旗、苏木乡镇和嘎查村(社区)“人大代表之家”33个。旗人大常委会高度重视“人大代表之家”的活动开展,努力发挥其应有的作用。各“人大代表之家”积极开展代表培训、述职、接待选民和征求意见等活动,累计培训代表566人次,接待选民1000余人次,调处矛盾纠纷205件,进一步激发了代表履职热情。

(三)加大督办力度,增强建议、批评和意见的办理实效。坚持代表建议、批评和意见办理的各项制度,坚持做到转办、沟通、答复“三个面对面”,切实提高办理实效。本届共办理和督办代表建议、批评和意见238件,办结率和满意率明显提升。特别是对完善农村牧区道路配套设施、解决朵兰格尔社区供水供热问题等重点建议进行了跟踪督办,促使一大批涉及群众切身利益的问题得到解决。

五、适应新形势、新任务,着力推进人大自身建设,树立地方国家权力机关的良好形象

坚决落实上级党委和旗委对人大工作的新要求,着力加强党的建设、队伍建设和机关建设,不断丰富和完善基层人大工作实践。

(一)加强党建工作,强化党组作用。以思想建党为根本,牢牢把握政治方向。全面、系统地学习习近平新时代中国特色社会主义思想,将学习成果落实到行动上,做到内化于心、外化于行。以组织建党为基础,不断强化党组织领导能力。巩固党的群众路线教育实践活动和“三严三实”专题教育整改成果,落实好“两学一做”学习教育常态化制度化各项措施,严格执行“三会一课”、民主生活会、民主评议党员、谈心谈话等制度，认真开展批评与自我批评，人大党组织的创造力、凝聚力和战斗力得到有效提升。以严格落实党风廉政建设主体责任为抓手，把纪律和规矩挺在前面，以上率下，努力建设一支忠诚、干净、担当的人大干部队伍。以强化宣传为引领，织密意识形态安全网。坚持举旗亮剑、正面发声，旗帜鲜明抵制错误言论。加强对人大工作领域意识形态阵地的建设与管理，使各级人大代表成为传播好声音的重要力量，使人大各类宣传媒介、活动平台和阵地成为唱响主旋律的重要渠道。

（二）加强队伍建设，增强机关活力。全方位、多渠道开展思想教育和业务培训，不断提高常委会组成人员和机关干部的履职能力与法律素养。坚持公开、平等、择优原则，完善机关干部的培养、选拔机制，加大交流和使用力度。五年来，先后推荐使用正科级干部2人、副科级干部3人，充分调动了干部职工的积极性，选调3名熟悉法律、经济的专业人员充实到各工作委员会和办公室，人大机关工作活力得到明显增强。

（三）加强机关建设，提升工作水平。强化制度建设，坚持“立”“改”“废”相结合，对原有制度进行了修改完善，同时新制定了《关于审计查出问题整改情况向旗人大常委会报告的暂行办法》《旗人大代表约见国家机关负责人暂行办法》等一系列制度，全面提高了人大工作制度化、规范化和科学化水平。强化同上级人大常委会的工作联系，及时了解和掌握上级人大工作部署和安排，配合自治区、包头市人大围绕预算法执行情况、少数民族社会事业发展、山北地区围封禁牧等工作开展专题调研、执法检查30余次。强化与“一府两院”的工作协调，确保人大各项工作协调到位、运转高效。强化对苏木乡镇人大工作的指导，努力提高全旗人大工作整体水平。强化人大宣传工作，2016年被评为自治区和包头市人大信息调研先进集体，编印出版了《达茂联合旗人民代表大会志》，及时在旗内外主流媒体发布和反映人大工作动态，形成了全社会关心和支持人大工作的良好氛围。

政府工作报告

(节选)

政府代旗长　张永文

(2017年2月23日)

2016年工作回顾

过去的一年，在旗委的正确领导下，旗人民政府认真落实“工业主导、农牧强基、口岸支撑、文化引领、旅游带动、生态保障”思路，深入实施“全面转型、开放发展”战略，凝心聚力、奋勇争先，苦干实干、一往无前，圆满完成各项目标任务，实现“十三五”良好开局。全旗地区生产总值完成212.83亿元，增长7.3%；固定资产投资222.9亿元，增长14.6%；公共财政预算收入16.58亿元，增长7.5%；社会消费品零售总额23.2亿元，增长9.6%；城镇和农村牧区常住居民人均可支配收入分别达到34370元、12691元，均增长7.7%。

(一)全力稳定经济增长。牢牢把握经济发展主动权，坚持扩投资、稳运行同时发力，强政策、抓招商多措并举，推动经济稳定回升向好。加快重点项目建设。全面加强项目策划、引进和建设，出台包联调度管理办法，组织实施亿元以上项目60个，完成投资176亿元、增长17.3%；满都拉口岸国际物流园区等32个项目开工建设，华能巴音光伏发电等29个项目竣工投产，形成了新的经济增长点。搞好企业生产经营。落实稳工业、助企业一系列政策措施，争取各类扶持资金8364万元，协调落实贷款1.7亿元，“营改增”为企业减税2812万元，推动15户停产半停产企业恢复了生产，9家企业税收超过千万元；全年工业用电量达2.8亿千瓦时、增长16%，增速全市第一；铁精粉产量达523万吨、增长19.3%，主要工业产品外运量增长30%，企业发展呈现越来越好态势。着力破解资金难题。加大投融资平台建设力度，整合成立城投、交投、水投、港务投、文旅投、生态投六大公司；引进包头农商行入驻我旗，包商惠农贷款公司转建为村镇银行，全旗金融机构贷款余额25.8亿元、增长6.1%；投入800万元为中小企业实施“助保贷”工程；争取上级专项资金11亿元，落实产业基金8.57亿元。加大招商引资力度。参加自治区大数据产业推介会、首届蒙商大会等招商活动20次，举办全旗招商推介洽谈会，与北控集团、蒙草集团等知名企业达成合作意向，全年签约项目15个，协议投资151亿元，引进国内(区外)资金79亿元、增长31.7%。

（二）加快调整产业结构。更加注重提升发展质量和效益，着力摆脱产业发展对传统路径的依赖，三次产业结构比重优化为6.8∶60.4∶32.8。推动工业提速提质。新上新达茂稀土脱硝催化剂项目，完成宝鑫特钢重组改造和化解过剩产能工作，亿立萤石、明安肉业等7户企业在新四板挂牌；实施清洁能源项目23个，新增并网100万千瓦，总规模达到324万千瓦；完善提升巴润工业园区，将黑脑包工业集聚区和百灵工业园区整合建设为市级工业园区。推动农牧业增产增效。新增高效节水灌溉面积6.87万亩，粮食产量达1.08亿公斤；建成希勒德格肉羊良种繁育基地，全旗肉羊良种自给率达82.5%；“达茂羊肉”成为国家地理标志保护产品，“达茂小红皮小麦”成为国家地理标志证明商标，我旗成为国家有机产品认证示范创建区；新培育市级以上龙头企业5家，发展专业合作社10个，毕力格泰、文公乡情成为自治区产业化重点龙头企业，黄花滩现代农牧业产业园区初具规模。推动服务业提档升级。实施满都拉口岸物流园区等基础设施项目29个，完成投资4.2亿元；进口肉类指定口岸、互市贸易区获得批复，保税仓储区启动建设，口岸免税店建成运营；全年进出口货物80.1万吨，超过前三年总和。成功承办第四届中国游牧文化旅游节。全面启动“国家全域旅游示范区”创建工作，建成自治区首个旅游大数据中心，组建“1+3”旅游综合执法机构；红格尔敖包、哈萨尔景区被评为AAA级景区，我旗被列为自治区边境旅游试验区；全年接待游客203万人次、实现营业收入10.2亿元，分别增长43%和42.5%。

（三）统筹推进城乡建设。突出以人为核心的新型城镇化，坚持以城带乡、城乡一体，协调发展水平稳步提升。全力打造百灵庙中心镇。实施重点项目40个，完成投资10.6亿元；新城区市政道路续建、东外环道路桥梁新建等工程有序推进，供水供热管网改造建设加快实施，建成区集中供水供热普及率分别达到98%和90%；哈萨尔公园、安达广场、北环矿产资源文化广场建设进展顺利；改造棚户区1952套、39万平方米，新建商品房1000套、安置房500套，7000名居民实现“宜居梦”、住上“暖心房”。加快建设特色小城镇。在满都拉镇实施商贸中心、景观大道和镇区管网下地工程，口岸风情小镇魅力初现；在希拉穆仁镇实施普会寺宗教文化广场、民族特色商业街改造等重点工程,旅游风情小镇更加靓丽;在其他苏木乡镇深入推进镇区改造、街面整治,城镇面貌焕然一新。希拉穆仁镇、明安镇被评为自治区特色景观旅游名镇,明安镇入选国家美丽宜居小镇。大力实施“十个全覆盖”工程。全旗上下同心协力、克难攻坚,一举完成183个自然村整合建设任务,建成特色新居8284套,拆除危旧土房9342套,安全饮水、通村公路、街巷硬化、村屯绿化配套跟进,文化室、卫生室、便民超市、文化广场一应俱全,农村牧区生产生活条件发生了翻天覆地变化。切实加强基础设施保障。达茂通用机场开工建设,包满铁路三期主体完工,希拉穆仁至百灵庙一级公路一幅通车;启动实施节水增效、抗旱应急水源等农田水利项目,加快推进艾不盖河综合治理三期、百灵庙镇供水管网改造和满都拉地区供水工程;建成希热、满都拉两座110千伏变电站,供电保障水平进一步提升。

(四)持续改善生态环境。牢固树立“绿水青山就是金山银山”理念,坚持保护与建设并重、保护优先,促进人与自然和谐发展。加大林业建设力度。实施国家公益林补偿、京津风沙源治理、退耕还林等生态工程140万亩,新增林业治理面积12.5万亩;实施城镇重点区域、重要节点绿化工程,新增绿化面积35万平方米。我旗被中国环境科学协会授予“2016创新中国·绿色发展优秀城市”。加强草原生态保护。继续实施全域禁牧,加大巡查管护力度,巩固提高草原生态建设成果。全旗牧草平均高度27.2厘米、植被平均盖度27.7%,分别较禁牧前提高15.3厘米和5.6个百分点。解决环境突出问题。新上鼎泰热力锅炉脱硫脱硝设施,关停取缔不符合环保要求的小企业40余家,全旗空气质量良好天数达342天;完成恒利养殖场搬迁、聚峰稀土废水资源化利用工程,投资320万元购置水质检测设备,确保饮水安全;编制完成77家矿山企业地质环境治理及土地复垦方案,推动石宝铁矿尾矿库治理工程加快实施。中央督导组交办的13个环保问题全部整改销号。加快生态领域改革。林地变更调查、草原资源资产普查全面完成,土地草牧场确权登记颁证工作顺利进行,我旗被中科院确定为草原生态补偿绩效评估试验试点地区。

(五)着力保障改善民生。坚持以民之所望为施政所向,全力抓好普惠性、基础性、兜底性民生建设,推动民生状况持续改善。深入推进脱贫攻坚。严格落实“五个一批”“六个精准”要求,建立“54321”包户帮扶工作体系,484名领导干部对2514名国贫人口实行精准包扶。出台脱贫攻坚方案,落实扶贫资金1.16亿元,实施种养加工、乡村旅游等项目,1228名国贫、2389名市贫人口实现稳定脱贫。高度重视创业就业。全年实现农牧民转移就业2.26万人,城镇新增就业1523人,城镇登记失业率控制在3.71%的较低水平;农牧民转移就业中心被评为全区农牧民工工作先进集体，商业大楼、民族风情园被认定为市级标准化创业园。切实加强社会保障。全面推进城乡医保并轨工作，在全市率先建立城乡居民养老保险“以奖带征”模式。完成“三留人员”、困境儿童、失能老人建档立卡和城乡低保重新认定工作，特殊困难群体基本生活得到有效保障；完善慈善救助体系，为受灾群众、困难群体发放救灾救济款963.6万元，为28292户低收入农牧民发放一吨暖心煤。稳步提高各类人员待遇，企业、机关事业单位退休人员养老金每人每月分别增加146元、231元，遗属生活困难补助每人每月增加124元，各类津补贴和基本工资标准调整政策全面落实。

（六）大力发展社会事业。牢固树立以人民为中心的发展思想，办好关系人民群众利益的每一件事情，努力增进各族人民福祉。坚持教育优先发展战略。满都拉国际联谊小学投入使用，大苏吉幼儿园开工建设，百灵庙二小东西校区全面打通，15个“同频互动”教室全面建成；学前三年毛入园率达90%，蒙古族幼儿园晋升为自治区级示范幼儿园；中小学全部达到自治区义务教育办学标准，蒙授中考成绩连续三年名列全市第一；高考本科上线率达到42.7%，较上年提高14个百分点；深入推进教育教学改革，承办了包头市教科研工作现场会暨“十二五”教科研工作总结表彰会。重视提升人民健康水平。成功创建为国家卫生旗县，新增市级以上卫生创建单位26个；全面启动创建国家健康促进旗工作。大力实施健康普查行动，为全旗65岁以上老人免费体检，城乡居民健康档案电子建档率分别达到90%和75%；加强医疗卫生基础设施建设，旗蒙医院实现整体搬迁，新建改造基层卫生院6所、嘎查村卫生室7个；与北京协和医院和区内多家医院建立医疗联合体，开展远程会诊467例；启动空中救援模式，搭建“黄金半小时”急救通道；全面取消药品加成，为群众让利230万元。我旗被评为全国计划生育优质服务先进旗。积极发展文化体育事业。“四个文化单体”建设加快推进，建成嘎查村标准文化室6个、文化广场14个；出版《影观达茂》系列丛书，送戏送电影下乡1208场，群众精神文化生活更加丰富。建成广播电视转播台站10座，实现广电数字传输全覆盖，成功承办自治区新闻出版广播影视固边工程现场交流会。新建足球场馆2处，发展群众性健身组织25个，全民健身人口比例达到40%。完成“哈布图·哈萨尔祭祀”国家级非物质文化遗产申报拍摄工作，我旗荣获自治区文物工作先进集体称号。统计、档案、科技、气象、地震、水文、人防、外事、红十字等工作取得新进展，税务、海关、检验检疫、边防、金融机构等为全旗经济社会发展作出新贡献。

（七）切实维护和谐稳定。坚持运用民

主法治思维推动发展、化解矛盾、维护稳定,不断提升社会治理能力。全力做好信访工作。出台规范信访工作的意见,强化信访责任落实,信访批次和人次分别下降21.8%和20.7%。切实加强治安防控。实施“天眼”工程,社会面视频监控探头达到519个,新建派出所业务用房4处、乡镇消防站4个。全面启动“七五”普法。建成基层法务室12个,积极开展多种形式普法活动,干部群众法治意识进一步增强。坚决抓好安全生产。认真开展重点领域专项整治和“百日安全生产大检查”行动,实行专家会诊,在全市率先设立基层安监站13处,查找安全隐患1745处,整改1122处,安全生产形势保持平稳。深入开展文明创建活动。建成市级城市民族示范亮点社区11个;营造和谐军政军民关系,实现自治区“双拥”模范旗创建“七连冠”;创建自治区文明旗县城进入拟命名行列,选树了全国优秀共产党员、全国模范检察官潘志荣等先进典型。全面落实党的民族宗教政策。大力实施兴边富民行动,依法管理宗教事务,巩固了民族和睦、宗教和顺、社会和谐的良好局面,祖国北疆安全稳定屏障更加稳固。

(八)不断加强政府自身建设。坚持把服务发展、服务人民作为政府的根本职责,牢记宗旨、苦练内功,行政能力和服务水平不断提升。始终坚持为民服务。扎实开展“两学一做”学习教育,持续解决“四风”突出问题和“不严不实”问题,政府系统作风建设不断改进,干事创业的激情不断凝聚。始终坚持依法行政。全面执行人大及其常委会的决议、决定,自觉接受人大工作监督、法律监督和政协民主监督,认真听取各民主党派、工商联、无党派人士和人民团体意见,办结人大代表建议63件、政协提案45件、社情民意6件。始终坚持改革创新。持续推进“放管服”改革,健全完善行政审批制度,保留的83项审批事项全部进入市民大厅,实现“一站式”办理;建成覆盖旗乡的电子政务系统,群众办事更加方便快捷。始终坚持廉洁从政。全面落实“一岗双责”,积极推进政府系统党风廉政建设和反腐败工作,强化审计监督和行政监察,面向社会公布权责清单,完成公务用车制度改革,“三公”经费同比下降7%。

政府工作报告

（节选）

政府旗长 张永文

（2017 年 12 月 6 日）

过去五年工作回顾

旗十四届人大一次会议以来的五年，是我旗发展历程中极不平凡的五年。面对复杂严峻的宏观经济形势、艰巨繁重的改革发展稳定任务、经济发展进入新常态的深刻变化，我们认真贯彻党的十八大精神和习近平总书记考察内蒙古重要讲话精神，坚持稳中求进工作总基调，坚决执行旗委决策部署，全面转型、开放发展，扎实推进稳增长、促改革、调结构、惠民生、防风险各项工作，圆满完成"十二五"规划，顺利实施"十三五"规划，奋力开创各项事业发展新局面，站在了更高历史起点上。

综合实力实现重大跨越。牢牢把握经济工作主动权，坚定不移贯彻新发展理念，全力促进经济持续健康发展。预计地区生产总值年均增长 6.7%，保持中高速；固定资产投资累计完成近 1000 亿元，是前五年总和的 2.1 倍；社会消费品零售总额年均增长 8.8%，消费活跃度持续提高；城乡常住居民人均可支配收入年均分别增长 6.9%和 7.9%，居全市前列。充分发挥项目在扩大投资、带动产业、拉动发展中的引领作用，五年累计实施亿元以上重点项目 318 个，完成投资 677 亿元，宝鑫特钢生产线技改等一批项目竣工投产，发展的潜力和后劲明显增强。大力培育发展新动能，淘汰产能落后企业 41 家，新增市场主体 5054 户，10 户企业在沪深两地股权交易中心挂牌，创新发展活力不断涌现。荣获全国民族团结进步创建活动示范旗、自治区园林县城等荣誉称号，成功进入自治区文明旗县城行列，被国家爱卫会命名为国家卫生县城，达茂的面貌发生深刻变化，知名度、影响力得到显著提升。

结构调整迈出重大步伐。以深入推进供给侧结构性改革为着力点，不断优化经济结构，三次产业比重由8∶71.8∶20.2演进为6.8∶60.4∶32.8，正在向一产稳、二产优、三产强的方向转变。农牧业现代化稳步推进,特色种植大面积推广,畜牧业良种率不断提升，毕力格泰等龙头企业做大做强，农畜产品品牌化建设成效突出,“达茂草原羊”被认定为中国驰名商标。工业转型升级步伐加快,完成达茂稀土等企业并购重组，建成全国首个百万千瓦级风电基地，清洁能源并网发电规模居自治区前列。现代服务业提速发展，连续成功举办五届中国游牧文化旅游节,“诗画草原、英雄达茂”品牌叫得更响、擦得更亮,旅游景区景点建设和管理服务水平大幅提升，旅游收入年均增长27.3%;包商村镇银行等金融机构成功入驻，对实体经济支持更加有力；大型酒店、城市商业综合体等项目加快建设,基层供销网点健全完善，服务业对GDP增长贡献率提高10.8个百分点。

改革开放取得重大成绩。蹄疾步稳推进政府承担的六个专项领域改革,研究出台改革方案14项，形成制度成果21项。“放管服”改革深入推进,旗本级行政审批事项和行政权力分别压减42%和40%，企业和群众办事更加便利。商事制度改革不断深化,158项工商登记全部实现后置审批,“多证合一、一照一码”改革和“双随机一公开”监管有效落实。“营改增”全面推行,累计为企业减税降费1.9亿元。城市管理行政执法改革走在全市前列。不动产统一登记制度落实到位，林地变更调查、草场资源普查和土地草原确权工作基本结束。户籍制度改革向纵深推进,居住证制度全面实施。公立医院改革试点实现突破,“以药养医”正在破除。足球事业改革加快推进,蒙古族学校成为全国足球特色教育示范学校。登高望远构筑对外开放新格局,满都拉口岸实现常年开放,基础建设走在自治区沿边口岸前列,进出口货物连年翻番增长,对外贸易额由1.7亿元增加到10.2亿元。坚持“亲、诚、惠、容”开放理念,建成满都拉国际联谊小学,开通对蒙边民就诊绿色通道,连续四年成功举办满都拉——杭吉文化旅游节、中蒙俄商品展销会,经贸文化合作提高到新水平。

城乡面貌发生重大变化。加快以人为核心的新型城镇化进程,全旗城镇化率由45.6%提高到48.8%,1.1万农牧民进城落户。百灵庙镇建成区面积由2.4平方公里扩大到5.3平方公里,新增市政道路管网30公里。新建乌力吉陶海等园林广场15处,集中供热普及率达到95%,污水处理率达到87%。完成棚户区改造6200户,建成保障性住房2163套，城镇人均住房面积由34平方米提高到47.4平方米,百灵庙城镇形象和承载能力显著提升,被评为全区十大魅力名镇。满都拉、希拉穆仁、明安等小城镇建设因地制宜、彰显特色,更加宜居宜游宜业。美丽乡村建设成效显著,整合新建村庄230个,建成高标准新居1.4万套、拆除危旧土房1.7万套,农村牧区面貌发生根本性改观，黄花滩村被农业部认定为中国最美休闲乡村，我旗被评为全区新农村新牧区建设示范旗。五年新增公路里程509公里，联通呼包、辐射城乡的交通路网基本形成。抗旱应急水源、小流域综合治理等水利工程深入实施，6万多农牧民安全饮水问题有效解决。新扩建110千伏变电站3座、35千伏变电站7座，供电稳定性安全性显著增强。

生态环境得到重大改善。全面推进生态保护和修复工程，五年累计实施京津风沙源治理、退耕还林还草等重点生态工程62万亩，森林覆盖率由9.3%提高到14.8%，草原植被盖度由24.7%提高到27.3%。认真落实草原生态保护补奖机制，坚定不移推行全面禁牧，忽视草原保护的状况逐步改变。深刻汲取祁连山生态破坏、腾格里沙漠环境污染等教训，扎实开展生态环境综合整治，关停取缔非法采矿企业48家。深入推进大气污染防治，城区10蒸吨以下燃煤锅炉全部拆除，重点行业脱硫脱硝、除尘改造设施实现全覆盖，空气质量良好天数年均达到328天，高于市区平均水平57天。深入推进水污染防治，建设城镇污水收集管网50公里，新建饮用水净化厂，实现水指标全体系有效监控。深入推进土壤污染防治，实施农用地分类管理，农业生产环境安全得到有效保障。持续开展清洁家园、清理田园、清净草原“三清行动”，严控农村牧区“五乱”现象。节能减排综合措施深入落实，万元GDP能耗下降17%，主要污染物排放削减量每年均超额完成，资源节约型、环境友好型社会建设成效显著。

民生建设取得重大进展。深入贯彻以人民为中心的发展思想，一大批惠民举措落地实施，人民获得感显著增强。脱贫攻坚取得决定性进展，5个区贫嘎查村摘帽，4823名贫困人口稳定脱贫。就业状况持续改善，城镇新增就业7530人，城镇登记失业率稳定在3.7%以内。覆盖城乡居民的社会保障体系基本建立，城乡居民基本医疗保险制度实现整合，企业退休职工、城乡居民、农村牧区特困人员、残疾人等养老抚恤标准均有较大幅度提高。教育事业全面发展，率先在自治区推行“十五年”免费教育，率先在全市实现校车城乡全覆盖，义务教育标准化建设全市领先，民族教育走在全区前列。医疗卫生水平大幅提高，蒙医院迁址新建工程顺利竣工，妇幼、疾控、卫生监督综合业务楼即将投入使用，基层卫生院(室)按标准实现全覆盖，与内蒙古医科大学附属医院等8家知名医院建成医联体，国家健康促进旗通过考核评估。文体广电事业长足进步，百灵那达慕文化产业园、博物馆、展览馆、传媒中心等一批高标准公共文化服务设施陆续建成，嘎查村文化室发展到73处，新增广播电视转播台站12个，成功承办自治区新闻出版广播影视固边工程现场交流会。《影观达茂》等一批精品力作重磅推出，电影

《草原英雄小姐妹》全国上映,电视专题片《秘境寻踪·寻找阿剌海》央视播出。文物保护工作扎实有效。竞技体育全面发展,全民健身蔚然成风,经常性参与健身人口比例由37%提高到45%。

社会治理能力得到重大提升。加快构建立体化社会治安防控体系,交通要道、苏木乡镇政府所在地实现视频监控全覆盖,新建改建基层派出所5个、法务室12个、消防站4处;落实“三见警”要求和“四级巡控”机制,严厉打击各类违法犯罪活动,社会大局稳定和谐。加强和改进信访工作,完善社会矛盾排查化解机制,累计化解信访积案71件,群众来信来访量年均下降24.3%。加强安全生产体系建设,在全市率先设立基层安监站13个,建立健全安全生产制度12项,四大班子领导带队持续开展安全生产大检查,聘请专家“把脉会诊”,安全生产形势保持稳定。深入开展“德润草原·文明之行”等主题实践活动,建成龙梅玉荣旧居等爱国主义教育基地,选树了全国优秀共产党员、全国模范检察官潘志荣和戍边牧民阿迪亚等先进典型,主旋律更加响亮、正能量更加强劲。顺利完成“六五”普法,深入实施“七五”普法,全社会法治观念明显增强。全面贯彻党的民族宗教政策,争取少数民族发展资金6917万元,实施兴边富民行动项目80个。宗教和睦和顺。爱国统一战线得到巩固发展。自治区双拥模范旗实现“七连冠”。妇女、儿童、老年人和残疾人权益得到全面保障,统计、档案、科技、气象、地震、水文、人防、外事、红十字等工作取得新进展,税务、海关、检验检疫、边防等为全旗经济社会发展作出新贡献。

政府自身建设得到全面加强。深入贯彻落实中央全面从严治党要求,建立健全了一批制度措施,政府党组抓党建工作步入规范化制度化科学化轨道,政府系统党员干部“四个意识”明显增强、“四个自信”更加坚定。深入开展党的群众路线教育实践活动和“三严三实”专题教育,推进“两学一做”学习教育常态化制度化,严守纪律规范、为民服务能力、依法行政水平全面提升。严格执行“三重一大”集体决策制度,强化行政监察和审计监督,梳理公布权责清单,清理整顿政府投资项目,有力规范了施政行为、提高了工作效能。强化廉政风险防控机制建设,建立统一规范的公共资源交易平台,从源头上堵塞产生腐败的漏洞。全面落实“中央八项”规定精神,严控办公用房标准,完成公务用车制度改革,坚持勤俭办一切事业,机关作风明显转变。自觉接受人大法律监督和政协民主监督,五年累计办结人大代表建议268件、政协委员提案322件、社情民意68件,办复率达到100%,更多人民群众的新期待转化为政府工作的新实践。

五年来的成就是全方位的、开创性的,五年来的变革是深层次的、根本性的。这五年,我们以高度的政治自觉和强烈的责任担当,深化改革、推动发展,化解矛盾、防范风险，戮力同心、一往无前，各项工作取得了实实在在的成绩。这些成绩的取得，是习近平新时代中国特色社会主义思想科学指引的结果，是旗委总揽全局、坚强领导的结果，是旗人大、旗政协有力监督、鼎力支持的结果，更是全旗各族干部群众团结奋斗、苦干实干的结果。在此，我代表旗人民政府，向全旗各族人民，向所有关心支持达茂发展与建设的同志们、朋友们，表示衷心感谢、致以崇高敬意！

五年的发展历程波澜壮阔，五年的实践启示弥足珍贵。此时此刻，我们深深地体会到，做好达茂的各项工作：

必须坚持党的领导不动摇。党政军民学，东西南北中，党是领导一切的。只有在政治立场、政治方向、政治原则、政治道路上同党中央保持高度一致，听党的话、跟党走，不折不扣贯彻落实中央大政方针，始终在旗委的领导下开展工作，才能确保全旗各项工作始终沿着正确的政治方向前行，汇聚起各族人民携手共建全面小康社会、创造美好生活的强大正能量。

必须坚持新发展理念不偏移。发展是解决一切问题的基础和关键，发展必须是科学发展。只有从欠发达的旗情实际出发，坚定不移贯彻创新、协调、绿色、开放、共享发展理念，才能破解发展难题，厚植发展优势，走出一条符合达茂实际的发展之路，实现更有质量、更有效益、更可持续的发展。

必须坚持生态优先不改变。坚持人与自然和谐共生、建设生态文明，是永续发展的千年大计。只有牢固树立和践行“绿水青山就是金山银山”的理念，像对待生命一样对待生态保护，像保护眼睛一样保护生态环境，持续不断推进生态保护修复，坚决同一切破坏草原的行为作斗争，才能让碧草常青、绿水长流、空气常新，达茂大地绿色永驻。

必须坚持民族团结不松懈。民族团结是做好达茂各项工作的生命线。只有紧紧把握边境少数民族聚集地区这一最大实际，高举民族团结进步旗帜，奋力创造各族群众共居、共享、共事、共乐的社会条件，促进各民族交流交往交融，才能推动各民族像石榴籽一样紧紧抱在一起，守望相助、休戚与共，不断巩固共同团结奋斗、共同繁荣发展的大好局面。

必须坚持民生为重不减弱。增进民生福祉是发展的根本目的。只有始终把人民的利益放在至高无上的地位，抓住人民群众最关心最直接最现实的利益问题，一件事情接着一件事情办，一年接着一年干，既尽力而为，又量力而行，才能不断满足人民日益增长的美好生活需要，使人民获得感、幸福感、安全感更加充实、更有保障、更可持续。

即将过去的2017年，是本届政府履职的最后一年，也是发展成果充分展现、工作成绩令人鼓舞的一年。一年来，我们满怀豪情喜迎党的十九大胜利召开，庆祝自治区成立70周年、建旗65周年,团结一心、埋头苦干,解决了许多难题,办成了许多大事,圆满完成了调整后的各项目标任务。我们着力打基础、谋长远,期盼已久、争取多年的白彦花煤田矿区总体规划获得国家发改委批复,千万千瓦级风电基地列入国家"十三五"风电发展规划,新型工业园区获得市政府批准,争取新能源就地消纳试点等工作取得积极进展。1000多公里的公路全面开工建设,包满铁路修到边境口岸,全市第一家通用机场完成建设,加快发展的基础和条件已经具备。我们致力聚优势、增活力,举全旗之力推进口岸建设,互市贸易区、进口肉类指定口岸、保税仓储区等一大批项目顺利开工,公路物流园区路网基本形成,满都拉口岸至塔温陶勒盖煤矿运输通道全线打通,口岸过货量将历史性突破200万吨大关;旅游大数据中心投入使用,自治区第一家"1+3"旅游综合执法机构成立运行,希拉穆仁旅游市场秩序整顿初见成效,创建全域旅游示范区取得阶段性成果。我们倾力抓生态、筑底色,重点生态修复工程深入实施,绿化造林4613亩。"权力下放、人员下沉、重点下移"禁牧管护机制全面推行。6大水系67条河流纳入"一河(湖)一策"管理,旗、乡两级"河长制"全面建立。废弃矿井(洞)巡查治理全面展开,整治关停达到158处。以"零容忍"的态度依法坚决打击私挖盗采、破坏草原行为,加强污染治理,中央、自治区巡视反馈意见和环保督察反馈问题得到有效解决。我们竭力办实事、惠民生,百灵庙镇南出口提档升级改造基本完成,供水管网建设全面铺开,棚户区征拆接近尾声;新建村庄水电配套逐步完善,上万农牧民喜迁新居;脱贫攻坚第一轮交叉验收顺利通过,贫困人口动态管理扎实推进;财政增支近亿元为环卫工人、企业离退休人员和机关事业干部兑现政策性调资;基层民政能力建设经验做法在自治区全面推广。我们全力建制度、立规矩,出台政府投资项目、财政性专项资金支出审批等5项管理制度,修订完善政府党组集中学习、议事规则等制度,加大制度落实督促检查力度,政府系统党员干部纪律意识规矩意识明显增强。对所有苏木乡镇、机关单位开展"严肃财经纪律、规范财政行为"专项检查和审计,制订方案,强化督查,财务管理松弛混乱等突出问题得到有效整治。建立健全重点工作、重点项目旗级领导包联和"五个一"推动机制,有力促进了重点工作、重点项目实施。

政协达茂联合旗十三届五次委员会工作报告
（节选）

政协主席　乌日图

（2017 年 2 月 22 日）

2016 年工作回顾

2016 年，旗政协及其常委会在旗委的正确领导下，全面贯彻党的十八大，十八届三中、四中、五中、六中全会和习近平总书记系列讲话精神，深入落实自治区、市、旗各项决策部署，把握团结和民主两大主题，围绕实施“全面转型、开放发展”战略和“工业主导、农牧强基、口岸支撑、文化引领、旅游带动、生态保障”的工作思路积极建言献策，认真履行政治协商、民主监督、参政议政职能，统筹推进政协协商民主建设，为促进全旗改革发展稳定做出了积极贡献。

（一）紧扣发展，议政建言，有序推进民主协商

紧贴旗委、政府工作中心，组织相关界别委员、对口部门人员深入调查研究，扎实开展协商议政。聚焦绿色农畜产品精深加工基地建设，从提升精深加工转化率、提高加工技术装备水平、完善利益联结机制等方面提出 6 条意见建议，在市政协专题议政常委会上，作题为《体现精深特色，提高产品附加值，促进农牧业提质增效农牧民增收》的典型发言。着眼“工业存量企业转型升级”建言献策，针对产业发展制约因素突出、企业转型升级动力不足的问题，提出加快传统产业技术改造、发展壮大新兴产业、优化企业发展环境、增强企业发展信心等 8 条对策建议。主动融入“一带一路”建设，就“加快发展壮大满都拉口岸进出口贸易”开展专题调研，提出优化口岸功能、构建全方位对外开放体系等 6 条意见建议。以“无劳动能力的非低保户帮扶脱贫”为议题，围绕自身发展能力差、企业带动能力弱、政策局限性大等问题，提出政策兜底、土地流转帮扶、争取光伏扶贫项目等 7 条建设性建议，为全面进入小康社会补齐短

板。一年来,常委会围绕改革发展重点问题和“十三五”规划落实,开展专题议政和对口协商10次、调研活动7次,政协委员与相关部门同志面对面协商,提出建设性意见53条,以政协常委会文件形成协商报告4份,调研报告3份,报旗委决策参考。旗委恩书记5次作出批示,高度肯定政协委员的建议有质量、有深度、有新意,责成政府分管领导和有关部门责任人认真研究落实,在协助党政决策、促进项目进展等方面发挥了重要作用。

(二)关注民生,助力和谐,增强民主监督实效

强化提案在民主监督中的职能作用,全年收到提案67件,立案41件,现已全部办复完毕。从立案的提案中精选6件重点提案,由旗政协领导通过视察调研、提案办理协商会等形式重点督办,促进了提案建议落实,完善百镇居民饮用水质量、规范建立百灵庙镇早市等一批群众关切的民生问题得到采纳和解决。发挥视察在民主监督中的推进作用,紧扣群众反映突出、感受直接的实际问题,就食品安全管理、农畜产品品牌建设与保护、百灵庙镇供暖、给水、排水建设情况等课题,开展主席会议成员集体视察、委员专项视察3次,有针对性地提出意见20条,有关部门认真采纳、完善措施,推动了相关工作的开展。畅通反映社情民意信息渠道,全年编报《社情民意》18期,其中《关于边境“无人区”加强治安管理的建议》被自治区政协采用,《关于在百灵庙加油站增加自助加油设备的建议》等11期得到旗领导批示,相关部门及时予以了反馈答复和办理落实。组织委员参加法院、检察院、发展和改革局组织的专题座谈、案件审理旁听、价格听证等活动,及时反映群众意愿和真实情况。对财政局、市场监督管理局等6个政府职能部门进行了民主评议,坦诚提出批评和建设性意见,促进了被评部门转变作风、改进工作。

(三)真抓实干,积极作为,助推全旗经济发展

在认真履职的同时,政协领导班子成员还积极参与了安全生产大检查、精准扶贫、信访维稳、文明创建等全旗性工作。特别是在推进“十个全覆盖”工作中,领导班子成员多次带队深入牧区7个苏木镇,督查工程进度。3位包联乡镇领导蹲点办公,现场指挥调度,与苏木乡镇领导、村干部共同研究解决工程推进中存在的问题,督促完成新建住房3000余套、危房拆除5300余套。积极承担全旗重大项目重点工作督查,围绕提升对外开放水平、着力保障和改善民生等7项工程的落实情况,分4个督查组,有计划地组织委员进行监督性督查5次,撰写督查专报4期,提出意见建议22条,推进了207个重大项目的实施建设。

(四)发挥优势,凝心聚力,营造团结民主氛围

尊重和保障各民主党派、工商联、无

党派人士的民主权利,认真听取他们的意见建议,鼓励和支持他们积极参与政协履职活动。协助旗委、政府贯彻落实党的民族、宗教政策,组织民族、宗教界委员就全旗宗教管理情况开展专题调研,针对我旗寺庙管理不规范、教职人员生活补助和自养能力低等问题,提出加大寺庙文物保护力度、培养合格宗教教职人员、扶持寺庙以寺养寺能力等6条意见建议,促进了宗教和顺、社会和谐。充分利用政协平台,加强与全国各地政协的交流合作。协助自治区、包头市政协公立医院改革、精准扶贫等多个调研组在我旗开展考察调研。福建省、江西省、青海省玉树州、科左后旗、阿拉善左旗等区内外政协先后来我旗就新能源开发、城镇规划、畜牧业发展等方面进行了交流学习。分批次组织委员赴古田镇、额济纳旗考察了红色教育、口岸建设情况。通过联络联谊,达到了宣传达茂、争取支持的目的。

(五)内强素质,外塑形象,加强政协队伍建设

充分发挥政协党组的引领作用和政协常委会示范作用,认真贯彻落实习近平总书记对政协工作提出的新思想新部署新要求,及时传达党的路线方针政策和旗委、政府重要会议、重要文件精神,不断增进履职共识。按照懂政协、会协商、善议政的要求,举办多种形式的思想引导和形势教育,带动委员队伍、政协机关层面的学习,保证了政协工作正确的政治方向。以“六个一”活动为依托,拓展委员日常履职的形式和内容,全年共有180余人次参加了提案督办、协商调研和各类视察活动。坚持经常联系委员制度,共联系走访委员100余人次。通过政协微信公众平台、委员微信群,广泛宣传政协理论知识和工作动态,增强了委员履职尽责的使命感。严格按照中央“八项规定”以及自治区党委、市委、旗委有关规定要求,认真履行党风廉政责任制,支持旗纪检派驻纪检组开展工作。加强专委会建设,完善了主席会议成员联系专委会、专委会联系指导界别、常委联系委员的工作机制,专委会联络委员、联系界别、协调关系的基础性作用进一步发挥。注重加强机关日常管理,扎实抓好“两学一做”学习教育,机关干部的服务意识、规矩意识和看齐意识明显提高,机关的凝聚力和战斗力不断增强。

政协达茂联合旗十四届一次会议工作报告
（节选）

政协主席　乌日图

（2017年12月5日）

过去五年工作回顾

政协达茂联合旗第十三届委员会任期的五年，是我旗积极应对严峻复杂形势、经济社会持续健康发展的五年，也是政协事业开拓创新、富有成效的五年。五年来，十三届政协常委会在政协包头市委员会的悉心指导和中共达茂联合旗委的坚强领导下，在旗人大、政府的大力支持和各部门的积极配合下，全面贯彻党的十八大和十九大精神，深入学习贯彻习近平新时代中国特色社会主义思想，坚持团结和民主两大主题，自觉服从服务于全旗中心工作，认真履行政治协商、民主监督、参政议政职能，为推动全旗经济社会发展和社会主义民主法治建设作出了积极贡献。

（一）围绕中心、凝心聚力，协商建言实效更加增强

这五年，是凝心聚力的五年。常委会紧紧围绕旗委、政府中心工作，用足用活智力密集、联系广泛优势，为全旗经济社会发展献计出力。

一是服务大局，努力助推全旗改革发展。着重围绕我旗“十三五”时期经济转型升级、农村牧区改革发展、精准脱贫等重大课题，认真开展调查研究，提出建议，积极参政议政。围绕事关长远发展的战略性问题协商议政，就加快发展满都拉口岸进出口贸易、农畜产品品牌建设与保护、壮大农牧业合作组织发展等问题组织开展专题调研、视察和协商讨论，提出提升农畜产品精深加工转化率、构建全方位对外开放体系等对策建议。围绕事关经济转型升级的关键性问题建言献策，分别就工业存量企业转型升级、非公经济运行、清洁能源发展等课题，深入开展协商交流。组织委员列席每年的人代会，听取和讨论政府工作报告、“法检两院”工作报告和国民

经济发展计划、财政预决算报告等，提出大量建设性意见和建议，积极反映各界群众智慧和呼声。五年来，组织各类调研、视察活动78次，形成调研报告24份、协商报告13份、视察报告16份，提出建设性意见300余条，为旗委、政府科学决策提供参考。

二是履职为民，持续关注民生改善和社会建设。着重围绕促进农牧民持续增收、完善精准脱贫后续保障机制、公共文化服务体系建设、百灵庙镇棚户区改造、全旗蒙汉文并行并用等课题，开展调研视察、民情监测。关注禁牧牧民生产生活情况，对完善草原生态保护补奖机制进行调研，《达茂旗禁牧牧民生产生活存在问题及对策》《加强草原生态保护建设方面存在的问题及对策建议》等调研报告，得到市委的充分肯定，分别在市政协全体会议和常委会上作典型发言。以完善精准脱贫后续保障机制为切入点，组织开展调查研究，形成《完善脱贫后续保障机制，实现贫困人口稳定脱贫》调研报告，就建立贫困动态监测机制、加大内生动力培育、精准选择脱贫产业等方面提出建议，并在市政协常委会上作了专题协商发言。聚焦“诚信守法体系建设”，提出加快社会诚信信息共享，建立褒奖诚信、惩戒失信联动机制，加强诚信文化宣传等建议，为法治达茂建设提供智力支持。

三是积极作为，主动参与全旗重点工作。在认真履职的同时，常委会积极参与全旗安全生产大检查、精准扶贫、棚户区改造、信访维稳等重点工作。主席亲自带队深入农村牧区、基层农牧户、项目施工现场，就重大项目和重点工作进展情况，开展专项督查，切实推动旗委、政府科学决策落到实处。几位副主席先后在中国游牧文化旅游节、百灵那达慕文化产业园建设、新农村新牧区建设、精准扶贫、百灵庙镇棚户区拆迁改造、创建国家卫生县城和全区县级文明城市等事关全旗发展的中心工作中，主动作为，包联乡镇，蹲点办公，为推进全旗各项重点工作作出积极贡献。

（二）改革创新、注重实效，民主监督职能更加凸显

这五年，是改革创新的五年。常委会坚持以助推旗委、政府决策部署贯彻落实为重点，强化职能，注重实效，发挥积极作用。

一是围绕全旗重点工作开展专题民主监督。围绕旗委、政府作出的重大决策部署落实情况开展民主监督。围绕“五项重点工作”“九大工程”“重大项目和重点工作任务”等内容，开展专项督查和民主监督，组织委员进行集中视察，找问题，查短板，提对策，累计开展专项督查47次，报送督查专报19期，提出问题和建议120条，为顺利实现各项目标任务发挥重要作用。推荐政协委员担任纪检、监察机关及政府职能部门的特邀监督员，以及法院陪审员和行风评议代表，参加全旗行风

评议民主测评大会以及机关作风和效能检查明察暗访活动,参与委员认真履行民主监督职责,及时反映群众意愿和真实情况,提出各类意见建议100多条,有力推动我旗民主政治建设进程。

二是提案、社情民意等民主监督实效显著。充分发挥提案在履行职能中的重要作用,鼓励委员积极撰写提案。五年来,委员们围绕我旗经济、政治、文化、社会、生态等方面问题坦诚进言,审查确立提案296件,所有提案全部答复委员,提案办理满意率达92%以上,切实解决群众广泛关注的热点、难点问题。立足岗位,深入了解民情,积极反映社情民意,共编发《社情民意》专报112期,上报自治区政协社情民意32期,其中,《关于蒙古族学校小学实行“小班化”教学的建议》《关于为希拉穆仁普会寺配置防火设备的建议》等7条信息被自治区政协信息调研处采用,充分发挥了信息促进工作的监督作用。

三是民主监督形式不断创新。常委会积极参与全旗性工作,政协主席列席旗委常委会,副主席列席政府常务会,在重大决策部署、重要人事任免等方面提出意见和建议,同时做好民主监督工作,把民主监督贯穿于旗委、政府决策部署的全过程。实施“四性五带”民主评议新方法,先后对住建局、水务局等18个政府职能部门进行民主评议,有效促进各部门转变作风、改进工作,取得旗委和政府肯定、各部门认可、各界群众满意的良好效果。

(三)突出民主、提质增效,协商民主制度建设更加完善

这五年,是提质增效的五年。常委会深刻领会中央关于加强社会主义协商民主建设的精神,重视加强协商民主制度建设。

一是健全协商民主工作机制。制定《关于加强政协协商民主建设的实施意见》,健全全体会议协商、常委会议协商、主席会议协商、提案办理协商和民主评议监督等工作制度。加强政协协商与旗委、政府工作的有效衔接,规范完善协商议题提出和计划制定机制。加强对履职工作的科学谋划和统筹,密切与党政及有关方面的沟通联系,切实把协商民主贯穿于政协履职全过程。

二是创新协商民主工作方法。注重提高协商议政实效,把调查研究作为重要基础性工作,做到以调研促进协商质量,以协商促进调研成果转化。创新协商载体,丰富协商形式,增加协商密度,形成以全体会议协商为龙头,以专题常委会议和主席会议协商为重点,以对口协商、界别协商和提案办理协商为常态的协商议政格局。积极探索政协工作向基层延伸的有效途径和方式,充分发挥政协组织和政协委员在基层协商民主中的作用。

三是加强协商民主工作的研究。长期以来,常委会都十分重视协商民主工作的理论研究,发表的《关于推进基层政协民主监督工作的几点思考》在自治区政协征

文活动中获奖，入选《中国政协理论与实践汇编》，并在内蒙古人民政协理论研究会第二届会员代表大会上作典型发言；《关于基层民主监督形式创新和实效提高的思考》在市政协征文活动中获奖，协商民主理论研究成果更加丰硕。

（四）把握团结、广交朋友，团结联谊更加广泛

这五年，是广交朋友的五年。常委会围绕团结和民主两大主题，为全旗改革发展凝聚智慧和力量，画好画大团结的同心圆。

一是积极促进多党合作共事。充分尊重和保障各民主党派人士、工商联成员、无党派人士的民主权利，为他们履职建言搭建平台，创造条件，鼓励和支持他们建诤言，献良策。坚持联系走访民主党派人士、工商联成员及政协党组成员与党外副主席谈心交心制度，认真听取他们对政协工作的意见，不断扩大参政议政范围。加强对各党派团体参加政协共同性事务的协商，形成良好的合作共事氛围。

二是加强与各族各界人士的团结联谊。认真贯彻落实党的民族宗教政策，积极拓展工作领域，就民族文化传承、民族教育和宗教寺庙场所保护情况开展调研7次，并提出建设性意见建议，有效促进民族关系和谐、宗教场所稳定。重视少数民族非物质文化遗产保护与传承，《关于达茂旗非物质文化遗产情况的调研报告》得到旗委、政府高度重视，为全旗非物质文化遗产保护工作提供翔实资料。

三是积极开展对外交往联谊。加强与各地政协的交流合作，协助全国政协、自治区政协、包头市政协多个调研组就公立医院改革、生态环境保护、蒙中药资源保护与可持续利用、口岸建设和管理、《中华人民共和国草原法》贯彻实施、基层法律援助和电力外送通道建设等内容在我旗考察调研。接待福建省、江西省、潍坊市、镶黄旗、察右后旗等多个地区政协考察团，来我旗就新能源开发、城镇规划、畜牧业发展、全域旅游、民族手工艺发展等内容进行交流学习。加强政协办公室、各专委会与市政协对口部门的联系，组织委员参加“纪念政协包头市委员会成立60周年书画展”。分批次组织委员赴山东省、满洲里市、额济纳旗、古田镇考察红色教育、口岸建设，通过联络联谊，广泛宣传我旗经济社会发展成就。

（五）提升素质、强基固本，自身建设进一步加强

这五年，是强基固本的五年。常委会紧紧围绕打造有为政协、效能政协、和谐政协、活力政协的目标，加强自身建设，促进自我完善、自我提升。

一是强化理论武装。组织委员认真学习党的十八大，十八届三中、四中、五中、六中全会和十九大精神，深入学习习近平新时代中国特色社会主义思想，以及习近平总书记在庆祝人民政协成立65周年大会上的重要讲话和考察内蒙古重

要讲话精神,牢固树立“四个意识”,坚定“四个自信”。健全政协集体学习、委员培训和个人自学等学习制度,五年来,组织召开56次理论学习和常委会集体专题学习,举办12期培训和讲座,1700余人次参加培训。组织庆祝中国共产党成立95周年、人民政协成立65周年和纪念抗日战争胜利70周年、红军长征胜利80周年等活动,切实增强不忘初心、继续前进的信心和力量。

二是完善常委会工作制度。充分发挥政协党组、领导班子、常委会的集体领导作用,先后制定和修订《常委会议议事制度》《主席会议议事制度》《关于开展调查研究工作的实施意见》等规章制度,强化履行职能的制度化、规范化、程序化建设。坚持重大事项向旗委请示汇报制度,注重与人大、政府班子的团结沟通,为政协开展工作取得更多的外部支持。严格执行党的民主集中制,坚持集体领导和分工负责制度,认真执行政协党组会议、主席会议和常委会议议事规则,切实做到决策民主化、科学化。

三是加强委员队伍建设。发挥政协党组引领和政协常委会示范作用,认真贯彻落实习近平总书记对政协工作提出的新思想新部署新要求,不断增进委员履职共识。加强委员管理,制定《委员履职管理办法》,深入开展“六个一”活动,拓展委员履职的形式和内容,组织委员参加协商调研和各类视察活动。坚持经常联系委员制度,联系走访委员近300人次。组织评选优秀提案45件、提案先进个人28名,激发委员履职热情。完善主席会议成员联系专委会、专委会联系指导界别、常委联系委员的工作机制,专委会联络委员、联系界别、协调关系的基础性作用有效发挥。建立委员微信群,广泛宣传政协理论知识和工作动态,增强委员履职尽责的使命感。

四是加强政协党组建设。深入开展党的群众路线教育实践活动和“三严三实”专题教育,扎实推进“两学一做”学习教育常态化制度化,党组成员自觉理解党章、尊崇党章、遵守党章、维护党章,党章党规意识更加坚定。严格执行“三会一课”制度,认真落实党组民主生活会和组织生活会制度,积极开展批评与自我批评,组织党组成员以普通党员身份参加政协机关党支部组织生活,党组织生活原则性更加明显。党组成员能够自觉与反对党、抵触党的言论、思想和行为作斗争,意识形态工作成效更加显著。严格履行党风廉政责任制,严格执行《关于新形势下党内政治生活的若干准则》和《中国共产党党内监督条例》,支持旗纪委派驻纪检组开展工作,纪律红线和规矩底线更加牢固。

达茂概览

【概况】达尔罕茂明安联合旗，简称达茂联合旗，1952年10月由达尔罕旗和茂明安旗联合而建(达尔罕意为“神圣不可侵犯”，茂明安意为“千户部落”)，位于阴山北麓，是内蒙古自治区20个边境旗(市)和33个牧业旗之一。东邻乌兰察布市四子王旗，西接巴彦淖尔市乌拉特中旗，南连呼和浩特市武川县、包头市固阳县，北与蒙古国接壤，国境线长88.6千米。全旗辖7个镇、2个乡、3个苏木。总面积18177平方千米，总人口12万，有蒙古、回、满、朝鲜、达斡尔、鄂伦春、藏、苗、土家族等23个民族，少数民族人口1.89万人(蒙古族1.78万人)，是典型的边境少数民族地区。旗政府所在地百灵庙镇距呼和浩特市、包头市均为160千米左右，处于呼包鄂经济区两小时辐射圈内，中蒙满都拉—杭吉国家级双边性常年开放公路客货运输口岸，是对蒙古国开放重要通道之一。

【资源禀赋】达茂联合旗地域辽阔，物产丰富。探明的金属、非金属矿藏达32种，境内有近20亿吨铁矿、86亿吨褐煤、22亿吨石灰石、4.1亿吨磷矿，还有储量可观的稀土、金、锰、铜、萤石等矿产资源。风能和太阳能开发前景广阔，年平均有效风速时数6000小时以上，风能资源总储量达3181万千瓦；年均日照时数为3100小时，年太阳辐射总量6000焦耳/平方米以上。农牧业资源丰富，有1.66万平方千米天然草牧场和8万公顷耕地，马铃薯、牛羊肉、皮毛绒等农畜产品畅销全国。

【名胜古迹】达茂联合旗名胜古迹众多，人文景观独特。希拉穆仁草原是自治区最早开放的旅游景区。境内有敖伦苏木古城遗址、金堑壕遗址等国家级重点文物保护单位，有哈布图·哈萨尔祭奠堂、汉长城、康熙营盘等历史遗迹。民国25年(1936年)，乌兰夫等老一辈无产阶级革命家领导的百灵庙抗日武装暴动，打响了蒙古民族抗日的第一枪；同年11月，傅作义领导发起的百灵庙战役，极大地鼓舞了全国人民抗日的信心和决心。20世纪60年代，草原英雄小姐妹龙梅、玉荣的光荣事迹，就发生在这里。20世纪50年代，达茂人民献出世代祭奠的圣山——白云鄂博，以无私的胸怀支援了包钢建设。2008 年,服从建设祖国北疆生态安全屏障大局,在全区、全国率先实施为期 10 年的阶段性禁牧,为国家草原生态保护补奖机制的出台探索了成功经验,2 万禁牧牧民因此被评为“感动包头”年度集体人物。

大事记

一月

1月5日，达茂联合旗举办第二届冬季冰雪旅游节开幕式。

二月

2月5日，中共达茂联合旗第十三届委员会第四次全体会议召开。十三届旗委委员、候补委员出席了本次大会。不是旗委委员、候补委员的副处级领导干部，旗纪委委员，特邀原旗领导，各苏木乡镇党政主要领导、人大主席，旗人大、政协各专委会负责人，旗直属各部门、人民团体负责人，副科级以上事业单位负责人，驻旗各部门单位、规模以上企业负责人，部分自治区党代表、市级党代表和旗级党代表列席了会议。旗委副书记、政府代旗长张永文主持大会。会上，旗委书记恩和特布沁代表旗委常委会向全委会报告了一年来的工作，并在第四次会议上作重要讲话，对贯彻落实会议精神，进一步做好当前各项重点工作提出明确要求。

2月22日上午，政协达茂旗第十三届委员会第五次会议在雄壮的国歌声中隆重开幕。旗领导李凯、乌日图、苏德、汪占元、庆格勒、梁润栓、艾静、朝鲁孟、张秀春、杨金盾、孙富、莎仁高娃在主席台前排就座。原政协老领导及自治区、包头市政协委员出席会议。各苏木乡镇党政主要领导，旗直各机关、驻旗各部门的主要负责人，规模以上企业法人代表列席会议。旗政协主席乌日图代表政协达茂旗第十三届委员会常务委员会作工作报告。

2月23日，达茂联合旗第十四届人民代表大会第五次会议隆重召开。会议由大会主席团常务主席、执行主席李凯主持。大会执行主席恩和特布沁、张永文、乌日图、弓华、汪占元、王惠、李永新、何建军、温志俊、斯日古楞、张辉在主席台前排就座。135名旗人大代表参加会议。不是代表的旗级领导，旗直机关事业单位负责人，自治区、包头市人大代表，苏木乡镇负责人，驻旗各部门、部分规模以上企业负责人以及出席政协十三届五次会议的全体委员列席会议。旗委副书记、政府代旗长张永文作政府工作报告。报告回顾总结了2016年工作，部署了2017年工作。

三月

3月3日,达茂联合旗人民政府与内蒙古民航机场集团举行合作签约仪式。

3月16日,达茂旗包商村镇银行举行开业典礼。同日,达茂联合旗人民政府与东戈壁省政府举行友好合作座谈。

3月24日,达茂旗召开全旗农村牧区工作暨脱贫攻坚会。

四月

4月14日,达茂联合旗在满都拉口岸物流园区举行2017年重点项目春季集中开工仪式。市人大常委会主任徐德林,市政协副主席周志宁,旗委书记恩和特布沁,旗委副书记、政府旗长张永文,旗人大常委会主任李凯,旗政协主席乌日图,旗委副书记弓华等参加了开工仪式。

4月21日,自治区党委常委、包头市委书记张院忠深入希拉穆仁镇,调研旅游产业发展情况。旗委书记恩和特布沁,旗委副书记、政府旗长张永文陪同调研。张院忠先后深入希拉穆仁旅游管委会、毕力格泰民族食品有限责任公司进行实地调研,详细了解希拉穆仁镇旅游整体规划、智慧旅游大数据平台建设及民族特色产业发展情况。

4月27日,自治区党委常委、统战部部长王莉霞到达茂联合旗就重点龙头企业带动农牧民增收情况进行专题调研。自治区党委统战部副部长、工商联党组书记向东,包头市委常委、统战部部长金满仓,旗领导恩和特布沁、张永文等陪同调研。王莉霞先后深入达茂联合旗博物馆、巴音敖包苏木希勒得格肉羊良种繁育基地等地,详细了解企业生产经营情况、与农牧民利益联结模式、农牧民受益情况以及企业存在的困难和问题。

五月

5月12日,香港爱心人士何崇本先生,何崇源先生,韩良英女士(何崇源夫人)赴达茂旗红格塔拉村、呼格吉乐图嘎查分别调研"母亲水窖"项目和养殖专业合作社。

六月

6月3日,自治区党委常委、纪委书记刘奇凡一行深入达茂联合旗,就纪检监察工作以及工业经济运行、农牧业产业化、文化旅游、棚户区改造等工作展开调研。包头市委常委、纪委书记陈万荣,旗委书记恩和特布沁,旗委副书记、政府旗长张永文以及相关部门负责人陪同调研。

七月

7月22日,第五届中国游牧文化旅

游节暨第28届那达慕大会拉开序幕。旗委书记恩和特布沁致辞，中国旅行社协会秘书长孙桂珍、中国文化传媒集团运营总监邢晨生讲话，包头市委常委、常务副市长贺伟华宣布大会开幕，旗委副书记、政府旗长张永文主持开幕式。

八月

8月30日，国家旅游局副局长王晓峰一行深入达茂联合旗希拉穆仁镇，调研全域旅游试点创建工作。自治区旅游发展委员会主任郑宜平，包头市旅游局局长张勇东，旗委副书记、政府旗长张永文等领导陪同调研。

九月

9月6日，达茂旗召开全旗扶贫工作推进会，研究解决近期存在问题及下一步工作安排。

9月22日，达茂旗第四届全民运动会开幕。

十月

10月19日，达茂旗召开全旗推进行政审批制度改革领导小组专题会议，贯彻落实自治区、包头市关于推进行政审批制度改革工作的部署和要求，安排部署行政审批制度改革职能交接工作。

十一月

11月1日，达茂旗召开创建国家健康促进旗工作推进会，全面梳理在创建过程中遇到的突出问题和存在的薄弱环节，安排部署迎检工作。

十二月

12月5日，政协达茂联合旗第十四届委员会第一次会议在雄壮的国歌声中隆重开幕。旗领导雪松、张永文、乌日图、弓华出席会议，并在主席台前排就座。原政协老领导特邀出席会议。各苏木乡镇主要领导，巴润工业园区党工委负责人，旗直各部门、各事业单位和驻旗各部门、各单位负责人，以及部分规模以上企业负责人列席会议。敖特根苏德主持会议。

12月6日上午，达茂联合旗第十五届人民代表大会第一次会议胜利召开。会议由旗人大常委会党组书记弓华主持，大会执行主席雪松、张永文、马全旺、姚培清、李永新、孙志良、敖特根苏德、斯日古楞、张辉，旗领导李凯、乌日图在主席台前排就座。141名人大代表出席会议。特邀原旗级领导，非代表的旗级领导，旗直机关事业单位、苏木乡镇、驻旗各部门及部分规模以上企业负责人，以及出席旗政协十四届一次会议的全体委员列席会议。

12月9日，达茂联合旗监察委员会正式挂牌成立。旗领导雪松、张永文、敖特根苏德及相关人员参加挂牌仪式。仪式上，旗委书记雪松，旗委常委、纪检委书记、监察委员会主任姚培清共同为监察委员会成立揭牌。此举标志着达茂联合旗监察体制改革试点工作迈出关键一步。

12月20日，自治区党委副书记兼政法委书记李佳深入达茂联合旗，就脱贫攻坚工作进行专题调研。自治区扶贫办党组书记么永波，市委副书记、政法委书记贺伟华，副市长武二斌，旗委书记雪松，旗委副书记、政府旗长张永文等陪同调研。李佳先后到乌克镇乌兰村白记粮油合作社、二里半村，西河乡德承永村，就产业扶贫、精准扶贫工作进行调研，并走进脱贫户家中详细了解情况，还亲切看望了达茂联合旗乌兰牧骑队员。

中国共产党达茂联合旗委员会

综 述

【党的建设】主体责任落实方面，把抓党建作为最大政绩，制定出台加强和改进苏木乡镇党委工作的意见，旗委与各党委（党组）、各党委（党组）与党支部层层签订党建工作责任状，听取19个党（工）委书记党建述职，推动党建责任细化到人、量化到岗。全面落实意识形态责任，加强党校、讲座论坛等意识形态领域阵地管理，配齐苏木乡镇专职宣传委员，建强意识形态队伍。思想武装方面，始终把学习宣传贯彻党的十九大精神作为首要政治任务，发放蒙汉双语学习资料1.8万余册，县级领导领学87人次，十九大代表潘志荣等先进典型领学40余场次，集中培训81场次，巡回宣讲、主题宣讲、流动送学、文艺宣讲覆盖全旗。落实“两学一做”学习教育常态化制度化要求，规范党支部运行制度17项，开展集体学习3.2万余人次，集中轮训书记531人次，培训领导干部6400余人次。基层党组织方面，深入实施“鹿城先锋”工程，打造边境口岸区域化党建模式，建强北疆联合党委。打造党建示范点41个，朵兰戈尔社区“1241”服务模式，即在社区禁牧转移牧民与户籍所在苏木乡镇搭建一个桥梁、提供蒙汉双语服务、打造四个15分钟便民服务圈、立足群众满意这个目标，探索出一条边疆少数民族地区服务牧民的新路子。被列为自治区先进典型。新建改扩建农区党群活动室176个，嘎查村工作经费由6万元提升至8万元，正职基础报酬上调20%、达到2.4万元以上，培育村级后备干部193人，新发展党员66名。干部队伍建设方面，坚持正确选人用人导向，建立完善以“一表、两图、四办法”为主要内容的干部选任制度体系，干部选任工作实现规范化、制度化、程序化。加强干部教育管理，启动“百名年轻干部培养工程”。提醒谈话19名考核倒排干部，科级干部全部建立个人重大事项报告监督档案。党风廉政建设方面，开展违反中央“八项规定”精神突出问题、“四风”明察暗访等专项纪律检查10批次，通报14个单位，责令12人作出书面检查。加强纪律审查，运用监督执纪“四种形态”处理180人次。狠抓党风廉政建设专项治理，2017年共处置问题线索191件，立案55件，结案45件，处分45人。受理“雁过拔毛”式腐败问题线索77件，立案23件、处分15人。完成第一轮并启动第二轮巡察。完成监察体制改革试点工作阶段性任务,旗监察委员会正式挂牌成立。民主政治建设方面,支持人大及其常委会依法履行职能,鼓励政协及其常委会围绕中心和大局建言献策,形成四大班子同心同向的良好局面。出台加强社会主义协商民主建设实施意见,强化与统战人士的联系,大统战工作格局基本形成。贯彻落实党的民族政策和宗教工作方针,促进各民族团结进步、宗教领域和谐和顺。充分发挥群团组织作用,各层次各领域政治参与有序扩大。落实习近平重要指示精神方面,把落实总书记指示精神作为重大政治任务,提高政治站位,成立以旗委书记为组长的工作领导小组,设立6个专项工作组,制订专项工作方案,扎实推进整改落实。2017年,化解政府债务1.1亿元,政府债务余额96.6亿元;一次性清理整顿2017年政府投资在建项目34个,压缩投资15.56亿元,压缩率达到28%,政府债务风险有效降低。全面清查拖欠农民工工资问题,设立5500万元应急周转资金,对2016年"十个全覆盖"工程中标的10家公司、82个施工队和15家政府投资项目施工方工程款发放情况进行核对,监督发放工程欠款6637.85万元。

【产业发展】供给侧结构性改革方面,落实"三去一降一补"任务,防范化解重大风险,房地产去库存2.65万平方米,在全市旗(县、区)房地产去库存绩效考核中排名第一。项目建设方面,实施亿元以上重点项目92个,竣工19个、完成投资138亿元。招商签约项目29个、协议投资201.63亿元,落地23个,完成市委、市政府下达的招商引资任务。引进国内(区外)到位资金97.44亿元,完成市级目标任务的157.2%。工业经济方面,白彦花煤田矿区总规获得国家发改委批复,新型工业园区获市政府批复。千万千瓦级风电基地列入国家"十三五"风电发展规划,清洁能源累计装机346万千瓦、并网324万千瓦,风能并网规模位居自治区第一位。1—11月工业增加值同比增长3.5%。农牧业生产方面,形成以马铃薯为主,红皮小麦、荞麦、藜麦等种植为特色的多元种植结构。种植黄芪1.3万亩、带动农牧民800户,进一步拓宽农牧民增收渠道。完善农牧民与企业利益联结机制,希勒德格肉羊繁育基地投入运营,在43家合作社推广订单种养、入股分红,农牧民参与产业化经营比例达到82%。建成黄花滩现代农牧业产业园区二期工程。达茂草原羊被国家商标局认定为中国驰名商标。文化旅游方面,"1+3"旅游综合执法机构成立运行,希拉穆仁旅游市场秩序整顿初见成效。百灵那达慕文化体育产业园区、吉穆斯泰旅游区成功晋升AAAA景区。深入推进"厕所革命",建成生态环保厕所100个。创建国家全域旅游示范区报请自治区审验,被列为自治区边境旅游试验区。全旗累计接待游客234.43万人次、实现收入15.1亿元,分别增长 11.6%和 44%。口岸建设方面,开工建设互市贸易区、进口肉类指定口岸、保税物流仓库等项目,建成出境免税店,公路物流园区路网基本形成,满都拉口岸至塔温陶勒盖煤矿运输通道全线打通,口岸过货量历史性突破 200 万吨、达到 226.12 万吨。创新对蒙合作机制,建成满都拉国际联谊小学,开通对蒙边民就诊绿色通道,加快“三互”大通关改革,口岸联检查验能力达到自治区同类口岸一流水平。

【生态建设】草原生态保护方面,严格落实草原生态保护补奖政策,全面推行“权力下放、人员下沉、重点下移”禁牧管护机制,加大禁牧巡查和草原管护力度,大力开展牲畜清查,有效缓解草原载畜压力。加强草原恢复治理,改良天然草原 5 万亩,人工草地建植 2000 亩,草原植被盖度达到 27.3%。林业建设方面,坚持绿色发展理念,实施京津风沙源治理 7.5 万亩、退耕还林 2000 亩,森林覆盖率达到 14.8%。积极推进公园提绿、周边扩绿、巷道补绿、小区增绿工程,完成国土重点区域绿化 4613 亩,达茂联合旗获评自治区园林县城。因地制宜发展林下经济,种植生态经济林 5000 亩,发展林下经济和林带间中药材等经济作物 5000 亩。环境污染防治方面,严格落实大气污染防治行动,重点企业实现 24 小时在线监控和污染物稳定达标排放,二级以上优良天数达 315 天。全面建立旗、乡两级“河长制”,6 大水系 67 条河流纳入“一河(湖)一策”管理。全面启动土壤污染防治,完成 15 处废渣整治工程。中央环保督察反馈自治区 24 个环保问题中涉及达茂联合旗 10 项,整改完成 9 项,剩余 1 项在整改之中。

【城乡建设】百灵庙镇建设,更新改造“三横六纵一环线”供水管网 22 千米,拓宽改造南出口道路 1.8 千米,集中供热普及率达到 95%,污水处理率达到 87%,惠及镇区 3 万多居民,百灵庙镇城镇承载能力显著提升。改造棚户区 1065 户,棚改货币化安置率达到 70%;建成保障性住房 946 套,城镇人均住房面积达到 47.4 平方米。建制镇建设,编制明安、希拉穆仁等特色小镇规划,启动石宝、乌克忽洞等 3 个镇区污水处理治理试点,满都拉、希拉穆仁等特色风情小镇建设进展顺利。美丽乡村建设,完成 176 个新村通电、156 个新村通水工作,拆除农村牧区危旧土房 2932 套。建立健全新村长效管护机制,顺利通过包头市 2012—2016 年自治区新农村新牧区示范点复查,新农村新牧区建设成果得到巩固。基础设施建设方面,包满铁路三期基本竣工,打通了通向满都拉口岸的铁路通道。实施总里程 1000 多千米的重点公路项目,在全市率先完成百灵通用机场建设,开启达茂联合旗立体交通新时代。建成新能源电力送出一期、二期、三期项目共 13 条送出线路,智慧城市创新体验中心投入运营,重点景区和公共场所实现 Wi-Fi 全覆盖。

【社会发展】精准脱贫攻坚工作,突出精准识别、动态管理,完成全旗 14329 户 32882 名常住农牧户摸底清查工作,新识别符合贫困标准 169 户 354 人。落实扶贫项目 34 个、资金 1.2 亿元,28 个贫困村、1232 户 2589 人实现对口帮扶全覆盖。强化精准施策,落实“五个一批”政策,19 家专业合作社与 1063 户贫困户建立紧密利益联结机制,2017 年脱贫 1271 人。社会保障方面,就业创业持续扩大,发放创业贴息贷款 2320 万元,“零就业家庭”实现动态清零,城镇登记失业率控制在 3.7%以内。社会保险参保扩面工作稳步推进,社会救助工作有序开展,农牧区特困人员分散供养、集中供养标准提高 1800 元、2000 元,分别达到 6800 元和 10000 元。社会大局治理方面,完成党的十九大、自治区 70 周年大庆等重大活动安保工作,深入开展缉枪治爆、打击“黄赌毒”等违法犯罪专项行动,加强重点人员和重点群体动态管控,信访批次和人次分别下降 20.2%和 22.1%。社会事业发展方面,成功举办第五届中国游牧文化旅游节、自治区成立 70 周年等各类庆祝活动。教育事业稳步发展,学前三年毛入园率达到 98.36%。建成妇幼、疾控、卫生监督综合业务楼,国家健康促进旗通过考核评估。成功进入自治区文明旗县城行列,被命名为国家卫生县城。

中国共产党达茂联合旗委员会办公室

【政务工作】2017年，撰写形成各类讲话、汇报提纲等材料200余篇、100万余字。先后就口岸建设、农牧业发展、实施“旅游+”战略振兴乡村经济、草原生态保护利用等内容开展专题调研9次，撰写调研报告8篇。全年以旗委、旗委办名义发文167件，传阅各级来文1237份，传阅6185人次，上报备案规范性文件8件。圆满完成自治区党委副书记李佳、市委书记张院忠在达茂联合旗调研工作。严控会议规模、数量、时间，全年严密组织了旗十三届委员会第四次全体会议、全旗党建工作会等重要会议，高效举办了旗委常委会会议、社会工作联席会议等日常工作会议，有效精简会议。

【信息报送】2017年，向自治区党委、市委信息部门累计上报各类信息1102条次，被上级采用235条次；编制《信息快报》15期、《信息工作通报》4期、《达茂动态》26期，向市委督查室上报《督查专报》90期。进一步完善《达茂手机信息》内容和版块，全年发送重要信息123期。

【督促检查】通过联合督查、专项督查、明察暗访、会议协调等多种方式，开展多形式、全方位的督查，2017年围绕上级部门交办事项、全旗重点项目进展情况、各级领导批示精神落实、网民留言办理等方面开展督促检查70余次，办结各类事项90条次，形成《督查专报》54期，办结率达100%。

【志史工作】完成自治区年鉴、包头市年鉴、包头市第二轮市志达茂旗部分撰写工作。第一轮蒙语旗志已交付排版，整理编辑达茂旗年鉴2017卷、2017年全旗大事记。

【保密工作】牢固树立“机要保密无小事”理念，认真落实保密工作领导责任制，全面完善各项保密制度，强化保密管理检查，坚持24小时值班制度。全年收发办理密码电报550份，传阅2200人次；明传电报830份，传阅4150人次，无一遗失和泄密事件发生。同时，优质高效做好电视电话会议服务保障工作，全年承办各级各类视频会议120余场。

【改革工作】制定《达茂旗2017年全面深化改革重点任务及分工方案》，组织实施11个领域135项重点改革任务，积极稳妥推进各领域改革。全年共出台改革成果性文件104份,组织供销改革调研等专题改革调研5次,开展改革专项督查23次。

【后勤服务】加强财务管理,强化资金调度,有效保证各项工作正常运转。结合公车改革,探索车辆管理新机制,优化提升公车管理质量。推进物业管理模式,引进物业公司管理旗委大楼,管理水平和服务质量进一步提升。积极优化餐饮服务,更换厨卫设施,后勤保障能力明显提升。

组织建设

【学习宣传党的十九大精神】采取集中轮训、领导领学、流动宣讲等多种形式,发挥领导干部“周五大讲堂”、远程教育站点、达茂党建网等平台的作用,广泛学习党的十九大精神。开展县级领导领学87人次,党组织书记讲学260人次,开展集中学习、主题宣讲、典型领学7000余场次,累计发放蒙汉文各类学习资料1.8万余册。

【“两学一做”学习教育常态化制度化】发挥“八学方式”“五大课堂”等特色载体作用,组织广大党员学习党章和《准则》《条例》等党内法规,学习习近平系列重要讲话、考察内蒙古重要讲话和党的十九大精神。利用达茂党建网、双语口袋书和微信公众号等手段,提升学习效果。2017年,培训党员领导干部2800余人次,组织集体学习2.9万余人次,领导干部讲党课386人次,普通党员讲党课171人次,举办纪念建党96周年演讲比赛和文艺会汇演各1次。实施“五大专项行动”,推进“三项制度”落实开展党员志愿服务活动,推行党员领导干部问题台账和普通党员承诺践诺制度,规范支部运行制度17项,科级以上党员领导干部整改问题1028个,普通党员承诺践诺5346条。出台《达茂联合旗关于加强和规范党的组织生活的意见》,统一制作“三会一课”记录本等8个表册,促进党的组织生活科学化、制度化、规范化。朵兰戈尔社区“1241”服务模式被列为典型案例,在全区城市党建中推广。开展下基层、抓落实、促发展工作,全旗各级领导干部深入基层一线,围绕脱贫攻坚、产业发展、城乡建设、保障和改善民生等6个方面查找问题197个,梳理归纳后55个,整改完成51个,其余4个问题需长期坚持整改。

【旗、乡两级换届】围绕换届工作,细化工作流程,组织换届考察,严格督查指导,严肃换届纪律,完成全旗换届工作任务。开展苏木乡镇换届考察,成立6个考察组集中对12个苏木乡镇进行换届考察，对新一届人大、政府领导班子进行全额定向推荐，同时对新提拔人选均按1：2的差额比例进行考察。严格规范代表、委员的推荐提名程序，重点上好“五把锁”，通过20家单位联合审查把关，从严把好代表委员入口关，确保代表委员的纯洁性和代表性。选优配强班子，坚持“好干部”标准。换届中通盘考虑了女干部、少数民族干部和党外干部的选拔使用。苏木乡镇领导班子成员中具有两年以上基层经历的人员均达到三分之二以上，每个领导班子中均配备了女干部、年轻干部和“三类”人员，使各级领导班子职数配备齐全、年龄结构合理、专长知识配套，实现领导班子要素的最佳组合，达到换届的各项要求。强化换届风气，坚持教育在先、警示在先、预防在先，层层签订纪律承诺书1400余份，组织代表委员深入学习换届法规政策和“九个严禁、九个一律”换届纪律，组织“四必看”人员观看“两片一书”和“三案”通报精神，做到“四必谈”、“四必训”，翻印蒙汉文换届纪律宣传材料5200余份，综合运用新闻、广播、报纸各类媒体广泛开展宣传动员，加大警示教育力度。选派督导组对换届工作进行严督实导，以铁的纪律确保换届工作顺利进行。

【干部队伍建设】在选拔任用上，树立正确的选人用人导向，落实《党政领导干部选拔任用工作条例》和《党委(党组)讨论决定干部任免事项守则》，配齐苏木乡镇专职宣传委员，结合换届工作，择优选拔45名科级后备干部充实到苏木乡镇领导班子中。在教育培养上，发挥旗委党校主阵地作用，丰富干部培训方式，选派5名处级、26名科级干部参加包头市2017年全市干部教育主体培训班，分别举办青年干部培训班、女性领导干部能力提升班和科级干部理想信念教育培训班等。在旗委党校组织开展9期领导干部“周五大讲堂”，组织开展8期“双休日”讲座，全年培训科级干部2800人次，选派46名干部参加各类挂职，落实干部教育培训学分登记考评管理办法。在管理监督上，建立干部监督工作联席会议制度，落实提醒函询诫勉实施细则，年内与19名考核倒排的干部进行提醒谈话。规范党政领导干部在企业和社会组织兼(任)职、出国(境)、配偶、子女及其配偶经商办企业行为等。在巡视整改上，全力抓好巡视整改，聚焦反馈问题，深刻剖析根源，制订专项方案，年内巡视整改任务全部完成。在考核评价上，健全考核机构，完善考评体系，把领导班子与领导干部、工作实绩与民主评价、日常监控与年终考评有效结合起来，完成2017年度科级领导班子和领导干部综合考评工作。

【基层党建】在推动重点工作上，突出抓好边疆“固边党建”，统筹推进各领域特色党建工作，规范北疆联合党委设置和运行，探索形成“一三五”边境口岸区域化党建模式，深化“三线”管理模式。2017年，2个党组织和1个党员中心户在自治区北疆党建长廊推进会上受到表彰。创新推行

"产业富民工程、党员带富工程、干部帮联工程、社会帮扶工程、党内关怀工程"五大工程,党建促脱贫"五个一"工程经验做法在全市观摩会上做典型交流。逐步开展社区党组织服务群众专业化工作,"萌宝起航""书香墨韵" 两个社区专业化服务项目在全市评比中分别获得一等奖和三等奖。在补齐党建短板上,实施"清零递增"工程,巩固和发展壮大嘎查村集体经济41个;优化党员队伍结构,新发展党员66名;创新乡村治理模式,推行干部分区包片网格化管理。在基层基础保障上,整合驻村干部,确立领导核心,培育后备干部,实现有人办事;加大财政投入,落实四项保障,工作经费达到8万元,正职报酬达到2.4万元,实现有钱办事;推动村级阵地提档升级,打造党建示范点41处,实现有场所办事;从加大简政放权、构建网络服务站点、加强驻村服务力量、强化监督管理4个方面入手,深化"四个一"服务群众模式,实现有事可办。

【人才工作】按照党管人才原则,落实中央、自治区关于人才发展体制机制改革《意见》及《包头市2017年人才工作要点》精神,制定《达茂旗机关事业单位合同制人员管理暂行办法》《达茂旗苏木乡镇协理(管)员管理办法(暂行)》,严格规范管理非在编人员用人秩序。营造引才留才氛围,2017年共招聘公务员23名,引进"三支一扶"、社区民生大学生志愿者35名,招募"西部计划志愿者"27名,引进中高端技术人员和管理人员8名;公开招录乌兰牧骑紧缺专业人才3名。完成石宝镇腮吾素村特色种植致富团队申报"草原英才"农村牧区实用人才团队工作,成功推选"包头工匠"1名,举办各类实用科技培训6900人次,组织协调有关部门为284名创业人员发放创业贷款3150万元,补贴利息440万元,实现创业441人,带动就业1274人。达茂旗商业大楼创业园、民族风情园两家市级标准化创业园接受了上级部门的复审。

【党组织及党员情况】2017年,达茂旗有党组织271个,其中党委18个、党工委1个、党总支21个、党支部231个;党员6588名。2017年新发展党员66名。其中,35岁以下的46名, 占新发展党员总数的70%;妇女26名,占39%;少数民族22名, 占33%; 大专以上党员41名,占62%;分别较2016年新发展党员高17%、9%、10%和16%。新发展党员中的农牧民、工人、教师等基层一线党员28名,占42%,党员队伍结构得到进一步优化。

宣传教育

【概况】旗委宣传部核定编制13人，实配11人。共有讲师团、互联网信息办公室、文学艺术联合会和新闻传媒中心4个二级单位。其中，讲师团核定编制4个，实配4人；互联网信息办公室核定编制4个，实配4人；文学艺术联合会核定编制5个，实配4人；新闻传媒中心核定编制4个，实配4人。

【理论宣传】按照《2017年全旗各级党委（党组）中心组学习安排》要求，结合"两学一做"学习教育活动的开展，以旗委中心组集中学习为引领示范，组织全旗党员干部，深入学习习近平新时代中国特色社会主义思想，深入学习总书记考察内蒙古重要讲话精神。通过旗领导带头讲学和邀请专家授课等方式，共组织旗委中心组集中学习会16期，参加培训人数3300余人次，编印旗委中心组学习专刊16期，制作一批总书记系列重要讲话应知应会知识口袋书。为旗委中心组成员选订《习近平考察内蒙古重要讲话精神》《马克思靠谱》（蒙文版）《理论热点面对面》《改革热点面对面》《党建》《十九大报告读本》等学习读本。组建旗委中心组成员学习微信群，每天推送1~2篇理论学习文章。各苏木乡镇和各部门党委（党组）也按照规定积极开展中心组学习。选配了旗讲师团团长，加强了讲师团队伍建设。党的十九大召开后，组建以十九大党代表潘志荣为首的旗级宣讲团和百姓宣讲团，开展"草原儿女心向党·学习贯彻党的十九大精神"主题巡回宣讲进农村牧区、进机关、进企业、进社区、进学校、进军营、进网络，针对100多户党员中心户、边境堡垒户、守边牧民户等群体进行流动宣讲，制作蒙语宣讲录音机、蒙语新党章、蒙语十九大报告等蒙语学习资料，2017年，开展集中宣讲活动77场次。创新宣讲形式，将主题宣讲和文艺宣传相结合，编印《学习宣传党的十九大精神文艺作品集》，组织文艺宣传进农村牧区和社区活动15场，受到群众的热烈欢迎。利用沿街LED屏、各类宣传栏、大型广告牌、墙体标语等形式，对十九大精神进行广泛宣传。在27处LED屏上滚动播放指定标语，累计播放2个月，时长约1440小时；在2处大型LED屏滚动播放指定宣传图，累计播放51天。在广场、社区街道、各苏木乡镇办公场所等52处宣传栏、公告栏更换指定宣传内容。

【新闻报道】 内宣方面，加大民生类新闻报道力度，强化媒体与群众的互动，加大对身边典型人物的报道力度，发现平凡人身上的闪光点，创造条件让记者多下基层，走村入户、进企业、进社区采访报道。2017年，开辟《砥砺奋进65年》《撸起袖子加油干》《秋收走基层》《精准扶贫》《新起点上再扬帆》《聚焦党的十九大》《十九大精神在边疆草原》《不忘初心、牢记使命》等新闻栏目13档。电视台全年共播出新闻1008条，同时，在新闻之后每天播出学习党的十九大报告、安全知识、健康促进旗、精准扶贫知识等各类政策解读309条、各类口号120条。2017年，旗电视台、电台、报纸共播发、刊载新闻2780余篇条。外宣方面，围绕民族团结、重大项目、重大文化活动等主题，接待中央、自治区和包头市集中赴旗采访98批次400余人次，形成强大报道声势。2017年，累计外宣发稿2600余篇。潘志荣、查干朝鲁、阿迪亚等一批典型报道登上了中央电视台、新华社、人民日报等中央级媒体。新媒体宣传创新工作方式，注重与网民的互动，举办“转发最美形象宣传片，赢取万元红包”等系列活动，“英雄达茂”粉丝量增加1万，达到2.3万人。在“英雄达茂”微平台开设专题专栏20多档，累计发布信息2300多条，总计阅读量突破100万人次。利用网易和包头新闻网直播平台，在红格尔敖包景区和草原花海景区进行两场网络直播活动，总计关注度突破30万人次。作为自治区舆情信息直报点，被中宣部综合采用两条信息。

【精神文明建设】 围绕创建全国县级文明城市测评体系要求，分解细化指标任务，将创城工作任务分解到99个责任单位，签订创城工作责任书，下发创城工作整改通知书15期。2017年，将52个旗直企事业单位和文明单位与百灵庙镇8个社区的50个居民小区(含单位楼)结为帮扶共建对子，实现包联小区全覆盖。

【意识形态工作责任制】 自治区将2017年确定为“意识形态责任落实督查年”。3月，结合包头市关于对意识形态工作责任制落实情况开展督促检查的通知要求，对意识形态工作责任制分工涉及的44个重点地区部门单位进行联合专项督查。7月，针对中央巡视“回头看”意识形态工作责任制落实情况监督检查反馈意见和自治区党委第二巡视组意识形态工作责任制落实情况监督检查反馈意见，制订专项整改方案，对18个党委和23个党组进行全覆盖专项督查，协调指导各相关部门进行全面整改，10月底前全面完成。健全完善学习教育和督查考核机制，制定出台《关于加强全旗意识形态领域前沿阵地规范管理的通知》《关于加强党委(党组)中心组学习和社会类科学报告等管理的通知》《关于规范全旗社会面宣传的管理通知》等文件，以制度的实施保障责任的落实。同时，为12个苏木乡镇配齐宣传委员，举办意识形态能力提升专题学习培训班。

【文艺工作】2017年，以迎庆自治区成立70周年和建旗65周年为主题，精心组织策划一系列文化活动。举办“悦动草原”达茂旗全民阅读活动、雷蒙读书会全民阅读活动。举办“迎庆自治区成立70周年”民间手工艺作品展，承办包头市书画旗县区巡展，开展“歌颂草原、赞美家乡”为主题的歌词、歌曲征集活动，结合鹿城读书节的举办，组织“影观达茂”丛书展销活动，开展“弘扬达茂精神，唱响达茂歌曲”为主题的系列群众文体活动、乌兰牧骑成立60周年专题晚会。为全旗各中小学校和各社区赠送图书1000余册。配合中央电视台拍摄完成《影像方志达茂篇》。配合市委宣传部完成《遥远的家》微电影创作，该影片以达茂草原为背景讲述上海孤儿在达茂的成长成才故事，获得第五届亚洲微电影艺术节金海棠奖。举办电影《草原英雄小姐妹》首映仪式，该影片10月份在全国院线同步上映。中国舞蹈家协会副主席、内蒙古艺术院副院长赵林萍先后两次带队到达茂联合旗采风创作的舞台剧《草原英雄小姐妹》登上国家大剧院舞台。满都拉文化站荣获全国优秀基层文化站荣誉称号。完成旗文联换届工作，组建成立文学、摄影、书画、音舞、工艺美术和文艺志愿者等六个协会，吸纳会员近300人，为繁荣发展全旗文艺事业提供了支撑。全面完成文化体制改革承担的12项任务。精心创作文化产品，包括：1部文学作品集（《漠南风》），1部个人专著（《古往今来话达茂》），3本画册（成就画册、风光画册、双拥画册），1套光盘（《诗画草原》歌曲和视频光碟），1部成就性专题片（《辉煌达茂》），1种文化工艺产品（马头琴造型U盘）。同时，推出“最美达茂”系列形象宣传片（5部）。

统一战线

【概况】统战部内设一个办公室，行政编制6名，领导职数3名，部长1名，副部长2名；非领导职数2名；工勤编制1名。自2004年开始，旗委统战部部长均由旗委常委担任。2012年1月13日，达茂旗机构编制委员会下发《关于成立达茂旗工商业联合会的通知》，研究决定成立达茂旗工商业联合会，为使用群团事业编制的群团事业机构，不设内设机构，核定群团事业编制5名，股级领导职数2名。2012年8月、9月，聘用3人为工商联干事。2016年6月，聘用1人为工商联干事。

2016年,统战部、工商联在职人员增加到11名。

【民族宗教】落实上三级民族工作会议和《关于加强和改进新形势下民族工作的实施意见》精神,以“一周两月”为载体,创建民族团结进步“八进”活动。结合第五届中国游牧文化旅游节、庆祝自治区成立70周年、建旗65周年,举办巴音宝格达敖包传统祭祀、那达慕大会、少数民族商品展销会、哈萨尔祭祀等活动,丰富少数民族群众文化活动。为做好少数民族流动人口服务与管理工作,对全旗三级网络助理员基本信息进行登记核实,并对城市民族工作“六表四册”进行检查。对全旗少数民族聚居嘎查村进行健全基础档案的工作,对全旗相关经济社会的各方面数据进行了详细调查,加强陆地边境县(旗)及牧区半牧区县(旗)的统计报表制度。对9家民贸企业进行建立完善档案管理。推荐39名少数民族干部为少数民族代表人士。截至2017年年底,全旗副县级以上领导干部中少数民族干部15名,科级领导干部中少数民族干部154名。

宗教工作方面,发挥宗教工作“三级网络”管理和服务职能,关注民间信仰活动,对各宗教活动场所教职人员和信教群众进行信息备案;举办全旗“三级网络”人员培训班,对85名“三级网络”助理员进行专题业务培训。对全旗7个宗教场所进行6次安全防范大排查和走访。依法规范宗教活动,加强与宗教活动场所、宗教界人士的联系,加大对非法宗教活动排查力度,妥善处置1起拟在达茂联合旗境内开展的非法传教活动,维护宗教意识形态领域安全和现有宗教格局和谐稳定。

【党外干部】发挥组织部、统战部关于党外代表人士工作联系会议作用,加强党外代表人士队伍建设,及时更新统战人才数据库,选派13名党外干部和27名少数民族干部参加“达茂旗第一期青年干部培训”。开展统战部长与党外干部、人大代表、政协委员谈心谈话工作,通过座谈会、协商会、通报会和调研活动,引导党外人士为达茂旗经济社会发展积极建言献策。根据人大代表及政协委员的构成要求,2017年,党外委员和党外代表的比例有所提升。旗人大代表中党外代表有50人,占比35%;人大常委会委员中党外委员3人,占比10%;政协委员中党外委员74人,占比63%;政协常委中党外常委16人,占比64%。

【队伍建设】以“三项制度”和“三会一课”为抓手,推进“两学一做”常态化制度化,把党章党规、系列讲话、习近平对统战工作的重要论述、统战工作条例纳入专题学习讨论内容中,将党建工作与中心工作相结合、与党员干部履行职责相结合,建立履责工作台账。统战宣传工作,落实意识形态工作责任制,坚持正面宣传导向,通过“统战新语”“达茂统战”公众号、“工商联”微信群,加大对党的统战理论、政策、方针的宣传力度,广泛统一思想、凝聚共识、形成合力。全年共向市委统战部、工商联报送信息 60 条，被同心网、漠南时讯、游牧达茂累计采用 31 条。

老干部工作

【概况】达茂旗老干部局隶属旗委组织部管理，2017 年在编工作人员 5 名。内设机构有办公室、老干部活动中心。截至 2017 年年底，全旗有离休老干部 31 人，中共党员 24 人，年龄最大的 100 岁，最小的 85 岁。其中，享受厅级待遇的 1 人，享受处级待遇的 13 人，享受一般待遇的 18 人。全旗现有原任旗级领导的退休老干部 21 人。全旗共建有老年文体协会、老年科技协会、延安精神研究会、革命老区建设促进会 4 个老年社团组织，全部由退休旗级老干部担任负责人。

【日常工作】离退休干部“两项建设”，组织编印大字版《达茂旗离退休干部学习手册》、党的十九大报告精神解读和新党章，发送到全体离休老干部和退休旗级老干部中进行学习。组织 20 多名离退休老干部参观调研百灵庙通用机场、百灵产业园、百灵庙武装抗日暴动纪念馆等旗内重点项目建设。坚持端午节、中秋节、春节等重大节日，上门入户开展“送温暖、送服务”的慰问活动。共发放离退休老干部和老干部遗属春节慰问金 29 万多元，发放自治区成立 70 周年离休干部慰问金 10 万多元；端午节、中秋节等重要节日向老干部发放生活慰问品合款 2.8 万多元。活动阵地建设方面，开展日常文体、娱乐、健身等活动，举办主题为“我运动、我快乐、我健康”的第八届老年人运动会暨第二届老年艺术节。举办第四届“迎新春”老年书画、剪纸展暨送春联活动，共展出老干部书法、绘画、剪纸作品 100 多幅。旗老年科协聘请专业知识丰富的退休老农技人员，在乌克镇小北滩村租赁 4 栋温室，扩繁马铃薯原种 1000 亩。延安精神研究会已出版研究会会刊《百灵庙》共 12 期。

农村牧区工作

【新农村新牧区建设】2017年,协调各苏木乡镇,推进新村搬迁入住与危旧土房拆除工作。累计搬迁入住2914户,入住率为68.60%。按照“住新必须拆旧”的原则,推进危旧土房的拆除工作,累计拆除危旧土房2932户,占总任务量4248户的66.67%。其中,整村拆除34个(石宝镇完成31个,共1799户;乌克忽洞镇完成3个,共100户)。制定《关于加强农村牧区“十个全覆盖”工程长效管护工作实施意见》,并组织实施。完成2017年自治区新农村新牧区建设示范点申报工作,分别为:达尔汗苏木额尔登敖包嘎查花根那村、查干哈达苏木哈达哈少嘎查哈达哈少新村、西河乡前河行政村哈达图村、小文公乡拉兑九行政村拉兑九村、乌克忽洞镇二里半村委会二里半村。

机构编制

【事业单位分类改革】针对分为承担行政职能类的4家事业单位所承担的行政职能开展了清理工作,对其承担的行政职能所依据的法律、法规进行逐一细致的审查;根据中编办调研指示精神,依照自治区《承担行政职能事业单位转行政所需行政编制数测算操作办法》,对承担行政职能类事业单位完成所需编制测算,为承担行政职能事业单位回归打好基础。

【重点领域专项改革】推动综合行政执法改革,制定印发《达茂联合旗综合行政执法改革工作实施方案》;整合交通运输系统分散承担的行政执法职能,组建交通运输综合执法大队;整合卫计系统分散承担的行政执法职能,组建卫生计生综合监督执法局;整合农牧业系统分散承担的行政执法职能,组建农牧业综合执法局;在城市管理领域、文化旅游领域推进跨部门综合行政执法改革,组建城市管理综合执法局、文化旅游综合执法大队;保留劳动保障监察大队、安全生产监察大队、国土资源监察大队;在12个苏木乡镇组建综合执法中心。积极完成“审改”工作调整交接,推动改革深入开展。完成公共服务事项梳理和中介服务“回头看”等重点工作。

【统筹机构编制资源】先后成立保密局、贸易促进会、苏木乡镇基层司法所、巴音杭盖自然保护区管理站、医疗保险管理中心、旗委巡察机构、机关事务管理服务中心、蒙中医药管理局、干部档案管理中心、大数据管理中心、联合接访中心、法学会等机构;为监察委、旅游发展委员会、志史编纂办公室等多家行政、事业单位调剂行政事业编制93名。

【事业单位登记管理】全面开通并使用“事业单位在线”网站。2017年,全旗共设立事业单位239家,取得事业单位法人资格证书的有207家。为机关群团赋码发证55本、垂直管理单位赋码发证2本,达到总数的97%。完成对旗水利工程管理站、明安镇农牧业服务中心、满都拉镇人口和计划生育服务中心、旗供销合作社联合社4家单位“双随机、一公开”的抽检工作。推行网络版实名制信息管理,数据实时监督更新,如期完成统计工作。清理挂标不规范及“僵尸”网站19家。强化政务和公益机构域名(中文域名)注册工作,注册率达到100%。初步完成“云上编制”基础数据采集行政机构“三定”方案和组织沿革录入工作。

党 校

【概况】达茂旗委党校是对全旗党员干部进行党的理论教育和党性教育的主阵地和主渠道。核定编制15人。2017年在编人员14人,其中教师4人、行政人员8人、工勤人员2人。教师中高级讲师2人、讲师1人、助理讲师1人。旗委副书记兼任校长,设1名常务副校长,2名副校长。

【干部培训】与组织部、宣传部和有关单位协调配合,聘请外校教授和本旗专家、学者、领导8人到学校授课。完善本校教师、客座教授、专家学者“三位一体”的师资队伍建设。采取多种形式对广大党员干部进行培训,共举办各类学习班14期,培训党员干部2227人次。

【教学科研】开展“建学习型党校,做知识化干部”活动,派出教师赴自治区党校、开封市委党校、武汉大学、鄂尔多斯市委党校参加培训学习8人次。购买图书130本,征订报纸杂志42份,把各级党委和政府的重要会议精神及工作报告、领导重要讲话、时事政策列为新课题,统一学习、分工备课、集中讨论、修改完善。4名骨干教师用蒙汉两种语言文字集体备课12个专题,撰写调研报告和论文6篇,其中1篇入选“第二届呼包鄂地区协同发展党校论坛”。

【宣讲任务】组织骨干教师备课蒙汉语专题6个,深入苏木乡镇、机关、社区、军营、学校,宣讲党的十九大精神及自治区、包头市、达茂旗各级重要会议精神,巡回演讲21场次,其中用蒙语宣讲3场,听讲人数达到1802人次。协助旗讲师团编写党的十九大精神蒙语宣传册,印发3000余册。

合作交流

【概况】达茂旗接待办公室成立于2007年1月20日,经2006年12月8日旗机构编制委员会研究并报旗十一届五次常委会同意,决定成立的,为旗人民政府直属事业单位。2009年,根据《关于变更达茂旗接待办公室隶属关系的通知》和常委会议决定事项通知(达党决字〔2009〕1号)精神,同意将原由旗人民政府管理的接待办公室,划归旗委管理。2009年8月,经自治区组织部批准为参照公务员管理事业单位,设领导职数2名,均由行政领导兼任。2017年12月,更名为合作交流办。

【接待工作】2017年,全旗共接待各级来宾1435批,20138人次,同比减少4%。其中,省部级以上来宾39人次,厅级以上来宾283人次,县处级以上来宾3338人次,投资洽谈736人次。

【重要接待】1月12日,接待包头市委常委、纪委书记陈万荣一行;1月19日,接待自治区人社厅监察局局长刘雨林一行;2月24日,接待阿勒泰地区行署副秘书长陈保江一行;2月27日,接待自治区人大常委会副主任、政府副主席王玉明一行;3月2日,接待阿巴嘎旗旗委副书记王玉琦一行;3月7日,接待自治区农业厅副厅长王国林一行;3月8日,接待自治区第四巡视组副组长高鹏一行;3月9日,接待甘肃华池县副县长宁小黎考察达茂联合旗旅游情况一行;3月13日,接待自治区文工联主席伊克巴雅尔一行;3月16日,接待蒙古国东戈壁省省长恩和特布沁一行;3月20日,接待自治区人社厅副厅长彭来锁一行;3月26日,接待自治区文新广厅副厅长乔玉光一行;4月7日,接待自治区农业厅副厅长靳延平一行;5月12日,接待自治区妇联副主席梁淑琴一行;5月16日,接待亿利资源集团高级副总裁赵晋灵一行;5月17日,接待自治区扶贫开发投资管理公司经理李建军一行;5月20日,接待东方希望集团董事长刘永行一行;5月26日,接待水利部副巡视员刘明;6月3日,接待自治区党委常委、纪委书记刘奇凡一行;6月7日,接待兰州市人大常委会副主任李虎林一行;6月8日,接待自治区文明办副主任锡林考察达茂联合旗文明城市创建工作一行;6月12日,接待自治区常务副主任呼尔查考察达茂联合旗人大工作一行;6月14日,接待民政部救灾司司长刘喜堂一行;6月14日,接待国务院政研室工贸司司长唐元一行;6月14日,接待市人大委员会主任徐德林一行;6月15日,接待中央编办三司副司长王岐海一行;6月19日,接待中国旅行社协会副秘书长孙桂珍一行;6月20日,接待自治区成立七十周年记者采访团一行;7月5日,接待农业部畜牧业司副巡视员赵维薇一行;7月5日,接待自治区党委常委、统战部部长王丽霞一行;7月8日,接待包头稀土研究院副院长杨占峰一行;7月13日,接待自治区发改委副厅级稽查特派员张斌一行;7月18日,接待自治区统战部副部长王月虎一行;7月22日,成功举办第五届中国游牧文化旅游节;7月24日,接待知名人士斯琴塔娜一行;7月31日,接待自治区“两学一做”督导组一行;8月5日,接待自治区副主席艾丽华一行;8月5日,接待团中央直属机关单位副书记张传慧一行;8月13日,接待原内蒙古自治区政协副主席、内蒙古敕勒川文化研究会会长伏来旺一行;8月16日,接待自治区工商局局长陈洁一行;8月16日,接待中央编办电子政务中心副主任左然一行;8月17日,接待农业部党组成员、副部长陈晓华一行;8月30日,接待国家旅游局副局长王晓峰一行;9月26日,接待市委常委、组织部部长包国权一行;10月18日,接待自治区住建厅副巡视员王根小一行;10月23日,接待自治区科技厅党组书记、副厅长张志宽一行;11月9日,接待市委副书记贺伟华一行;11月9日,接待广西壮族自治区农业厅副厅长梁雄一行;12月4日,接待财政部副司长吴海军一行;12月6日,接待自治区纪委副书记、监察厅厅长王月胜一行;12月20日,接待自治区党委副书记李佳一行。

达茂联合旗人民代表大会

达茂联合旗人民代表大会
常务委员会

【人民代表大会】2017 年 2 月 22 日至 24 日，达茂联合旗第十四届人民代表大会第五次会议隆重召开。达茂旗第十四届人民代表大会实有代表 148 名，有 1 名代表被暂时停止执行代表职务，8 名代表因事因病请假，有 139 名代表出席了会议。会议以党的十八大、十八届三中、四中、五中、六中全会精神为指导，全面贯彻落实包头市“两会”及旗委十三届四次全会精神，审查批准本级政府、计划、财政、人大、法院、检察院工作报告，分别通过各项工作报告的决议；依法补选张永文为旗人民政府旗长，补选乌云高娃、伊拉勒图、张贵才、高峰为旗十四届人民代表大会常务委员。旗长及 4 名委员均为满票当选，5 名新当选的国家工作人员在会议现场向宪法庄严宣誓；会议期间，代表们积极建言献策，畅所欲言，提出建议意见 67 条。

2017 年 12 月 7 日，在达茂联合旗第十五届人民代表大会第一次会议隆重召开。达茂旗第十五届人民代表大会应到代表 144 人，2 名代表因事因病请假，有 142 名代表出席了会议。会议以党的十九大精神为指导，全面贯彻落实包头市“两会”及旗委十三届八次全会精神，会议听取审议旗人民政府工作报告、人大常委会工作报告和其他工作报告，分别通过各项工作报告的决议；会议共选出新一届市、旗县区、苏木乡镇人大代表 698 名，依法召开新一届人民代表大会第一次会议，选出了新一届地方国家机关领导人员，圆满完成达茂旗联合旗第十五届人民代表大会换届选举任务；会议期间，代表们积极建言献策，畅所欲言，提出建议意见 49 条。

【常委会会议】全年共组织召开 10 次常委会会议，18 次主任会会议，开展专题调研 1 项，依法做出决定决议 3 项，听取和审议“一府两院”专项工作报告 10 项，对“一府两院”办理落实旗人大常委会审议意见情况开展 10 次专项督查，表决接受 2 名常委会委员辞职申请，向“一府两院”提出审议意见 7 项 22 条，工作建议 23 条。

【重点监督】专题调研和审议意见落实情况专项督查方面，常委会组成调研组对全旗公路建设情况开展专题调研，针对资金短缺、征拆工作进展缓慢、重建轻养、公路配套设施不健全等问题，向旗政府提出多方筹集建设资金、依法依规加快推进征拆工作、提高认识落实公路养护机制、加大投入健全道路标志标牌的审议意见。审议意见落实的是否到位是督查工作取得实效的关键,旗人大常委会分别成立专项督查组,就旗人民政府办理落实《旗人大常委会关于全旗脱贫攻坚工作报告的审议意见》《旗人大常委会关于全旗基本公共卫生服务工作报告的审议意见》《旗人大常委会关于全旗工业经济运行情况报告的审议意见》《旗人大常委会关于全旗刑事审判工作情况报告的审议意见》《旗人大常委会关于全旗监所检察工作情况报告的审议意见》《旗人大常委会关于全旗公路建设工作情况报告的审议意见》情况进行跟踪督办,确保审议意见落到实处。在跟踪督办的基础上,旗人大常委会还听取了旗人民政府关于上述审议意见落实情况的报告,对办理落实情况进行满意度表决,表决结果均为满意。

听取和审议“一府两院”专项工作报告方面,听取和审议旗人民政府《关于2016年财政收支预算执行情况及支出预算调整报告》《关于提请审议调整全旗2016年国民经济和社会发展计划部分指标的报告》,旗人民法院《关于刑事审判工作情况的报告》,旗人民检察院《关于刑事执行检察工作情况的报告》、旗人民政府《2017年上半年计划执行情况的报告》、旗人民政府《2017年预算上半年执行情况的报告》、旗人民政府《2016年预算执行情况和其他财政收支情况的审计工作报告》、旗人大常委会关于《中华人民共和国文物保护法》的执法检查报告、旗人民政府《关于对旗十四届人大五次会议代表提出的建议、批评和意见办理情况的报告》。针对以上报告工作存在的问题,向旗人民政府、旗人民法院及旗人民检察院等相关部门相应的审议意见30余条。

重点工作督查方面,按照旗委工作部署,对“两学一做”学习教育常态化制度化工作进展情况,2017年亿元以上重点项目进展情况,建旗65周年庆祝活动筹备工作进展情况,小文公乡和石宝镇脱贫攻坚工作进展情况,创建全国县级文明城市工作进展情况进行督查,共开展督查5次,形成书面督查报告5份,提出意见建议23条,推动工作更好开展。

【人事任免】坚持党管干部与依法任免相统一,充分发扬民主,依法履行职责,认真做好人事任免工作。按照旗委的任职通知和“一府两院”的任职提请,以票决的方式,表决接受2名常委会委员辞职申请,依法任免“一府两院”国家工作人员8名。同时,继续加强干部任后监督,认真施行人大常委会《关于实行政府组成部门负责人履职承诺制的办法》,对政府组成部门负责人2017年履职承诺完成情况进行了督查,并对各组成部门负责人的履诺完成情况进行满意度评价。配合市人大常委会完成对国税局开展工作的评议。

【代表工作】代表培训方面,在旗十四届人大五次会议期间,围绕履行代表职务，审议工作报告，撰写议案、建议意见等方面的内容，通过发放资料、到会指导等方式对全体人大代表进行培训，进一步提高代表的履职能力。此外，在常委会组成人员联系走访人大代表过程中，还有针对性地对代表撰写意见建议进行培训，就全旗重点工作开展情况向人大代表进行通报。同时，常委会组织达茂联合旗选举产生的市人大代表参加市人大常委会举办的代表培训班，进一步提高人大代表的履职意识和能力。

代表履职方面，常委会共邀请55名市、旗两级人大代表列席常委会会议；邀请代表160余人次参加常委会开展的执法检查、专题调研、集体视察等活动；常委会组成人员联系走访旗级人大代表260余人次，通过邀请代表参与常委会工作，加强常委会与代表的联系，使常委会开展的各项工作更好地集中民智，反映民意。同时，增进代表对常委会工作的了解，增强代表履职的主动性和积极性。

代表作用发挥方面，强化基层代表工作，推动“人大代表之家”提档升级，实现各级人大代表进“家”全覆盖，指导各“人大代表之家”制订活动计划，围绕党委中心工作和人民群众关心的热点难点问题开展主题突出、形式多样、针对性强的代表活动。2017年，各“人大代表之家”组织代表开展持证视察、专题调研、执法检查、接待选民培训学习等各类活动83期，参与活动的市、旗、苏木乡镇三级人大代表达1200余人次，解决一批群众关心的热点问题，代表作用得到进一步发挥。

【信访工作】常委会坚持人大信访工作责任制和常委会领导接访日制度，加强信访督办，畅通信访渠道，做好来信来访的受理、交办和催办工作。2017年，共受理人民群众来信来访19件次，接待来访群众100余人次。对重要信访件，常委会都及时研究，进行重点督办，维护来访群众合法权益。

达茂联合旗人民政府

重要会议

【全体会议】达茂联合旗人民政府2017年召开全体会议2次。2月12日,政府第1次全体会议,讨论《政府工作报告(讨论稿)》《达茂联合旗2016年国民经济社会发展计划执行情况和2017年国民经济社会发展计划的报告(讨论稿)》《达茂联合旗2016年财政预算计划执行情况和2017年财政预算草案的报告(讨论稿)》。11月22日,政府第2次全体会议,讨论《政府工作报告(讨论稿)》《关于达茂联合旗2017年国民经济社会发展计划执行情况和2018年国民经济社会发展计划的报告(讨论稿)》《关于达茂联合旗2017年财政预算计划执行情况和2018年财政预算草案的报告(讨论稿)》。

【党组会议】中共达茂联合旗人民政府党组2017年召开党组会议18次。4月20日第1次会议,传达学习习近平关于意识形态工作重要讲话精神和中共中央《关于推进"两学一做"学习教育常态化制度化的意见》精神;研究财政局提交的近期大额资金使用情况有关事宜。4月25日,第2次会议,传达学习《内蒙古自治区党委办公厅关于认真开好县以上党和国家机关党员领导干部"两学一做"专题民主生活会的通知》精神,研究《中共达茂联合旗政府党组"两学一做"学习教育专题民主生活会工作方案》。6月13日,第3次会议,传达学习《习近平总书记对推进"两学一做"学习教育常态化制度化的重要指示和刘云山、赵乐际同志在推进"两学一做"学习教育常态化制度化座谈会上的讲话》和自治区、包头市推进"两学一做"学习教育常态化制度化座谈会精神。6月19日,第4次会议,传达学习《中共达茂联合旗委员会关于对董伟违纪问题立案的通报》精神,研究政府党组贯彻落实意见;传达学习市纪委《关于进一步严明纪律强化整治违反中央八项规定精神突出问题的通知》、市纪委办公厅《关于在全市开展"学党规、守纪律、讲规矩、正作风"纪律教育活动的通知》精神,安排部署政府党组有关工作。6月23日,第5次会议,学习习近平考察内蒙古重要讲话精神,研究政府党组贯彻落实意见;传达学习《中国共产党党组工作条例》;学习《中华人民共和国环境保护法》、习近平关于生态环境保护的重要论述,研究政府党组贯彻落实意见;研究近期大额资金使用分配有关事宜。7月8日,第6次会议,传达学习习近平关于巡视工作重要论述和《中国共产党巡视工作条例》精神,研究政府党组贯彻落实意见。7月24日,第7次会议,研究组织部提交的人事免职事宜。8月3日,第8次会议,研究财政局提交的近期大额资金分配使用有关事宜。8月11日,第9次会议,传达学习习近平在省部级主要领导干部专题研讨班上重要讲话精神,研究政府党组贯彻落实意见;研究组织部提交的人事任免职事宜。8月21日,第10次会议,传达学习《领导干部报告个人有关事项规定》《领导干部个人有关事项报告查核结果处理办法》及包头市委组织部《关于对2017年度市委管理干部个人有关事项报告填报、查核情况的通报》《关于印发〈关于进一步规范领导干部报告个人有关事项的补充规定〉的通知》精神,研究政府党组贯彻落实意见。8月30日,第11次会议,传达学习中共达茂联合旗第十三届委员会第五次全体会议精神,研究政府党组贯彻落实意见;传达学习市委、市政府关于坚决贯彻落实习近平重要批示精神全面做好防范金融风险相关工作部署要求,研究部署达茂联合旗贯彻落实工作。9月4日,第12次会议,听取发展和改革局关于政府投资项目清理整顿工作情况、政府党组2017年上半年党建工作情况汇报,研究部署下一步工作。9月29日,第13次会议,传达学习自治区党委、政府《关于坚决贯彻习近平总书记重要批示精神进一步做好规范政府债务管理防范财政金融风险工作的意见》精神及自治区、包头市金融工作会议精神,市委办公厅《关于认真贯彻学习新修改的中国共产党巡视工作条例〉和〈关于市县党委建立巡察制度的意见〉的通知》精神,自治区、包头市迎接党的十九大安全稳定工作会议精神,研究贯彻落实意见。10月16日,第14次会议,传达学习党的十八届七中全会精神,研究政府党组贯彻落实意见;研究组织部提交的人事任免职有关事宜。10月25,日第15次会议,研究组织部提交的人事任免职、调整副旗长分工事宜。11月9日,第16次会议,传达学习党的十九大精神,研究政府党组贯彻落实意见;研究财政局提交的近期大额资金分配使用、组织部提交的人事任免职事宜。12月8日,第17次会议,研究旗政府班子成员工作分工、《2018年旗〈政府工作报告〉任务分解方案》。12月19日,第18次会议,传达学习习近平关于进一步纠正"四风"、加强作风建设重要批示精神,李纪恒在自治区党委十届四次全会上的讲话精神及张院忠在包头市委十二届四次全会上的讲话精神、市委《关于深入学习宣传贯彻党的十九大精神,决胜全面建成小康社会,奋力谱写"建设亮丽内蒙古,共圆伟大中国梦"包头篇章的决定》,研究政府党组贯彻落实意见;研究《政府(党组)"三重一大"事项集体决策工作制度》、调整政府党组组成人员等事宜。

【常务会议】达茂联合旗人民政府2017年召开常务会19次。2月12日，第1次常务会，研究《政府工作报告（讨论稿）》《达茂联合旗2016年国民经济社会发展计划执行情况和2017年国民经济社会发展计划的报告（讨论稿）》《达茂联合旗2016年财政预算计划执行情况和2017年财政预算草案的报告（讨论稿）》《达茂联合旗2016—2017年精准脱贫实施办法（试行）》等事宜。3月22日，第2次常务会，研究《苏木乡镇安全生产工作考核办法》《旗有关部门单位安全生产工作考核办法》《关于加强农村牧区“十个全覆盖”工程长效管护工作的实施意见》、关于旗基层就业和社会保障服务设施建设项目、近期土地开发利用、六大投资公司组建及调整住房公积金缴存比例、旗公共文化服务中心基础设施建设等事宜。4月20日，第3次常务会，听取关于2017年第一季度全旗精准脱贫工作情况汇报，研究2017年第一季度全旗经济运行情况。4月25日，第4次常务会，听取关于2017年一季度全旗安全生产工作、关于缉枪治爆和打击“黄赌毒”工作、关于百灵庙镇基准地价更新及希拉穆仁镇基准地价评估工作汇报；研究提交的《达茂联合旗突出环境问题整治工作方案》、近期土地开发利用有关事宜。5月16日，第5次常务会，传达学习《中共中央、国务院关于推进安全生产领域改革发展的意见》《内蒙古自治区党委、自治区人民政府关于进一步加强安全生产工作的决定》，研究《达茂联合旗非煤矿山安全生产管理办法》《关于进一步加强招商引资工作的实施意见》《达茂联合旗矿产资源开发秩序专项整治工作实施方案》及近期土地开发利用、《希拉穆仁草原景区旅游市场秩序整治方案》等事宜。6月13日，第6次常务会，传达学习《中共中央办公厅、国务院办公厅关于甘肃祁连山国家级自然保护区生态环境问题督查处理情况及其教训的通报》及全区生态环境保护大检查工作动员电视电话会议精神，听取农牧业局、水务局、草原监督管理局等部门工作情况汇报，安排部署贯彻落实意见；研究《达茂联合旗土壤污染防治行动方案》《关于进一步加强安全生产工作的实施意见》《关于进一步落实安全生产“党政同责、一岗双责”的实施办法》、近期土地开发利用、《达茂联合旗担保有限公司组建方案》、“平安达茂”视频监控建设及监察局提交的有关事宜。6月23日，第7次常务会，研究《达茂联合旗畜禽养殖禁养区划定方案》、旗级储备小麦轮出、《关于提高达茂联合旗社会救助等民生标准的方案》、《达茂联合旗工业园区发展建设投资有限公司组建方案》等事宜。6月27日，第8次常务会，研究《关于进一步加强基层民政能力建设的意见》《达茂联合旗全民健身实施计划（2016—2020年）》《达茂联合旗草原生态保护补助奖励政策实施方案》《达茂联合旗新一轮草原生态保护补助奖励政策实施细则》《达茂联合旗2017年禁牧工作专项整治方案》等事宜。7月24日,第9次常务会,听取2017年上半年全旗经济社会运行情况、精准脱贫工作情况、生态环境保护工作情况汇报,研究部署下半年工作;听取2017年上半年安全生产工作情况汇报,研究部署下半年工作及全旗安全生产大检查有关事宜。8月3日、4日,第10次常务会,听取关于2017年上半年贯彻落实草原生态保护补奖政策、爱国卫生运动委员会办公室创建全国健康促进旗工作、关于黄花滩绿色食品园建设等情况汇报,研究部署下一步工作;研究《达茂联合旗深入推进城市执法体制试点改革改进城市管理工作实施方案》《百灵庙镇棚户区改造攻坚工作方案》《百灵庙镇艾不盖街、解放街社区服务用房拟建方案》、关于城镇基础设施建设PPP项目等事宜,研究关于挂牌出让原达茂旗水泥厂、原旗黄金公司办公楼及氯化厂用地等事宜。8月11日,第11次常务会,听取中央巡视“回头看”反馈意见整改、关于全旗水污染防治重点任务存在问题整改等情况汇报,研究部署下一步工作;研究《达茂联合旗国家级贫困人口医疗救助实施方案》、关于近期土地开发利用、关于航天日昇5万千瓦风电供热项目送出线路等事宜。9月4日,第12次常务会,听取关于政府投资项目清理整顿工作情况汇报,研究部署下一步工作;研究《关于进一步完善我旗精准脱贫“五个一批”措施的意见》《达茂联合旗2017年调整机关事业单位退休(退职)人员基本养老金实施方案》等事宜。9月18日,第13次常务会,研究自治区党委第二巡视组巡视包头反馈意见专项整治方案、《达茂联合旗2016—2017年财政扶贫资金使用方案》、关于调整百灵庙镇集中供热管网建设费标准及关于加强财经纪律等事宜。9月29日,第14次常务会,研究《达茂联合旗全面推行河长制工作方案》《百灵庙镇自来水水质达标提升方案》《关于在全旗公民中开展法治宣传教育的第七个五年规划》《达茂联合旗“十三五”法治政府建设专项规划》《达茂联合旗废弃矿井(洞)专项治理(毁闭)工作方案》《关于提高我旗城乡居民养老保险基础养老金实施方案》《关于为百灵庙镇社区干部缴纳养老等保险的实施方案》《〈达茂联合旗旗级土地利用总体规划(2009—2020年)〉和〈百灵庙镇土地利用总体规划(2009—2020年)〉调整完善方案》、达茂旗征地统一年产值标准成果更新及近期土地开发利用、旗人民政府与北京优利康达科技股份有限公司项目开发框架协议书、《公共文化服务中心和百灵那达慕文化(体育)产业园引进物业管理公司方案》等事宜;听取创建全国文明县城工作情况汇报,研究部署下一步工作。10月16日,第15次常务会,传达学习全区爱国卫生工作表彰暨爱国卫生工作现场会精神，研究达茂联合旗贯彻落实意见；研究关于公租房专项租赁补贴资金结存部分用于公租房建设、达茂旗教育系统基础设施及设备建设PPP项目实施方案和信息化综合运营管理系统PPP实施方案有关事宜。10月25日，第16次常务会，听取全旗2017年前三季度经济运行、安全生产工作、环境保护工作和精准扶贫精准脱贫工作情况汇报，研究部署下一步工作。11月9日，第17次常务会，研究调整2017年主要经济指标、口岸管理局提交的达茂旗松布尔物业服务有限责任公司和易大宗控股有限公司合作协议书、《旗人民政府与呼和浩特富邦新技术有限公司关于达尔汗大草原旅游区项目开发框架协议书》、关于航天日昇百灵庙50兆瓦风电供热项目用地及监察局提交的有关事宜。11月22日，第18次常务会，研究2018年主要经济指标、《政府工作报告（讨论稿）》《关于达茂联合旗2017年国民经济社会发展计划执行情况和2018年国民经济社会发展计划的报告（讨论稿）》《关于达茂联合旗2017年财政预算计划执行情况和2018年财政预算草案的报告（讨论稿）》等事宜。12月7日，第19次常务会，听取政府债务化解、“十个全覆盖”工程债务化解、工程承包清理整顿、清查整治拖欠农民工工资4个专项小组工作情况汇报和近期信访工作汇报，研究部署下一步工作；研究《达茂联合旗化解政府债务总体方案》《达茂联合旗“十个全覆盖”债务化解工作方案》等事宜。

达茂联合旗人民政府办公室

【综合业务】政务工作方面，全年共完成《政府工作报告》等各类重要文稿117篇、74.2万字，审核修改新闻稿件50余篇。改进文风会纪，规范公文审签、用章、制发等环节，全年制发各类文件173件、同比下降13.7%，办文规范率、用章登记率达到100%；承办政府全体会议2次、常务会议19次、政府党组会议18次、旗长办公会议52次、各类专业会议12次，会议总次数同比下降13.2%，各类会议准备率、档案完整率达到100%。信息工作方面，全年共编发《政务信息》538期，市政府采用139期，《包头日报》采用35期，《漠南时讯》采用45期，信息工作居全市外五旗县区第一。贯彻落实《政府信息公开条例》有关要求，以“高效、廉洁、透明”服务型政府为目标，扎实做好政府网站建设、管理和维护工作，及时发布政策信息，公布财政预决算、权责清单、政务信息等重点内容,全年更新各栏目文字、图片、视频内容3359篇，网站点击量达到48万次,其中“政务公开”“走进达茂”“办事服务” 等栏目点击量分别占浏览总量的63.4%、11.8%和7.3%。督查工作方面,深度思考具体工作中的“关键点”、重点工作中的“薄弱点”、基层工作中的“困难点”、旗委旗政府的 “关注点”，围绕领导批示件、民生政策落实、重点项目建设等重点领域和关键环节,加大常态化督办督查力度,建立上级交办、政府会议、领导批示事项3套督查台账,累计开展督查47次,下发督查通知9期、督办通知单22期,编发督查专报32期、督查通报30期、重点项目进展专报11期。坚持领导批示件“批必办、办必果、果必报”,办理政府主要领导批示件355件,旗领导会议决策意见287件，跟踪督办各类工作会议决策341项，办结市级下达督办事项132项。重视抓好建议提案办理工作,办理答复市旗两级人大代表建议50件、市旗两级政协提案58件和市长热线385件、市长信箱事项9件、旗长热线18件,办结答复率100%。协调工作方面，发挥政府办公室联系领导、服务基层、协调部门的桥梁枢纽作用,凝聚各方力量,整合各类资源,形成推动全旗经济社会发展的整体合力,保障政府工作的高效运行。坚持“外事工作无小事”，精准保障外事接待服务,全年审理边民通行证245件，开展赴蒙公务出访活动3次、10人次，接待蒙古国访问团5批次、22人,指导、协助满都拉镇、口岸局成功举办第四届中蒙满都拉——杭吉国际文化旅游节等活动。加强应急管理,健全应急值守、24小时值班、节假日领导带班、专人值班等制度,完善突发性公共事件应急处置预案和突发事件应急处置体系。加强保密工作,对领导批示件、重要文件等，严格按规定在一定范围由专人负责运转传阅,禁止擅自复印传输、在联网电脑处理涉密文件。后勤工作方面,树立“大后勤、大服务”理念,主动为政府领导提供优质服务,确保保障到位。配合纪检监察机关工作,对全旗各地各部门执行中央八项规定及各级配套规定、办公用房使用标准和公车管理等情况进行专项督查,完成公务用车清查和办公用房登记等工作。完善能源降耗、基础设施等管理制度,完成机关大楼前社会主义核心价值观标示标牌建设、广场硬化铺设等工作。强化行车安全教育，严格公务车辆和司勤人员管理，确保公务出行安全。

【深化改革】按照旗委改革工作部署,全旗行政体制、对外开放两个专项改革办公室设在政府办。针对改革任务,及时承接市委、市政府和旗委改革安排,研究制订两个专项改革工作方案,调整完善专项小组组成人员，明确专人跟进落实，确保有方案、有人员、有落实。行政体制改革方面,确定落实“三清单一目录”制度、开展“减证便民”专项行动、强化社会信用体系建设等11项改革事项，均完成年度目标任务。对外开放改革方面，确定创新口岸经济发展模式、建设自治区向北开放战略支点、深度融入“一带一路”“中蒙俄经济走廊”等3项改革事项，均完成年度目标任务。同时，积极配合其他专项改革小组工作。

【依法行政】制定《达茂联合旗“十三五”法治政府建设专项规划》，完成权责清单编制发布工作，涉及10个类别3537项；完成公共服务事项、行政审批中介服务事项、行政裁量权和行政处罚自由裁量权、“双随机一公开”随机抽查事项等清单编制公布工作。建立健全依法决策机制，全年合法性审查《达茂旗通用机场公司委托经营管理协议》等合同、方案、文件64件。依法开展行政复议诉讼，全年受理审结行政复议案件5件、行政诉讼案件共25件。加强行政权力制约监督，监督检查重点执法部门行政执法情况45个次。加强执法人员持证上岗和资格管理，组织609名符合条件的执法人员参加专业培训及资格考试；组织15个执法部门参加全旗行政执法单位法律知识竞赛，团体第一名（草原监督管理局）代表达茂联合旗参加全市竞赛，并取得第二名的佳绩。

信访工作

【重点工作】2017年，全旗共接待来访群众227批2576人次，同比分别下降20.2%和22.1%。其中，集体访141批2421人次，个体访86批155人次。全部信访案件中，初访案件94批718人次，同比分别下降23.4%和20.4%。其中，提供信访材料交转办出访案件62批次451人次，已办结30件，复查复核16件，引导走司法程序1件，正在办理15件。

【案件办理】自治区、包头市各级领导督办包联达茂联合旗的4件信访积案。截至2月15日，自治区省级领导王玉明督查包联达茂联合旗的2件信访案件（韩某胜、陈某卿）全部办结，成功化解。截至6月10日，包头市级领导叶卫兵督查包联达茂联合旗的2件信访案件（韩某芝、李某云）也全部办结，成功化解。开展旗内“百日攻坚”行动，梳理自查信访积案5件，全部建立台账，明确包案旗领导、责任部门单位和责任人。

中国人民政治协商会议达茂联合旗委员会

【概况】1957 年 2 月，中国人民政治协商会议达茂联合旗委员会正式成立，它由中国共产党、工会、教育、文艺、妇联、共青团、农牧民、少数民族、科技、工商、宗教等各界人士 47 位委员组成。1957 年 2 月，召开了政协达茂联合旗第一届委员会第一次会议，会议选举出主席、副主席、秘书长、常务委员 13 人。当时委员会下设办公室。从 1957 年 2 月至 1964 年 12 月，先后召开过 4 届政协会议，依照全国政协章程规定，每届会议均进行选举和换届选举。1966 年，“文化大革命”开始，政协组织遭到严重破坏，政协委员遭到各种迫害。1976 年 10 月，粉碎江青反革命集团后，特别是党的十一届三中全会以后，中断了 14 年的政协工作得到恢复。1979 年 3 月，政协恢复工作，1981 年 8 月 3 日至 9 日，政协达茂联合旗第五届委员会第一次会议在百灵庙召开，会议选举产生了新的领导机构，使政协达茂联合旗委员会的工作重新走上正轨。从 1981 年 8 月至 2017 年 12 月，先后召开了 10 届政协会议。政协达茂旗联合旗第十四届委员会设主席 1 名、副主席 4 名、常委 20 名、委员 118 名，设经济委员会、教科文卫体委员会、民族宗教法制委员会 3 个专门委员会，内设办公室。委员分布于中共 14 人，无党派 10 人，农牧林水 23 人，教科文卫体 14 人，民族宗教 7 人，法治人口资源环境 9 人，经济企业 17 人，社会福利 7 人，工商联 10 人，工青妇 7 人。

【全体委员会议】2017 年 2 月 22 日—23 日，召开政协达茂联合旗第十三届委员会第五次会议。出席委员 98 人，列席 162 人。会议听取和审议旗政协主席乌日图所作的《政协达茂联合旗第十三届委员会常务委员会工作报告》、副主席张秀春所作的《政协达茂联合旗第十三届委员会常务委员会关于十三届四次会议以来提案工作情况的报告》。旗政协副主席孙富主持开幕会议，旗党政领导出席。与会委员列席旗十四届人大五次会议，听取并讨论政府工作报告及其他有关报告。会议审议通过旗政协十三届五次会议政治决议；政协达茂联合旗十三届委员会常务委员会工作报告的决议；政协达茂联合旗十三届委员会常务委员会关于提案工作情况报告的决议。政协主席乌日图主持闭幕会议。

12月5日—7日，在达茂旗会务中心2楼会议室召开政协达茂联合旗第十四届委员会第一次会议。出席委员100人，列席155人。旗政协党组书记苏德主持开幕会，旗政协副主席温志俊主持闭幕会议，旗党政领导出席。会议听取和审议旗政协主席乌日图所作的《政协达茂联合旗第十三届委员会常务委员会工作报告》、副主席莎仁高娃所作的《政协达茂联合旗第十三届委员会常务委员会关于十三届委员会提案工作情况报告》。与会委员列席旗十五届人大一次会议，听取并讨论政府工作报告及其他有关报告。会议审议通过了旗政协十四届一次会议政治决议；政协达茂联合旗十三届委员会常务委员会工作报告的决议；政协达茂联合旗十三届委员会常务委员会关于提案工作情况报告的决议。会议选举产生1名主席（敖特根苏德）、4名副主席（何建军、温志俊、莎仁高娃、武存保）、20名常委（王学东、乌日晗、布仁、乌宏彬、刘振华、张景、杨志军、苏德毕力格、杜灵嘎尔、孟克尔顿、郝彩霞、哈斯根、钱文智、敖利、斯日吉、新朱日嘎、格日乐图、潘建功、格日乐图、布仁）。

【常务委员会会议】2017年2月21日，召开政协十三届13次常委会议，政协主席乌日图主持会议，会议听取统战部段永胜对政协十三届委员进行调整的说明，会议表决同意袁晓雯辞去第十三届政协委员。敖特根苏德、格日乐图2人增补为政协达茂联合旗第十三届委员会委员。

12月1日，召开政协第十三届第14次常委会议，政协主席乌日图主持召开，会议听取统战部孟克尔顿对政协十四届委员会委员建议名单和政协十四届常委建议名单的说明，会议表决通过政协十四届委员会委员建议名单及政协十四届常委建议名单。

【提案工作】十三届五次会议共收到提案67件，经审查立案41件，未立案26件，立案率为61%。对8件内容相同或相近的提案作并案处理后，实际立案37件。其中，涉及经济建设方面的11件，占立案总数的29.7%；涉及教育、文化、旅游、卫生、体育等社会事业方面的16件，占43.3%；涉及群众关心的热点、难点问题的10件，占27%。37件提案分别递交20个职能部门进行办理，未予立案的提案作为委员来信转交有关部门处理。提案办复率达100%。已经解决或基本解决的17件，占46%；组织实施解决或纳入计划逐步解决的18件，占49%；因政策和其他条件限制，暂时不能解决、需要说明情况的2件，占5%。

十四届一次会议共收到提案108件，经审查共立案89件，立案率达82.4%。对内容相近或相同的提案进行合并后实际立案81件。对未立案的19件提案，有6件转社情民意，有13件作为委员来信转交有关部门予以办理。从提案人的数量上分，有3类，其中合并提案8件、联名提案8件、单人提案65件。从内容上分，提案共有五大类，其中政治建设类1件、经济建设类18件、文化建设类21件、社会建设类32件、生态建设类9件。

【经济委员会】5月初，围绕“百灵庙镇棚户区拆迁”进行协商议政。5月中旬，围绕“农村牧区危房改造后续工程及通村公路建设”进行协商议政，深入石宝镇、查干哈达苏木等多个农村牧区实地查看危房改造后续工程和通村公路建设情况，围绕调研的基础上，开展主席会议专题协商，形成协商报告提交政协主席会议审议通过。7月上旬，组织个别委员，深入新型工业园区，就达茂联合旗新型工业园区建设情况进行了调研。8月中旬，围绕“黄花滩食品加工园区建设”情况进行调研。

【教科文卫体委员会】4月下旬，围绕“创建全域旅游旗”进行调研。对部分提案办理情况进行现场督办，组织界别委员多次开展界别活动。

【民族宗教法制委员会】4月，与有关部门就“全旗蒙汉语并用并行”情况开展界别协商，召开主席会议专题协商会议，并形成协商报告提交主席会议审议通过。6月初，就达茂联合旗广福寺存在的问题进行调研。6月中旬，组织旗民宗局、妇联、团委等相关部门负责人，调研达茂联合旗民族传统手工业发展情况。

【专项视察】9月，组织界别委员先后深入百镇、希拉穆仁镇、满都拉镇等地区就“天眼工程”建设情况进行界别委员专项视察活动。10月下旬，组织界别委员先后深入吉穆斯泰旅游区、华碳石墨、新达茂稀土有限公司、通用机场等地开展实地调研，召开座谈会议，听取意见、建议的方式进行主席会议集体视察。

纪律检查委员会、监察委员会

重点工作

【党风廉政】制定完善《关于进一步贯彻落实党风廉政建设责任制工作的实施意见》《党风廉政建设“两个责任”核心内容清单》，出台《达茂旗关于深化廉政风险防控工作的实施意见》，推动构建主体明确、权责清晰、履职追责工作机制。旗委书记、政府旗长、旗委副书记、纪委书记、组织部长与27名党员领导干部进行提醒谈话，对5名进行诫勉谈话，让党员领导干部在“咬耳扯袖”中体会组织的严管厚爱。实行落实“两个责任”报告制度，开展监督检查2轮次，配合市纪委完成“两个责任”督导工作，按时完成督导组反馈的2个方面、2个具体问题的整改。旗纪委常委会带头研学、引学领学，结合“两学一做”学习教育常态化制度化，把学习贯彻党的十九大精神作为首要和长期坚持的政治任务学懂弄通。组织集中学习11次，常委会专题学习5次，纪委班子成员领学7次、室主任讲学12次，撰写心得体会177篇。

【执纪监督】2017年以来，全面加强对党章党纪和党的路线方针政策执行情况的监督检查，派出18人监督指导60次党委(党组)民主生活会。对旗、苏木乡镇两级人大、政府、政协换届情况进行监督，回复党风廉政意见30批654人次。狠抓“雁过拔毛”式腐败问题集中整治，共受理“雁过拔毛”式腐败问题线索77件，立案23件，给予党政纪处分15人；组建3个暗访组，深入全旗12个苏木乡镇，走访33个自然村、65户贫困户，查核扶贫项目及扶贫贷款项目19个，涉及相关扶贫资金及贷款资金1900多万元，处置问题线索3件，立案1件，给予党纪处分1人；开展为期一个半月的“一卡通”专项治理活动，重点检查2013年以来财政“一卡通”发放的19大类65项惠农惠牧补贴资金等内容。

【廉政宣传教育】各级“一把手”讲党课56次，党风廉政和反腐倡廉教育纳入各级各类党员干部培训内容，开办领导干部“周末讲堂”2期；全年深入各级党组织巡回宣讲党规党纪11次。制作印发《规矩和底线》6000册，督促全旗各级党组织学习研讨。制定《达茂旗纪委推进警示教育常态化的实施方案》，28个党组织492名党员到看守所反腐倡廉警示教育基地和达茂旗反腐倡廉暨预防职务犯罪警示教育基地进行参观学习,展播警示宣传片、开展典型案件通报13次,开展廉政建设反面警示教育7次,召开反腐倡廉警示教育大会2次,深入剖析6起典型案例;在旗内媒体刊登警示教育案例9期,对违反中央“八项规定”精神和自治区、包头市配套规定及“四风”典型问题和纪检监察机关明察暗访、专项治理过程中发现的问题和违纪人员,通报曝光7批次28人。推进廉政文化创建活动,推荐5个部门和单位参加全市第四批廉政教育基地和廉政文化示范点评选活动。开通达茂廉政网、“牧野清风”微信公众号、牧野清风手机报,“牧野清风”微信公众号关注人数达到1211人。

【纪检监察体制改革】按照年初安排,推进纪律检查体制改革,承接市纪委的完善苏木乡镇纪委书记、派驻纪检组组长提名和考察办法等5项改革任务,逐项进行分解建立台账。重视并坚决落实深化国家监察体制改革试点工作部署,及时成立改革试点工作小组。旗委书记亲自部署、指挥协调,旗纪委认真实施改革方案,严把改革试点工作政策关、方向关、时间关、任务关,完成集中统一办公、设备及线索移交、人员转隶、机构设置等改革试点前期工作。12月9日正式挂牌。

【正风肃纪】2017年,共查处违反中央“八项规定”精神问题3起,下发通报7期,责令12人作出书面检查。对违规公款旅游的3名干部进行廉政约谈、1名干部诫勉谈话,对1名办公室面积超标干部进行通报批评。累计开展公车私用、执行工作纪律等专项检查10批次,对违反工作纪律的14个单位部门全旗通报,对元旦、春节期间未按规定值班的7个单位主要负责人进行提醒谈话,对1名干部进行诫勉谈话。

【纪律审查】“四种形态”运用方面,2017年全旗各级纪检监察机关运用监督执纪“四种形态”处理180人次。其中,第一种形态134人次,占处理总人次的74%;第二种形态32人次,占处理总人次的18%;第三种形态3人次,占处理总人次的2%;第四种形态11人次,占处理总人次的6%。第一种形态占比达74%,扯袖提醒,抓早抓小已成常态。构建反腐败合力方面,协助旗委加强对反腐败工作统一领导,修订《达茂旗委反腐败协调小组工作办法》,按时召开反腐败领导小组协调会议,听取情况、研究部署、协调推进。一年来,旗人民法院移送党员领导干部涉法案件线索12件;旗人民检察院移送线索16件;旗公安局移送线索18件;旗审计局移送问题线索3件,各成员单位既各司其职又通力协作的局面基本形成。2017年,全旗各级纪检监察机关共受理各类信访举报66件,处置问题线索191件,立案55件,结案45件,给予党政纪处分45人,收缴违纪所得30万元。

中共达茂联合旗委巡察工作领导小组办公室

【概况】2017 年 3 月 29 日，经十三届旗委第 15 次常委会议研究通过，成立旗委巡察工作领导小组。按照市编办下发的《关于旗县区设立巡察机构的通知》(包机编发〔2017〕10 号)要求，8 月 9 日经旗编委会正式批复，依据“1 办 2 组”的模式，成立旗委巡察办和 2 个常设巡察组，为旗委的工作部门(设在旗纪委)，核定行政编制 14 名，事业编制 2 名。巡察办设主任 1 名、副主任 2 名，内设综合科、督查科、档案资料科；巡察组每组设组长 1 名、副组长 1 名、巡察专员 3 名。2017 年，实际到位巡察人员 13 名，全部为大学本科学历。其中，党员 12 名，法律专业人员 1 名，会计专业人员 3 名，具有文字综合能力人员 9 名，平均年龄 35.8 岁。

【制度机制】结合实际，把巡察工作列入旗委年度工作重要内容，与全面从严治党各项工作同部署、同落实。出台《中共达茂旗委巡察工作办法（试行）》《达茂旗委关于建立巡察工作大协作机制的意见》和《中共达茂旗委 2017 年—2021 年旗委巡察工作计划》，建立健全旗委承担主体责任、旗委巡察工作领导小组组织实施、纪检监察机关和组织部门及相关部门支持配合的巡察工作体制机制，并明确在本届旗委任期内对 59 个党组织实现巡察全覆盖。

【业务培训】2017 年 6 月 7 日和 10 月 20 日，旗委巡察办专门邀请市委巡察办业务骨干就如何开展巡察工作组织业务培训，增强巡察人员的责任感和使命感。开展业务学习，不定期开展学习讨论，及时总结归纳巡察工作经验。将上级有关文件、各类规章制度、工作流程等归纳编印，将学习资料《达茂旗委巡察工作实务手册》《巡察工作应知应会随身记手册》等资料发放至每名巡察干部手中，为巡察工作规范有序开展提供制度保障。

【政治巡察】达茂旗 2017 年第一轮巡察工作于 6 月 7 日正式开展，根据工作需要，从巡察组长库、人才库及旗纪检委、审计局、财政局和第三方机构 (旗委专门聘请 2 个会计事务所的人员) 等部门、机构抽调 30 人组成 5 个临时巡察组，对旗政法委、发改局、财政局、供销社、红十字会、新闻传媒中心共 6 个党支部领导班子及成员，市场监督管理局党组和查干哈达苏木、巴音花镇2个苏木乡镇党委、教育局党委领导班子及成员开展常规巡察。10月24日,第二轮巡察开始对旗政府办(扶贫办)、总工会、农牧业局、住建局、国土资源局、小文公乡(延伸巡察波罗图村委会)6个单位党组织进行常规巡察。巡察过程中,在达茂电视台、“英雄达茂”“牧野清风”等微信公众号、《牧野清风》手机报发布巡察公告,累计报送巡察信息14条。

【成果运用】第一轮巡察结束后,5个巡察组向旗委巡察工作领导小组提交专题巡察报告10份,向被巡察党组织提出整改意见47条,向有关职能部门提出意见建议8条,发现问题线索9件,已全部移送旗纪委案管室。在整改落实中,充分发挥旗委巡察督查室、派驻纪检组和苏木乡镇纪委的职能,督促被巡察党组织及时落实整改,使派驻纪检组和苏木乡镇纪委成为“常驻不走的巡察组”,与旗委巡察组形成三位一体的监督网络,发挥巡察工作“利剑”作用。年底,9件线索6件已办结,3件在办理中。办理结果中提醒谈话5件,通报批评1件。被巡察党组织已在逐条落实整改意见。

军事

人民武装部

【概况】2017 年，随部队改革，旗人武部转为由中央军委国防动员部管辖，履行新的职能使命。

【思想政治建设】推进“两学一做”常态化制度化，将学习贯彻党的十九大精神作为全年的主线，制定学习党的十九大精神十条具体措施，制作宣传展板，购买党的十九大书籍十余种，组织所有干部职工撰写心得体会，完成党的十九大报告的原文抄录。

【组织建设】根据改革要求，及时调整党委、纪委、党支部、党小组等组织。坚持每周三党日活动，通过“党课周周见、理论周周学、故事月月讲、党性月月评”和“讲成长故事，说心路历程，汇聚国动人强军兴军正能量”等一系列活动，强化干部职工组织原则和党性观念。

【国防教育】在纪念建军 90 周年活动中，对旗 200 多名干部进行国家安全形势教育。“九一八”当天，组织干部职工上街设专门的宣传点宣讲国防知识，并向群众散发宣传资料 2000 余份，到各乡镇集市张贴国防宣传画 100 余张。

【军事训练和边境管控】在西河乡组织民兵应急拉动点验现场会，规范基层武装部民兵整组工作。自治区 70 年大庆和党的十九大期间，出动民兵 113 人次参与边境设卡和城镇巡逻。

【征兵工作】投入 10 万余元建成网络征兵站，聘请 5 名廉洁征兵员。印发宣传海报 600 份，群发短信 5000 条，开通征兵微信公众号。

【双拥共建】协调旗委、政府召开军民发展座谈会，组织纪念建军 90 周年走访慰问活动，“八一”、春节，同民政局慰问进藏兵 4 名。协调民政、人事部门安置退役士兵 6 名，民政、财政部门及时发放“两金”112 人、370 余万元。

【脱贫攻坚】拨款 17 万余元为小文公乡大井行政村打井并新建网络文化活动室，解决 100 余人长期饮用涝坝水问题。

公安边防大队

【思想政治建设】抓好基层党组织党内生活制度的落实，指导9个基层单位与驻地党组织广泛开展“北疆基层党建长廊建设”,打造独具特色的党建工作品牌。大队被旗组织部确定为全旗党建工作示范单位,并在全区“北疆基层党建长廊建设现场会”上交流推广党建成果。挖掘“北疆警地联动综治服务中心”“阿迪亚一家守边34年”等诸多典型,积极宣传推广。细化执法执勤、群众工作、务实敬业等类别培树9名官兵作为身边典型,发挥示范引领作用。

【平安建设】依托“北疆警地联动综治服务中心”,成功化解矛盾纠纷127起,涉及牧民1572人、金额1095万元。全年破获刑事、治安案件75起,打击处理违法犯罪人员56人，抓获网上在逃人员2人,吸毒人员2人,收缴子弹、导爆雷管1081发、炸药80件13千克、导火索42米,管制刀具、木质弓、高压电击器等管制器具6把。推动边境地区“网格化”社会治安管控体系建设,完成237名基层网格员选拔培训工作，夯实“五位一体”边境管控服务体系根基。依托“八千里边防群众会战”“固边”系列活动,积极推行“四走访”工作举措,密切群众关系。

【队伍建设】每月开展案卷评审、案例剖析会,制作《常见执法问题解析集》。组织98名一线官兵采取“1+N”模式,分批开展执法脱产轮训，每周开展法律专题学习和法律模拟测试，确保全部参考官兵顺利通过本年度公安机关基本级、中级执法资格等级考试。边防安保期间,大队下派3个督察组,对4类36项重点工作情况进行督导帮扶，下发整改通知书18份、查纠整改10类、254条问题,促进部队正规化管理的提档升级。发现并整改各类问题隐患258处,大队11年无违纪、无案件、无事故。

法 治

政法委及综治

【维稳工作】开展严打严治社会面防控等12个专项行动。规范社会稳定风险评估工作操作流程和报备制度，完成17个涉及基础设施建设、新能源开发等重大项目评估备案工作。

【打击违法犯罪】开展缉枪治爆、打击“黄赌毒”等6个专项行动。2017年，共破获各类刑事案件85起，抓获犯罪嫌疑人98人；受理治安案件583起，查处583起，查处违法人员666人。审判机关受理各类案件2612件，审执结2437件，结案率93.3%。检察机关共受理提请批准逮捕案件54件90人、受理审查起诉案件91件128人，批准逮捕33件53人、起诉114人。

【干部队伍建设】举办专题培训班，认真学习贯彻党的十九大精神。开展政治纪律和政治规矩教育，强化干警“四个意识”，深入开展“两学一做”学习教育，形成常态化、制度化。开展为期1年的以“忠诚、干净、担当”为主题的整顿建设专项行动，组织收看中央政法讲座4次。

【综合治理】实施社会治安综合治理“强基固本工程”，建立旗、苏木乡镇、嘎查村（社区）综治中心，覆盖率达100%；边境地区建立北疆警地联动综治服务中心，并入选“自治区2017年十大法治事件”。推动人、地、物、事、组织等基础要素全部纳入网格统一管理，实现网格管理无缝对接，网格化覆盖率达100%，配备网格员722人。

【司法体制改革】推进司法责任制改革，人民法院全面落实立案登记制改革，人民检察院完成公益诉讼改革试点工作，公安机关大力推进户籍制度、出入境等改革，司法行政机关完善法律援助制度、健全法律援助服务网络。推进专项改革任务，民主法制改革16项、社会治理体制改革领域10项，全部完成年度目标任务。

公 安

【反恐怖工作】搜集边境地区可能存在的预警性、苗头性、内幕性信息，突出重点人群管控，加强对边境地区外来务工人员、重点人员的关注核查。深化与蒙古国东戈壁省司法部门警务协作。年内，由旗人武部牵头，公安、边防、国安在达茂联合旗边境地区，牧户、企业、边防一线进行清边。夯实对市级7家反恐重点目标单位的监管力度，并签订反恐责任状。深入学校、社区、矿山企业、车站、人员密集场所，采取多种措施开展反恐怖法宣传活动10次，发放宣传资料10000余份，悬挂宣传横幅20幅，现场接受咨询680余人次。

【互联网管理】网侦情报方面，共上报情报信息45篇，核查处理涉及达茂联合旗网上负面舆情24起，其中移交治安发布爆恐视频2起，行政拘留1人、教育训诫1人。在网上发布不当言论6起，教育训诫6人。核查网名具体身份16次，共计21人，核查涉枪线索2条，刑侦大队收缴组装气枪1支，弹弓1个。互联网舆情工作方面，完成事关本地及内蒙古舆情592条，市局采用47条，公安厅采用2条。境内违法信息62条，梳理本地贴吧34个。检查互联网服务场所14次，行政处罚4家。

【执法规范化建设】落实网上执法办案工作。2017年，共立刑事案件203起，刑事拘留94人，取保候审60人，监视居住3人，报捕79人，提请批准逮捕57人，移送起诉74人，转行政处罚3人；受理行政案件589起，转刑事案件7起，警告33人，罚款259人，行政拘留223人，拘留并处罚款97人，强制戒毒9人，社区戒毒14人。强力推进网上执法公开，通过在“受案回执”法律文书上填写案件查询网址、发放宣传资料等方式进行指引、宣传，促进所办案件均向特定对象公开告知工作落实，案件网上流转率、公开率达到100%。

【社会治安管理】推进治安重点工作落实，推动社会治安行业场所管理，严格落实人防、物防、技防措施，确保内部单位安全。百镇内5家中小学、幼儿园全部安装“一键式”视频监控报警系统，并与旗局指挥中心联网。推动医院、银行视频监控系统工程安装工作。14家加油站点完成散装汽油实名制登记，发挥应有的作用。全旗10家物流快递营业点，全部实现三个100%。“护校安园”专项工作方面，加强学校及周边社会巡控工作，推进校园“三见警”工作，提高校园安全防范能力。在百灵庙镇5所中小学校成立校园警务室，每个警务室配备2名民警，落实驻校工作制度。深入校园开展法制宣传、反恐宣传8次。联合各相关部门对全旗8所中小学、5所幼儿园集中开展安全大检查6次。

【打击毒品犯罪】制订《达茂旗公安局“净土2017”禁毒严打整治专项行动实施方案》和《全旗2017扫毒禁毒攻坚战专项行动实施方案》，开展禁毒严打整治专项行动。共破获刑事案件8起，抓获犯罪嫌疑人9人，缴获毒品海洛因18.10克，毒品安钠钾793.34克，罂粟膏33.20克；查处行政案件44起，行政拘留39人，强戒14人，查处吸毒成瘾人员14人。截至2017年年底，全旗在册吸毒人员217人（截至2017年11月10日），百灵庙镇77人、乌克忽洞镇37人、西河乡27人、石宝镇18人、小文公乡16人、明安镇15人、巴音敖包苏木8人、达尔汗苏木6人、巴音花镇4人、查干哈达苏木5人、希拉穆仁镇3人、满都拉镇1人。将戒毒社区康复工作全部纳入网格管理动态管控，在百灵庙镇建立“绿洲家园”社区戒毒(康复）工作站1个。开展“利剑-17”踏查铲毒行动，查处种植毒品原植物毒品案件2起，铲除非法种植的罂粟1618株。

【经济犯罪侦查】2017年，共受理案件18起，其中合同诈骗7起、贷款诈骗1起、信用卡诈骗1起、职务侵占3起、非法经营2起、虚开增值税发票3起、非法吸收公众存款1起，初查14起，立案3起、不予立案1起。破6起案件，解回逃犯3名。

【人口户籍】共受理旗内二代居民身份证4988张，其中未满16周岁办证835张；临时身份证552张；区内异地身份证162张；全国异地身份证66张。审核户口迁移662人，其中市内迁入285人、区内迁入268人、区外迁入102人。受理户口变更更正事项87件、补漏户口153人。开展重复虚假户口核查工作，经公安部人像比对核查确定重复户口31人，删除31人。建立标准地址1275处，入户关联83869人，关联率75%。全旗现有户籍人口52824户，111586人（男56920人，女54666人）。登记管理流动人口7690人，出租房屋3924间。

【出入境管理】正式启用全国公安出入境管理信息系统，落实公安部八项出入境便利措施，推动就近办证、自助办证、免费照相等工作，制作发放警民联系卡，增设电话预约服务。年内共办理证照2523本，其中护照1363本、港澳通行证861本、台湾通行证299本。外管业务方面，推进边境口岸地区外国人服务管理工作，加强口岸地区外国人基础信息采集和实有人口管理、口岸地区外国人闭环式管理服务及外国人服务管理“进社区入院校”等工作。在达茂联合旗派出所和社区设立外国人服务管理站共17个。

【“平安达茂”创建】百灵庙镇内新增摄像头点位数186个，更换改造100个无法使用的标清摄像头为有线高清摄像头。在33个老旧小区安装高清摄像头186个，基本实现百灵庙镇视频监控的全覆盖。年内完成对8个苏木、2个工业园区及“十个全覆盖”中已建成的农民新村38个、新建新村90个的勘察、选位、定点任务。

【队伍建设】组织实施各类警务培训40次，在全警常态化教育训练中共举办培训班3期，培训250人次，结合全国干部人事档案整理审核工作成果，共查验修改、录入完善4500条数据。

交通管理

【概况】1987年7月，达茂旗公安局交警大队建立，为隶属于旗公安局管辖的股级单位，不到10人。2011年更名为包头市公安局交通管理支队达茂联合旗大队。2017年成长壮大为75人，其中行政编12人、事业编4人、辅警59人。下设8个股级机构：政秘办、交通管理业务办、车管分所、管宣中队、岗勤一中队、岗勤二中队、三中队(满都拉中队)、四中队(希拉穆仁中队7月9日正式启用)。

【管辖道路】达茂旗辖区面积约1.8万平方千米，辖区内省道有S104（75千米)、S211(160千米)两条，县道有希百公路(90千米)XO85(60千米)、XOS7(45千米)、X0SS(55千米)。百灵庙镇内道路有百灵大街、团结路等7条共计19千米。

【交通管理】车驾管业务工作方面，共办理车驾管业务2615笔。其中，办理驾驶证期满换证2250笔，补办驾驶证299笔，驾驶人审验62笔，车辆六年免检签章1520笔，摩托车出证92笔，小车出证188笔，油改气10笔;互联网面签987笔。交通违法查处方面，截至11月30日，简易程序12901笔，非现场执法处理量为8584笔，测速7424笔，违停8908笔，共收缴罚金1570914.5元。共查处饮酒驾驶机动车55起、醉驾9起，查处无证驾驶127起，毒驾1起，涉牌涉证7起。

消防大队

【基础建设】将消防工作纳入当地国民经济和社会发展总体规划，编制达茂旗“十三五”消防事业发展规划。完成全国重点镇消防规划编制工作。旗政府投入15万元完成红门影院和5万元购买抢险应急救援器材。辖区63个重点单位和8个社区全部建立微型消防站。

【消防监督】提请旗政府组织召开春节消防安全部署会、全旗消防工作会议、夏季消防检查工作、冬春火灾防控工作部署会,分别对阶段和全年消防工作进行动员部署,并与各苏木乡镇、各部门签订消防工作责任状。2017年，先后开展“冬春火灾防控”专项行动、春夏攻势“隐患必改”专项行动工作、电气火灾专项治理和夏季消防安全大检查专项整治行动。对人员密集场所、易燃易爆场所、厂矿企业和旅游接待场所开展专项检查;联合公安、安监、市场监督管理、教育、卫生、民政等部门开展15次行业安全大检查，对发现的火灾隐患,及时督促整改。其间,共检查单位2183家，发现火灾隐患或违法行为4444处整改隐患4406处,下发责令改正通知书1890份、行政处罚决定书34份,临时查封27家,实施“三停”单位9家,罚款33.4万元,拘留3人。

【消防宣传】2017年,先后开展培训52次,培训人员3万余人,发送官方微博1825条,官方微信365余条,短信2万余条;联合安监、民政、卫生、教育、文化等部门开展“安全生产月”“综治宣传月”“119宣传日”等集中宣传活动。

【抢险救援】2017年,中队共接警出动99次，出动车辆198次，出动警力1188人次。其中,扑救各类火83起,抢险救援和社会救助16次。无人员伤亡,直接财产损失约37万元,抢救财产价值约83万元,未发生较大以上火灾事故。

检 察

【打击刑事犯罪】 2017年,共受理各类刑事案件54件90人,与2016年同期相比,案件件数减少6.9%,案件人数上升9.76%。经审查,依法批准逮捕33件53人,其中批准逮捕严重暴力犯罪案件4件4人、“两抢一盗”案件8件14人、电信诈骗案件1件5人;不批准逮捕37人,其中证据不足不捕占37.8%、无社会危险性不捕占45.9%、不构成犯罪不捕占16.2%。截至年底,捕后法院判决46人,无捕后撤案、捕后不诉、捕后判无罪及复议、复核案件。共监督立案3件3人,公安机关主动立案3件3人,法院做出有罪判决4人,判处十年以上有期徒刑1人;监督撤案4件5人,公安机关主动撤案3件3人,另有1件2人公安机关作出终止侦查决定。

【预防职务犯罪】 预防介入2次,预防宣传5次,预防调查4次,预防咨询8次,警示教育51次,检察建议书2件,行贿犯罪档案查询139次,职务犯罪分析2件,《2016年度惩治和预防职务犯罪年度报告》被旗委4位主要领导作出重要批示。撰写汉语简报3篇、蒙语简报的6篇,被自治区检察院蒙语版内网采用5篇。

【刑事诉讼监督】 刑事检察部履行公诉职能,依法指控犯罪,共受理各类刑事案件95件133人,依法提起公诉87件123人,2016年受理转2017办理案件1件1人,改变管辖3件3人,强制医疗案件1件1人,移送机关撤回2件2人,不起诉3件3人,退回补充侦查1件1人,审结率达93%。

【民事行政检察监督】 共办理民事行政监督案件24件,办案数同比上升33.3%。其中,办理生效裁裁判监督案件10件,提请包头市人民检察院抗诉8件,不支持监督申请2件;办理督促履行案件5件,提出检察建议5件,采纳5件;办理执行监督案件3件,提出检察建议3件,采纳3件;办理支持起诉案件2件,采纳2件;办理审判活动违法监督案件3件,提出检察建议3件,采纳3件;在旗检察院办案过程中发出的检察建议,全部被相关单位采纳,检察建议采纳率100%。办理行政公益诉讼诉前程序案件1件。

【业务监督】 共受理各类案件156件219人,其中受理批捕案件53件87人、公诉案件95件132人、受理民行案件8

件，召开检委办会议12次，接收送达法律文书1864份，保管涉案物品25件，接待辩护人（诉讼代理人）20次，安排阅卷9场，提供电子卷宗光盘11张。对于符合送案标准的案件，业监部共向审判机关、侦查机关、其他检察院实体送案152件。其中，移送审判机关75件，移送公安机关68件，移送给上级检察院6件，移送其他检察院3件。在送案中，业监部共审核152件次。针对办案活动中不规范情形，业监部口头向办案部门予以提示的共29件，已纠正29件。对查封、扣押、冻结涉案财物的管理，业监部涉案款物出入库管理25件。

【保障律师权益】推出律师接待“贴心式”服务，为律师提供更为便利的条件，建设律师接待室，购置电脑、高速打印机等设备，制作便民联系卡，对外公布电话预约号码，方便律师通过网络方便快捷的查阅到案件信息以及就相关事项进行预约。2017年共接待辩护人、诉讼代理人20次。

【清理涉案款物】加强对查封、扣押、冻结涉案财物管理，案件管理办公室涉案款物出入库管理25件。案管办指定专人负责涉案财物的接收、入库。在接收移交清单与物品时，按照“一看二核三登四入”的要求，审查清单所列物品，仔细检查特征是否与描述一致，利用统一业务应用系统规范涉案物品的入库，准确登记财物的数量、种类、来源、保管地以及物品特征等，杜绝错漏情况发生。

【检务公开】2017年，向旗人大常委会汇报专项工作1次，向旗政协通报工作2次。向人大代表、政协委员赠阅《检察日报》《内蒙古检察》及《包头检察》等书刊50余册。听取代表委员提出的意见建议10余条。利用微信平台向市、旗两级代表推送检察动态203条。邀请人大代表政协委员视察工作50余人次。推进检务公开，主动接受社会监督。在检察信息公开网上发布检察案件程序性信息276条，重要案件信息29条，法律文书86份，案件信息公开系统上线运行正常。

法院

【审执工作】2017年，受理各类案件2612件，审执结2437件，结案率为93.3%。受理刑事案件97件，审结92件，结案率94.85%。坚持宽严相济的刑事政策，打击危害社会治安犯罪，依法审理故意伤害、抢劫等暴力犯罪，惩治贪污贿赂、渎职犯罪,提高人民群众的安全感和满意度。受理民商事案件1559件,审结1489件,结案率95.5%。重视人民群众切身利益,审结医疗、侵权等案件204件。推进家事审判方式改革,审结婚姻、家庭、继承案件168件。重视供给侧结构性改革的司法应对,审结经济领域各类纠纷1187件。依法惩治消费欺诈,审结网络购物等新型消费纠纷5件。受理行政案件37件,审结35件,结案率94.6%。继续推行行政案件相对集中管辖试点改革,大力推进行政机关负责人出庭应诉工作,应诉率达到96%。发送司法建议3份,为旗人大、政府制定规章制度提供法律意见8次,组织行政人员旁听行政案件庭审50人次,不断提升依法行政能力。受理执行案件919件,执结821件,结案率89.34%。以“鹿城执行维权”“草原雷霆”等专项活动为契机,全力攻克执行难题,最大限度维护当事人合法权益。依法采取查封、扣押等强制执行措施409人,限制高消费107人,纳入失信被执行人名单436人,拘传93人,拘留15人。

【司法服务】深化诉讼服务中心建设,落实立案登记制改革举措,全面实行“一站式”诉讼服务。提升蒙汉双语诉讼服务窗口、“12368”热线服务水平,接待、导诉群众3000余人次,回复网络、电话热线等渠道的群众留言百余条,当事人在诉讼全程的合法需求得到妥善解决。以点带面,延伸司法服务,设立旅游巡回法庭,完善蒙汉双语诉讼工作,为人民群众提供便捷的司法服务。严格落实司法救助政策,对经济困难的当事人,依法减免诉讼费61.4万元。延伸审判职能,开展精准脱贫工作,协调供电部门为石宝镇湾儿图村面粉加工厂解决了10万元通电资金,使面粉加工厂如期营业;为该村20户帮扶对象送去400只种鸡及配套饲料。

【多元解纷】发挥“多元化纠纷解决机制改革示范法院”牵头作用,健全和完善诉讼服务中心纠纷化解平台,使纠纷化解在法院立案前。利用巡回法庭、便民诉讼联系点,将法院矛盾纠纷调处工作置于政府网格化管理体系中,对调解不成的纠纷,巡回法庭就地立案、及时审理,努力实现法院与基层网格的“无缝对接”。2017年共确定特邀调解组织24个,特邀调解员37人,立案前委派调解8件,律师参与信访案件的化解20余人次。

【司法改革】推进基础性改革,整合审判力量,建成5个审判团队,细化办案权限。明确院庭长办案及管理职责,突出法官办案主体地位,逐步实现“让审理者裁判,由裁判者负责”。推行审判监督管理权运行机制,建立审限提示预警、公示通报等制度,加强审判流程管理。成立民事、刑事两个专业委员会,不断拓宽审判执行思路,提升审判质效。落实立案信访改革,保障当事人诉讼权利。加强诉讼服务中心建设,严格按照“有案必立、有诉必理”的要求,落实立案登记制改革,为群众依法维权敞开大门。开展涉诉信访机制改革，实行“诉访分离”，设立信访接待室，落实院长、庭长值班制度，认真做好来访接待和疏导工作，妥善化解一起涉诉信访积案。推行律师参与涉诉信访案件化解和代理工作，律师接待当事人21次。

【司法公开】将信息化建设作为推动审判能力、审判方式现代化的重点来抓，以信息化助推审判质效，依托“大数据”平台，对审判执行各环节进行全程动态管控。推进审判流程、庭审活动、裁判文书、执行信息四大公开平台建设，裁判文书全部上网，让群众随时随地了解司法信息。

【亮点工作】加强“红名单”制度建设，加强“信用村(嘎查)”“信用企业”创建活动，将传统的道德约束与人民法院失信惩戒机制有机结合，不断深化新型信用机制。2017年，联合金融机构共为4个信用村(嘎查)举行授牌仪式，授予3家企业“信用企业”称号，促进社会信用体系构建。

【队伍建设】把政治建设放在首位，深入开展“两学一做”专题教育活动，开展党组书记讲党课、民主生活会、支部集中学习讨论会等，落实修身、用权、律己要求，解决思想、政治方面的突出问题。组织干警向廖俊波、潘志荣学习活动，突出典型示范引领作用，坚定干警的理想信念。深化业务素质建设，组织干警参加初任法官岗前培训、新进干警实务培训、审判员业务培训等培训49期150人。立足提升职业技能和司法水平，开展文书评议、庭审观摩、司法警察大练兵活动，提升队伍素质能力。强化党风廉政建设。加大党风廉政建设和反腐败工作，通过开展警示教育、举办廉政知识测试、签订廉政承诺书、落实审务督察举措、强化社会主义核心价值观和法官职业道德教育等活动，逐步纠正“四风”、整治“六难三案”问题，增强服务意识。

司法行政

【概况】达茂旗司法局是旗政府职能部门之一。现有政法专项编40个，事业编2个。在职干部职工35人，其中局机关11人，公证处2人，基层司法所干警22人。领导班子成员4名，支部书记、局长、副局长2名。其中中共党员25人，蒙古族干警16人，司法局机关现设有办公室、宣教股、基层股、社区矫正管理大队、法律援助中心、公证处等职能机构，全旗12个苏木(乡镇)均设有基层司法所。

【依法治旗】通过健全完善妇女儿童维权站、看守所法律援助工作站、军人军属法律援助工作站、基层法律大讲堂等普法阵地,推进“法治达茂”建设工作。制定全旗普法依法治理工作安排和国家机关“谁执法 谁普法”普法责任清单制度实施意见,组织召开全面普法依法治理工作会议,表彰“六五”期间涌现出的普法依法治理先进集体20个、先进个人27人,制定印发我旗“七五”普法工作规划,全面启动部署“七五”普法工作。

【法制宣传】开展“法律六进”活动,组织参加“综治宣传月”“3·15”国际消费者权益日、“4·15”国家安全教育日、科普宣传周、民族政策宣传月、“6·26”国际禁毒日、蒙古语文法治宣传周等宣传活动,发放各类宣传单6000余份、宣传手册(读本)1000多册。宪法宣传月活动期间,先后组织宪法宣传月协调会、“12·4”国家宪法日集中宣传活动、第二届“法润鹿城”法治书画摄影艺术作品征集展览活动、校园法治征文活动、法治文艺演出、“法律进社区”系列宣传活动。

【信息化普法宣传】组织全旗国家工作人员开展网络在线学法和普法考试工作,2017年参加学习人数3835人,同比2016年增加329人。截至12月29日,全旗领导干部参考人数为190人,公职人员参考人数为2636人。

【社区矫正和帮教安置】联合公安局、民政局对近五年刑满释放人员和近三年解除矫正人员进行走访排查,共排查出刑满释放人员102人,解除矫正人员96人,协调民政局帮扶贫困人员6人6000元。2017年年底,全旗共有在册矫正人员66名,均为缓刑,为14名社区矫正服刑人员佩戴定位监控设备。

【法律援助】6月,完成市政协法律援助工作调研任务。7月,法律援助中心集中代理46户东岸国际业主起诉开发商房屋买卖合同违约案件。2017年,共受理各类法律援助案件80件,对符合条件人群的援助率达到100%。

【现场公证】为第四届游牧文化旅游节“八省区民族服饰展示大赛”“包头市第九届艾不盖颂蒙古语诗歌大赛”等赛事提供免费公证业务,全年共办理公证745件。

【队伍建设】加强政治化建队强警,教育引导全体干警切实增强政治意识、大局意识、核心意识、看齐意识,严守政治纪律和政治规矩。开展“学党规、守纪律、讲规矩、正作风”纪律教育活动和“忠诚、干净、担当”队伍整顿建设专项活动。组织干警和部分退休党员参观旗看守所警示教育基地,教育干警加强廉洁自律。

群 众 团 体

总 工 会

【基层工会】覆盖面方面，2017 年全旗新成立企业工会组织 11 家，新建企业建会率达到 90%以上。规范化建设方面，全旗 90%的基层工会组织都达到规范化要求。会员实名制登记工作已完成 6100 人信息采集。2017 年，会员实名制累计办理工会会员普惠卡 2825 张。

【技术创新】推进职工(劳模)创新工作室创建活动。2017 年，创建市级职工(劳模)创新工作室 1 家，旗级职工(劳模)创新工作室 4 家。开展"'春风行动'暨现场招聘会"、就业援助月、家政服务等培训活动，引导 90 多名下岗工人和困难职工实行就业意向选择，联合旗就业局培训职工 400 多人次。

【选树劳模】"五一"节前夕，4 人分别荣获"包头工匠"、市级"五一劳动奖章""最美环卫工人"等称号。2 人获全区"民族团结先进个人"，享受省部级劳模待遇。其中，省部级劳模潘志荣晋升全国劳动模范。选树 10 个旗级"工人先锋号"单位，大力弘扬劳动精神、工匠精神。结合达茂旗建旗 65 周年，在全旗各行各业职工选树 11 名旗级劳动模范进行表彰。

【集体协商】2017 年，签订工资集体协商合同企业 48 家，企业职工人数达 4800 余人。建会企业实行厂(院)务公开，公开率达到 85%以上。在旗人社局召开劳动关系三方联席会议，充分发挥劳动关系三方协调作用。

【"互联网 + 工会"】2017 年，"达茂职工 e 家"微信公众号共推送信息 283 条，阅读人数达 19300 多人次，其中《内蒙古工运》《包头职工 e 家》《漠南时讯》采用 16 篇。推进"互联网 + 工会"工作，部分工会业务做到网上线上办理。

【帮扶救助】"送温暖"活动方面，在 2017 年的元旦和春节期间共筹资 16.4 万元，对 164 名特困职工进行生活救助；"三八"节期间救助单亲女职工 3 人，发放救助金 3000 元。"金秋助学"活动方面，共筹集 8.4 万元，救助 28 个贫困学生。"大病救助"活动方面，开展"生活救助"活动，对帮扶数据库二级库内 102 人进行每人 1000 元的救助。"专项资金"救助方面，救助帮扶数据库二级库内人员 46 人，三级库内人员 77 人。2017 年，共救助 570 人次，累计发放救助金 66 万元。

共青团达茂联合旗委员会

【概况】现有工作人员2名。下辖基层团组织149个：团旗委直属团组织58个，其中苏木乡镇团委12个、中学团委3个，非公企业团工委1个、旗直机关团工委1个，非公企业团支部2个、机关事业单位团支部7个、社会组织团支部1个、中学团支部31个；苏木乡镇团委直属团支部91个，其中苏木乡镇机关团支部4个、非公企业团支部2个、社区团支部8个、嘎查村团支部77个。共有团干部133名，共青团员2894名。

【组织建设】发展团员方面，全旗共新发展团员38名，初中毕业班团员比例实现达标。团员教育方面，充分利用纪念馆、百灵庙抗日武装暴动纪念碑、草原英雄小姐妹旧居等阵地，开展特色团日活动和特色主题教育100余场次。团员管理方面，表彰鼓励优秀共青团员20名，树立达茂青年五四奖章10名。团员创先争优方面，开展志愿服务活动43次。团干部管理方面，以专题团课、专家讲座、团日活动、集体学习等形式，组织全旗团干部开展理想信念教育、业务工作技能培训学习活动12次，外派团干部学习培训18人次；动员团干部为全旗广大团员和青少年办理好事实事100件。基层组织建设方面，推进“学习总书记讲话 做合格共青团员”教育实践，开展专题学习研讨14次、主题实践活动26次；新建旗直机关团工委1个、非公企业团工委1个；引导基层团组织开展相关活动200余场次，智慧团建系统创建录入组织达100%。

【助力脱贫攻坚】精准扶贫行动方面，帮扶贫困学生131人、协助发放助学金196万元。争取京东公益、心愿公益、暖流计划等公益项目，为全旗青少年筹集物资57.4万元。人才引进方面，新建西部计划达茂旗集聚项目办，全年引进大学生志愿者27人，分别派遣至全旗21个基层单位。青年创新创业方面，举办青年农牧民技能培训1次，外派创业青年、青年致富带头人参加专题培训35人。党员干部对接帮扶“54321”贫困户7户，下派机关干部驻村1名。帮扶哈沙图嘎查电脑、打印机各2台，资助艾不盖街社区贫困大学生1名，物资助力水塔街社区活动1次，慰问机动中队官兵2次。

【青少年权益】开展青少年普法活动

6次。深入推动“12355”行动，开展助力高考、助力中考、成长指导等活动4次，协同团市委追踪维权个案1例；开展青少年心理健康教育4次；开展户外活动、家庭生活、交通安全、校园欺凌等自护自救防范教育6次。

达茂联合旗妇女联合会

【概况】2017年，妇女联合会有行政人员编制4名，事业人员编制2名（妇女儿童工作委员会服务中心），1名合同制人员。其中，2名领导职务，5名非领导干部。

【引领妇女风貌】以“巾帼心向党·建功新时代”为主题，开展学习贯彻党的十九大精神专题培训会、“巾帼心向党 巧手颂党恩”党的十九大精神主题剪纸活动、达茂旗人大女代表、政协女委员学习贯彻党的十九大精神座谈会，学习宣传党的十九大精神暨“最美家庭”故事巡讲等一系列形式多样、内容丰富的学习宣传活动，引领广大妇女听党话、跟党走。

【城乡妇女发展】举办“育婴师”、家政服务、病人陪护等技能培训班，参与妇女达到300余人次。举办首届“倍利”毡艺培训班，传承传统民族文化。举办达茂旗首届妇女手工艺品大赛，扶持、打造妇女手工坊，全旗挂牌妇女手工坊9家。搭建起巾帼致富能手与贫困妇女结对帮扶、抱团发展的桥梁，带动20户国贫家庭户均增收8000元。

【家庭文明建设】潮洛濛花家庭、陶娅家庭分别被评为全国最美家庭和自治区最美家庭；选出“最美民族团结”家庭10个。

【关爱服务妇女儿童】达茂联合旗被列入自治区首批“贫困牧区妇女及家庭免费体检项目”试点旗县，组织4批200余名牧区妇女赴呼和浩特市内蒙古忽思慧蒙医院进行体检。开展“贫困母亲两癌救助专项基金”申报救助工作，受益14人。救助贫困妇女、留守妇女、贫困女大学生、贫困儿童等130人，发放救助金20.55万元。为蒙古族学校34名贫困学生送去价值6000元的棉衣。关爱大苏吉学校留守儿童，送去价值14000元的物资。为蒙古族学校争取到10万元发展足球事业，为希拉穆仁镇幼儿园争取到5万元加强室外活动阵地建设，为民族幼儿园争取2万元用于开展民族特色活动。

【基层组织建设】完成嘎查村、社区“会改联”和苏木乡镇区域化改革工作，全旗12个苏木乡镇、77个嘎查村、8个社区共产生镇、村两级妇女代表2334名,主席97名,专兼职副主席228名,执委987名。加强“两新”组织中的妇女组织建设,在毕力格泰民族食品有限责任公司中建立起达茂旗第一个非公企业妇女联合会。

工商业联合会

【服务非公经济】组织工商联年轻会员参加全国年轻民营企业家理想信念报告会、市工商联举办的两期青年企业家培训班及新委员培训等,参学会员达58人次。建立非公经济联席会议制度,定期召开联席会议,及时研究解决非公经济存在的问题和困难。2017年,全旗非公有制经济市场主体达到6159家,其中个体工商户5056户。小微企业信贷比上一年度增加8%,达到4266万元。4月,赴上海静安区工商联、道杰资本总部进行学习考察,就企业经营、服务好会员企业方面进行交流。9月,组织30多名工商联会员对旗内毕力格泰民族食品厂等非公企业进行观摩。8月、12月,分别与上海市静安区工商联曹家渡街道商会和巴彦淖尔市乌拉特中旗总商会结成友好商会并签订合作协议。2017年,旗工商联被评为全区“五个好”工商联。推进社会光彩事业发展,深圳天地精华公司为达茂联合旗蒙古族学校、石宝小学共捐资100万元,用于改善基层小学设施条件和打造特色教育体系;上海静安区光彩事业促进会为达茂联合旗足球学校捐资10万元,支持达茂联合旗发展足球教育;五当召八世洞阔儿活佛为旗红十字会捐献5万元善款,用于慈善事业;认真组织实施泛海助学行动,完成35名贫困家庭、残疾家庭大学生子女登记上报和救助卡发放工作。

综合经济管理

发展和改革

【概况】达茂联合旗发展和改革局是旗人民政府管理国民经济和社会发展的综合职能部门，下设机构有办公室、重大项目办公室、审批股、项目股、生态办、清洁能源管理服务中心、价格监督检查所。核定行政编制17名，其中科级领导职数5名(1正4副)。另核定事业编制3名，工勤编制2名，合同制人员3名。现实有工作人员23名。

【年度计划】2017年经济社会发展的主要预期目标，地区生产总值增长8%左右，固定资产投资增长15%左右，公共财政预算收入增长6%左右；城镇常住居民人均可支配收入增长8%左右，农村牧区常住居民人均可支配收入增长8.5%左右；社会消费品零售总额增长10%左右。

【重点项目】89个市级亿元以上重点项目总投资366.50亿元,其中续建项目25个,新建项目64个,续建项目4月底全部开复工、新建项目5月底全部开工,89个项目完成投资105.17亿元,完成年度计划的82.76%。25个续建项目完成投资31.71亿元，完成年度计划的89.95%;64个新建项目完成投资73.19亿元,完成年度计划的79.71%。已竣工41个项目。

【项目资金争取】2017年,组织上报棚户区改造、通用机场、节能减排、兴边富民、易地扶贫变迁、饮水安全、京津风沙源治理、社会事业等方面30个项目争取资金,上级投资1.7亿元。其中,争取中央预算内投资10286.2万元;自治区预算内投资4694.8万元；包头市地方配套资金2349万元。包括:清洁能源、生态建设、基础设施、社会事业等各个领域。棚户区改造基础设施项目5个,争取中央预算内投资3300万元;交通建设项目1个,争取自治区预算内投资1000万元；政法基础设施项目1个,争取中央预算内投资620万元、自治区预算内投资83万元;节能减排典型示范项目6个,争取中央预算内投资1120万元、市级地方配套866万元;易地扶贫变迁工程1个,争取中央预算内投资291.2万元、自治区预算内投资1892.8万元;兴边富民项目1个,争取自治区预算内投资36万元;档案馆建设项目1个,争取中央预算内投资264万元;社会事业项目3个，争取中央预算内投资760万元;

京津风沙源治理项目1个,争取中央预算内投资3338万元;种养殖循环一体化项目6个,争取中央预算内投资130万元;饮水安全项目1个,争取中央预算内投资128万元、自治区预算内投资86万元、市级地方配套资金86万元。

【项目储备】入库项目达484个,总投资1878亿元。其中,农牧业项目124个,总投资114亿元;工业项目92个,总投资1476亿元;三产项目268个,总投资287亿元。

【行政审报批】可研30个,备案72个,核准2个。

【项目稽查价格监督和价格认证】贯彻“稳价安民”政策,强化涉及民生的市场价格监测。重点对旅游区域希拉穆仁镇的143户旅游市场检查,抽查14户旅游市场主体,确保价格市场的稳定。抓好价格举报投诉工作,“12358”价格举报业务处理平台,实行24小时值班制度和应急值班制度。处理价格举报3起,结案率100%。2017年,共开展涉案物品鉴定17起,鉴定标的253.8万元,其中涉及刑事案件13起,涉案金额113.4万元。接受市场主体委托价格认证4起,认证标的140.4万元。规范市场明码标价,截至年底,共发放标价签10000张,标价率达到85%以上。

审　计

【概况】截至2017年年底,审计局核定行政编制12人、工勤编制1人。借用事业编制6人。实有16人,其中公务员10人,借用事业编制4人,自聘人员2人。审计局党支部共有党员15名,其中在职党员6名。

【审计工作】2017年,共完成审计或审计调查项目29个,查出主要问题金额7795万元,其中违规金额5474万元、管理不规范金额2321万元;审计决定处理处罚金额3445万元,其中应上缴财政1046万元、应减少财政拨款或补贴1314万元、应调账处理金额1083万元;审计发现非金额计量问题6个;审计促进整改落实有关问题资金1339万元,其中增收节支1339万元、已上缴财政24万元,已减少财政拨款或补贴1314万元。移送纪检监察机关和有关部门处理事项7件。出具审计报告29篇。提出审计建议21条,被采纳2条。提交审计信息50篇,被批示、采用43篇次。

【政策措施贯彻落实跟踪审计】围绕项目落实、资金保障、简政放权、政策落实、风险防范五个方面,加强对重大政策措施贯彻落实审计，揭示和查处不作为、慢作为、假作为、乱作为等问题。分别对财政存量资金、“旅游+”战略、城镇基础设施建设、防范金融风险政策落实情况进行跟踪审计。审计重点检查落实政策措施效果和资金使用效益，通过审计发现财政部分专项资金分配下达不及时未及时落实到项目、部分项目未进行政府采购手续、项目进展缓慢，旗信用联社个别投资未计提投资减值准备金等问题。

【财政（预算执行）审计】 开展财政部门具体组织的预算执行情况、2016年税收征管和其他财务收支情况审计工作，结合经济责任审计延伸审计了旗民政局、旗民族宗教事务局、旗委党校、旗残联、旗发展和改革局、环境保护局6个一级部门预算执行审计。通过审计查出各类违规金额2245万元。对审计中查出的应缴未缴预算、违规购置公务用车、大额现金支付、违规收费等问题，都提出有针对性的审计处理意见，审计结束后代政府向旗人大常委会作2016年度旗级财政预算执行和其他财政收支审计工作报告。

【专项资金审计】 历时3个月，对包头市东河区2016年保障性安居工程的计划、投资、建设、分配、运营等情况，以及配套基础设施建设情况进行审计，重点对政府购买棚改服务和货币化安置、安居工程建设管理和保障性住房分配使用情况进行审计。对旗红十字会2016年度接受捐赠款物分配、使用和管理情况及达茂旗2016年生态脆弱地区移民扶贫资金进行审计。

【经济责任审计】 2017年，将经济责任审计工作重心由离任审计转向以任中审计为主，将监督关口前移，加大任中经济责任审计力度，将“三公经费”作为重点审计内容。结合预算执行审计工作，重点对旗民政局、旗委党校、旗残联、旗发展和改革局、环保局、财政局、民族宗教事务局等11个单位开展审计，其中任中经济责任审计比例达91%。查出各类违规金额1899万元、管理不规范金额2230万元。

【固定资产投资审计】 重点对达茂旗生态脆弱区移民扶贫西河乡库列点素新村、西河乡前河新村、小文公乡西拐子新村、达茂旗治安拘留所工程4个新建项目的竣工结算审计，审核投资总额5911万元，为建设单位核减工程款1234万元，平均核减率20.88%。

统 计

【概况】 截至2017年年底,实有工作人员22人,其中在编20人,临时雇用大学毕业生2人。工作职能:局队共设统计专业20多个,主要有综合、核算、基本单位、工业、能源、农牧业、服务业、贸易业、固定资产投资、建筑业、房地产业、劳动工资、城乡居民住户调查和专项调查、工业生产者出厂价格、人口及劳动力、科技文化、统计执法、基层基础建设等。

【经济指标监测统计】 按照经济增长预期目标,及时分析研判全旗经济运行态势,全方位健全完善各项主要经济指标的监测要素,每月上报预计指标,每季度撰写经济运行分析报告,适时作出统计预警,保障核心数据的及时性和准确性。推进重点领域改革,会同有关部门对投资额在500万元—5000万元的固定资产投资项目进行投资统计改革试点。

【依法统计依法治统】 贯彻落实中央《关于深化统计管理体制改革提高统计数据真实性的意见》和自治区、包头市配套文件的基础上,将统计数据质量核查工作纳入落实中央巡视组反馈意见整改措施范围,实行领导责任制和专业人员负责制,保障核查工作有序推进、取得实效。重点对“一套表”调查单位和抽样调查单位开展统计执法大检查,并分阶段对所有规模以上工业企业基础数据、部分贸易企业和小微企业经营状况进行实地核查,确保相关数据的准确性和科学性。

【国情国力调查】 开展第三次全国农业普查的统一部署,在2016年组建普查机构、开展普查宣传、实施普查试点并进行动员部署、“两员”培训、摸底清查等工作的基础上。2017年1月开始,进行全旗第三次农牧业普查入户现场登记、手工快速汇总、随机抽查、复核评估、PDA录入、改错、验收以及普查资料整理归档等工作;5月5日—7日,代表包头市接受自治区“三农普”事后质量抽查,此次普查涉及全旗12个苏木乡镇的所有嘎查村,共划分普查区85个(农区38个、牧区47个)、普查小区263个,选聘普查指导员85人、普查员312人;全旗共登记农牧户20107户、规模农牧户1533户、农牧业经营单位847家。

【专项调查和常规统计】 从2月开始,开展全旗住户调查样本轮换工作,在11

个村级单位陆续进行实地绘图、小区拆分、建筑物清查、入户摸底、抽选记账户、现场开户、试记账和正式记账，为2018—2022年新一轮城乡居民收支调查打好基础。严格按现行统计制度开展工业、农牧业、服务业、投资、贸易、人口等22类常规统计调查，并作为包头市试点启动实施新型城镇化进程统计监测和自然资源资产实物量变动表编制工作。

【统计信息服务】利用各类统计资源，丰富《统计季报》《统计年鉴》内容，并严格落实全年统计分析、信息责任到人制度，提高统计产品的服务能力。重点开发《统计专报》《达茂基础数据手册》《领导干部统计手册》等新的统计产品，提升统计服务水平。

国土资源管理

【土地资源】2017年，土地总面积1748229.32公顷。其中，耕地77058.76公顷，林地22177.3公顷，草地1595819公顷，城镇及工矿用地9682.17公顷，交通用地.6431.33公顷，水域及水利设施用地32935.81公顷，其他土地4124.95公顷。

【土地利用总体规划】2017年，进行规划调整。11月28日，所有成果已上报自治区土勘院审查，审查合格后报国土资源部备案即可实施。

【项目用地报批】全年共上报7个单独选址和6个批次项目，总面积为114.6403公顷。

【土地储备、交易、融资】全年共办理土地出让35宗，出让土地152.0623公顷，获取土地出让金3564.0938万元。

【永久基本农田】达茂联合旗实际耕地保有量为7.7007万公顷，比下达任务多出0.0757公顷。按照自治区国土资源厅、农业厅两部门联合工作要求，达茂联合旗全域永久基本农田划定工作任务已全部完成，并于3月底上报国土资源部审核并备案。

【土地综合整治】认真贯彻落实《中华人民共和国土地管理法》，执行最严格的耕地保护制度。2017年，完成石宝镇湾尔图等8个区级土地整理项目的终验；完成石宝镇得水泉等9个土地整理项目的招投标和施工。积极利用社会资金1310.64万元，实施5572亩的补充耕地项目，预计实施后可新增水浇地5540亩。通过耕地流转方式，每亩可增加直接经济效益200元左右。

【执法监察】累计出动巡查车辆467车次、巡查人员1462人次、现场制止违法行为83件，对国土资源违法行为立案29

起，结案 29 起，共处罚没款 91.5628 万元，全年违法案件发现率 95%、立案率 100%、查处率 100%。关停非法加工珍珠岩 32 户、对 1 家铁选厂采取断电措施。

【采矿权登记初审】2017 年度,共出具各类矿区范围调查意见书 40 份。其中,矿权延续 29 份，划定延续 4 份，划定 1 份,抵押 3 份,转让、变更 1 份,建筑用砂石黏土矿新立 2 份。2017 年度，共办理砂、石、黏土采矿权审批 10 宗。其中,新立矿权审批 2 宗，变更采矿权审批 7 宗,延续采矿权审批 0 宗，转让采矿权审批 1 宗。

【矿权使用费征收】对辖区内矿山企业应缴纳的矿产资源补偿费进行清理和追缴,追缴额共 1187.79369 万元,其中白云鄂博铁矿西矿缴纳矿产资源补偿费 1051.29669 万元。征收非金属采矿权使用费 1.42026 万元。征缴费用已全部入库。

【矿产资源总体规划】开展第三轮矿产资源总体规划编制工作。编制完成了《达尔罕茂明安联合旗矿产资源总体规划(2016—2020 年)》。

【地质灾害防治】防范自然灾害引发的安全生产事故,制订地质灾害防治方案及应急预案、成立领导小组。针对地质灾害隐患较大的区域，重新设立警示牌、防护栏,发放防灾明白卡、设立地质灾害监测员岗位等措施,并同旗气象局签署协议共同制定地质灾害预警预报制度,最大限度预防和减少地质灾害的发生。

【地质环境治理】聘请资质单位编制达茂旗地质环境治理总体规划。矿山地质环境治理保证金缴存情况，辖区内 84 宗矿山，共缴存地质环境治理保证金 8412.7637 万元。矿山地质环境治理方案编制情况,提交综合方案的矿山有 81 宗,未编制的 3 宗(因矿权存在纠纷或重新做储量核实)；应提交矿山地质环境分期治理方案的 49 宗矿权，未提交的有 20 宗(部分正在编制、部分因停产多年未能及时编制)。矿山地质环境详细调查方面,完成辖区内在期矿山、无主矿山、历史遗留矿山及部分造成地质环境破坏的探矿权 170 处。矿山地质环境治理方面,已有 43 宗完成矿山地质环境首期治理工作并通过验收。

【不动产登记】截至 2017 年年底，已受理办结不动产证书 926 本,不动产证明 615 本,查询登记 1156 宗,查封登记 83 宗，解封登记 15 宗，注销登记 118 宗。新建占地 135 平方米的综合档案室。

【矿山安全生产大检查大排查】2017 年，全年共出动车辆 480 多台次，人员 1800 多人次。上半年共发现隐患 25 处，立即整改 2 处、限期整改 23 处。完成 203 处废弃矿井的治理工作。

市场监督管理

【监管对象】全旗各类市场主体共6348户，其中企业1117户、农民专业合作社825户、个体工商户4406户，分别占总户数的17.6%、12.99%和69.41%。从产业结构看，第一产业753户，第二产业303户，第三产业5292户，分别占总户数的11.86%、4.77%和83.36%。商贸经营行业为3183户，住宿和餐饮行业为1000户，居民服务和文件娱乐行业为739户，分别占三产总户数的58.54%、20.25%和13.95%。从区域看，百灵庙镇3702户，占58.81%；其他苏木乡镇2646户，占41.19%。

【商事改革】2017年，发展内资企业设立登记253户，注册资本万元，从业人数1122人；累计设立1331户，注册资本299901.8902万元，从业人数19091人；农民专业合作社设立登记61户，注册资本10151元，从业人数326人；累计设立850户，注册资本173797万元，从业人数4939人；个体工商户设立登记793户，注册资本8257.7107万元，从业人数1399人；累计设立4824户，资金54176万元，从业人数9951人。个体户升级公司7户，累计45户；"五证合一、一照一码"登记（变更、换照）发照数830户，累计2015户；办理食品经营许可证601户，其中食品销售264户、餐饮服务288户、小作坊登记证31户、其他食品销售2户。开展2015年度年报公示工作。

【工商管理】个体工商户经营场所定向抽查工作方面，共抽查个体工商户173户，正常营业的个体工商户150户，通过登记住所（经营场所）无法联系（或电话无法联系）的个体工商户23户；将无法联系的23户个体工商户列入经营异常状态，在企业信用信息公示系统予以公示。开展农民专业合作社经营场所定向抽查工作，共抽查农民专业合作社48户，将无法联系的1户农民专业合作社列入经营异常状态。开展经营异常名录移出工作，共移出异常名录（状态）52户，其中企业17户、个体工商户18户、农民专业合作社18户。

【市场监管】红盾护农行动工作方面，共出动执法人员104人次，车辆35台次，检查经营户52户次，抽检农资35个批次，其中6批次不合格，立案7起，结案7起，罚没款32039元，其他案件正在审理中。做好动产抵押登记监管工作，帮助企业特别是涉农企业、中小企业、个体工商户和农业生产者解决融资困难的问题,办理动产抵押登记1份,融资2300万元。

【质量监管】品牌发展方面,“小文公大蒜”被批准为国家地理标志保护产品,《地理标志产品·达茂马铃薯》(DB15/T1168-2017)、《地理标志产品·达茂羊肉》(DB15/T1169-2017)被正式批准为自治区地方标准。产品质量安全“双随机、一公开”监管实现全覆盖。9月,开展以“提升供给质量,建设质量强旗”为主题的质量月集中宣传活动,宣读《达茂旗2017年“质量月”活动重点工作内容》和《达茂旗2017年质量状况通报》,宣传品牌企业、特色企业和品牌产品,对地理标志保护产品和有机牛羊肉产品进行了展示和推广。

【食品安全监管】排查市场主体4048户次,下达《责令改正通知书》466份,列出1956条整改要求,取缔无照经营户25户,下达责令整改通知书66份。签订食品、小作坊质量承诺书434份,下达责令改正通知书93份,食品现场核查书237份。食品检验方面,检验93批次,完成检验收入2.5万元。发现无照、无证经营户39户。建立规范的进货台账,大、中型超市必须100%建立电子台账。

【药品医疗器械监管】医疗器械兼营企业共有55家,开展8项专项整治行动。共检查兼营医疗器械零售药店90家次、眼镜店7家次、口腔诊所2家次、旗级医疗机构8家次、社区卫生服务中心3家次、个体诊所8家次、基层卫生院10家次,共出动执法人员100人次,下达责令整改通知书12份。

【特种设备检查】发现特种设备使用单位存在问题124个,其中立即整改106个、限期整改18个。下达指令书34份。对26家风电企业特种设备进行确认。检测计量器具3389台件,检定加油机180把枪、电子天平17台、血压计5台件、压力表133块、电子计价秤33台、搅拌站拌和秤50台件、水表1671块、燃气表1300块。

【商标品牌】全旗共有140户各类经营主体,拥有186件有效注册商标,其中134件是涉农涉牧产品商标。地理标志证明商标2件(达茂草原羊和达茂小红皮小麦),集体商标1件(达茂马铃薯)。同时,有31件已经取得商标受理通知书。获得中国驰名商标1件(达茂草原羊),内蒙古著名商标4件(达茂草原羊、牧野德彪、毕力格泰、九华图形商标),全部是涉农涉牧产品商标;包头市知名商标17件(果果、万禾、达茂马铃薯、达茂宾馆、百灵河、乡村小子、牧牛财、包达、巧荣、石宝丰域、文公乡情、合教、毕力奇尔、蒙灵、草原明珠、栗天喜石磨面粉、九华(图案),13件是涉农涉牧产品商标。3月以来指导达茂旗石宝镇种植业协会申请注册“达茂黄芪”地理标志证明商标,6月30日已取得商标注册申请受理通知书。重点培育打造“达茂草原羊”“达茂马铃薯”“万禾”“毕力格泰”等商标品牌。

【标准化工作】旅游服务业标准化试

点工作方面,“蒙古人圣地”“神鹰宏浩”两个国家级旅游服务业标准化试点建设项目已经通过国家验收。被自治区评为推进标准化三年行动计划成绩突出旗县市区。全旗共有7家企业获得有机产品认证证书15张，有机种养殖认证面积74224公顷,有机产品种类包括牛肉、羊肉、珍珠鸡、小麦、葵花籽、马铃薯等20多个品种。

【执法稽查】对成品油市场零售企业进行检查,共出动执法人员20人次,车辆10台次配合自治区石化院抽检油样15个,不合格2批次,对2批次不合格成品油均进行了立案并结案，罚没款4.59万元，不合格产品查处率达到100%。开展红盾护农行动,共出动执法人员104人次,车辆35台次,检查经营户52户次,抽检化肥31批次,农膜7批次,抽检滴灌带2批次。其中,2批次化肥不合格,2批次农膜不合格,2批次滴灌带不合格，立案6起，结案6起,罚没款2.82万元。开展食品快检工作,对餐饮单位、蔬菜店、超市等15家食品经营单位的120批次食品样品进行快速检验,抽检药品72批次,3批次不合格,对不合格药品均进行立案查处，不合格产品查处率达到100%。上报药品不良反应35例,化妆品不良反应8例,医疗器械不良反应5例,医疗机构监测报告率达到100%。2017年,查办一般违法案件18件,其中质监案件2件、工商案件5件、食药案件11件,罚没款90670.97元。

【三级监管网络】调整食药安委组成人员,召开六次食药安全联席会议和四次食药安委全体会议,研究部署食品药品安全工作。举办食品、药品、医疗器械从业人员和网格监管人员培训班4期,参训人员达1060人次。配备食品药品监管信息员85名、协管员28名。

【餐饮安全监管】确定B级食品生产企业2家、C级食品生产企业11家、D级食品生产企业13家。评定2家幼儿园食堂为健康食堂单位,2家餐饮服务企业为食品安全示范单位。全旗楼房建成区餐饮企业燃煤灶改为清洁能源灶整改率达到70%、餐饮服务单位明厨亮灶率达到70%；餐饮服务量化分级率达到90%，评定7家餐饮服务企业为A级单位。规范2个自建订餐网络平台和2个第三方网络订餐平台。

【信用体系建设】截至2017年年底，全旗综合年报率为98.05%,高于2016年0.32%近一个百分点。其中，企业应报1129户,实报1054户,年报率为93.36%；个体工商户应报4558户，实报4531户，年报率为99.41%；农民专业合作社应报833户,实报808户,年报率为97.00%。对未公示2016年市场主体139户列入经营异常名录(状态),其中企业75户、农民专业合作社32户、个体工商户32户。开展2016年度企业年报公示信息抽查工作，共对32户企业进行抽查，经查均属正常企业。开展个体工商户和农民专业合作社年报信息抽查工作，共抽查个体工商户173户,抽查农民专业合作社48户。

安全生产监管

【概况】现有编制人数18人,其中行政8人、事业4人、参公6人;实有人数15人,其中行政7人、事业4人、参公4人。

【安全生产】2017年,累计发生生产安全事故6起,死亡2人(其中道路交通施工事故2起,死亡2人;经营性消防火灾事故4起,无人员死亡)。事故起数减少11起,同比下降64.7%;死亡人数减少4人,同比下降66.7%。未发生较大及以上生产安全事故,安全生产形势总体稳定。

【常规检查】全旗共检查4645户次,累计查出问题隐患4237项,立即整改2016项,限期整改2221项(已完成2106项,未完成115项),责令停产整顿45家,罚款49万元。

【专项监察】非煤矿山方面,对非煤矿山企业加强井工矿山、尾矿库、排土场等安全整治,强化对非煤矿山冬季停产停工的安全管理,督促企业停产前对生产场所、设备进行全面清理,严防火工品遗留在生产场所,停产期间要切实做好设备日常维护、保养的安全管理;根据"一井(洞)一方案",聘请包头市泉山爆破工程有限责任公司制定《达茂旗废弃矿井治理方案》并组织开展全旗废弃矿井的排查整治工作。经排查达茂联合旗共有废弃矿井246处,截至12月底已治理完成203处。危险化学品方面,按照相关要求,推进为期三年的危险化学品安全综合治理,摸排重大危险源,加强各环节的安全风险管控。烟花爆竹方面,及时组织对烟花爆竹批零经营企业开展安全专项整治,加强对烟花爆竹储存、运输、销售、燃放等各环节的安全管理,落实烟花爆竹经营长期零售点销售模式,严厉打击在街道上临时摆摊设点销售行为。建筑施工方面,加强建筑施工安全管理,督促各建筑施工企业严格落实安全主体责任和全员安全责任制。道路交通方面,指导、协调交警大队继续开展"两客一危"车辆动态监控管理,依法严厉打击营运车辆非法改装、非法挂靠、超载、超速、超员、非法超限运输,以及无证驾驶、酒后驾驶、疲劳驾驶、肇事逃逸、假牌照、遮挡牌照等严重交通违法违规行为专项行动,坚决取缔非法违法、不达标的营运车辆。特种设备方面,开展特种设备安全专项检查,加强对锅炉、压力容器(含气瓶)、电梯等特种设备的安全监管,重点保障人员密集场所的特种设备安全运行。消防安全方面，对人员密集、易燃易爆、“三合一”及“多合一”场所、农村牧区等容易发生火灾事故的场所单位进行安全生产检查，持续推进电气火灾综合治理，开展消防安全专项治理，严防火灾事故发生。供热、供气方面，加强对换热站、供热管线等关键设备设施检修维护工作，确保供热安全；加强燃气安全检查，对旗内燃气企业、用气大户、个体储运、学校餐厅、火锅类餐饮服务业等场所用气安全情况进行了全覆盖、全方位的安全排查。旅游方面，对全旗范围内的旅游景区、星级酒店、宾馆等领域进行安全生产检查工作。

【宣传教育】主题活动和媒体平台方面，围绕“全面落实企业安全生产主体责任”主题，持续开展“6·16”安全生产宣传咨询日、“七进”活动、《中华人民共和国安全生产法》宣传周等形式多样的活动。利用英雄达茂微信公众平台，及时播发安全生产最新动态；利用《漠南时讯》与广播电台、电视台，宣传安全生产知识、事故案例分析。安全生产培训方面，举办各类培训班及“安全生产大讲堂”15期，培训1090人次。“五级五覆盖”工作落实方面，制定出台《达茂旗苏木乡镇安监站工作实施方案》，建立苏木乡镇、巴润工业园区安监站13个，配备专兼职安监员41名；在嘎查村（社区）建立安全生产工作小组85个，安监员133名，全旗专兼职安监员达到174名，经培训和考试合格后发放“基层安监员”证和袖章，并落实220元/月的劳动报酬。

招商引资服务

【招商引资】全旗共引进国内（区外）到位资金97.44亿元，按可比口径计算，同比增长123%。资金到位数完成市级目标任务的157.16%，提前完成全年目标。签约项目数30个，协议资金总额200.82亿元，当年落地24个，落地率达79.3%，提前全面完成市、旗两级下达的招商引资目标任务。

【招商推介】充实招商项目库，收录入库127个项目，总投资额达1760亿元。编制完成《达茂旗投资手册》《达茂旗PPP项目招商手册》《达茂旗2017年重点招商项目手册》。制作招商宣传片《草原深处涌春潮》，并在今日头条和《包头日报》专版刊发《夯实基础谋发展 精心筑巢等凤来》等宣传资料。

【项目前期】聘请中国石油和化学工业规划院、内蒙古帮融经济发展规划咨询公司等可研院所编制《达茂旗氟材料项目方案研究报告》《达茂旗石墨产业发展规划》等文本资料;编制完成硅锰合金矿热炉及综合利用项目、年产10万吨稀土铜合金等部分工业项目的项目建议书;正在着手编制稀土热稳定剂项目的可行性研究报告。以专业招商和小分队招商为重点,赴北京、上海、安徽、鄂尔多斯、乌海、二连浩特等地就工业、农牧业、电子商务方面开展了实地考察,努力解决在谈项目存在问题,促进在谈项目签约落地进程;积极参加内蒙古自治区与中央企业战略合作恳谈会、第二届中蒙博览会、津洽会等招商节会;组织参加新媒体企业座谈会等各类招商引资座谈会30余次。

【工作机制】结合包头市《招商引资和投资促进工作指导意见》,出台达茂旗《关于进一步加强招商引资工作的实施意见》,主要包括总体要求、突出招商工作重点、创新招商管理工作机制、完善招商市场化运作机制、强化招商工作保障等,成立旗招商引资工作领导小组。

财政　税务　金融

财 政

【财政收入】截至12月底，公共财政预算收入完成5.5亿元，完成年度调整预算的103.78%。其中，税收收入完成4.79亿元，占公共财政预算收入的87.13%；非税收入完成7081万元，占公共财政预算收入的12.87%。2017年，旗十四届五次人民代表大会批准全旗政府性基金预算收入为3000万元。2017年全年政府性基金收入完成2492万元，完成年度预算的83.07%，较上年减收7538万元(政府性基金收入减少幅度较大的主要原因是口岸和文化旅游等土地出让规模缩减)，增幅75.15%。

【财政支出】2017年财政支出19.60亿元，完成年度调整预算指标的88.37%。其中，一般公共预算支出完成18.75亿元，完成年度调整预算指标的88.25%；政府基金预算支出完成8496万元，完成年度调整预算指标的96.24%。

【资金争取】2017年争取上级专项资金10.18亿元，完成目标任务的101.8%。其中，财政部门争取上级专项资金3.13亿元，完成全年目标任务的104.42%。

【重点工作】财政收入方面，加强对税费分析，强化综合协税治税，确保各项税费应收尽收；开展财政收入质量自查工作，针对2016年和2017年前半年一般公共预算收入质量进行全面自查；推动工业经济平稳运行，把稳工业作为稳增长的基础，为企业争取转型升级奖补资金1609.5万元；及时办理各类企业退税事宜。财政支出方面，“三公”经费较上年同期继续压缩5%。截至12月底，全旗公共财政用于民生领域的支出为14.58亿元，占一般公共预算支出的77.77%。财政政策落实方面，加强乡镇苏木财政所建设及改革，12个苏木乡镇财政所已全面完成往年会计账目电子化录入工作。截至12月底，全旗已有11个苏木乡镇财政所完成标准化财政所验收工作，仅剩的1个财政所也在积极准备申报中。2017年，达茂旗综改项目共投入2200万元资金，用于美丽乡村及嘎查村集体经济建设。完成12个苏木乡镇财政所查询和平台升级工作，全年通过民生平台发放的补贴资金累计达3.53亿元。2017年，全年争取农业综合开发建设资金1590万元，完成建设灌溉人工草地4970亩，完成新打机电进14眼，完成输变电线路配套15千米。

国家税务

【概况】包头市达茂联合旗国家税务局(以下简称达茂旗国税局)是于1996年1月25日从乌兰察布盟国税局划归包头市国税局。达茂旗国税局是达茂联合旗主管国家税收工作的职能部门,负责本地区中央税、中央地方共享税及国家指定税种的征收管理,承担着组织中央财政收入和地方财政收入的双重职责。达茂旗国税局现有办公室、人教股、监察室、税源管理股、税政管理股、政策法规股、征收管理股、办税厅、信息中心、百灵庙税务分局、稽查局11个科室,现有在职职工69人,负责全旗范围内纳税人的税收征管。主要税源来源为铁矿石、钢铁、稀土、铜矿、风电、煤矿等产业。

【税收收入】按月了解重点税源企业的生产经营、资金运作及税源实现情况,实施风险企业核查,对上级推送风险企业进行严格检查,查补税款2100多万元;大力清缴欠税,通过约谈和以票控税手段,追缴欠税926万元;通过建立建筑工程项目台账,对建设项目完工及结算情况进行监控,防止税源流失。2017年,累计完成各项税收31204万元,一般公共预算收入11114万元。

【征收管理】推行《全国税收征管规范(1.2版)》《全国税务机关纳税服务规范(2.3版)》,统一部署,开展培训。通过纳税人学堂、电视以及印发宣传资料等形式,向广大纳税人宣传。贯彻落实《国家税务局地方税务局合作工作规范(3.0版)》。认真梳理《国地税合作规范(3.0版)》,对于55项合作事项,除省级、市级完成以外的合作事项,全部进行落实。搭建国、地税信息共享平台,及时交换共享数据。建立国、地税合作实施台账,探索国、地税同业务同窗口的合作模式。地税大厅全部入驻市民大厅,并且与国税大厅整合,做到"同窗口同业务",纳税人办理相同业务可以在一个窗口完成。

【优惠政策】共办理备案类减免443户次,增值税减免共361户次。企业所得税类82户次:农、林、牧、项目所得18户次,国家重点扶持公共基础设施项目所得17户次,金融、保险等机构取得的涉农利息、保费收入2户次;设在西部地区的鼓励类产业企业11户次,小型微利企业所得税税收优惠政策119户次。减免企业所得 28199.08 万元，其中公共基础设施项目减免 27563.13 万元、涉农利息减免 463.53 万元、农林牧项目减免 172.42 万元。减免税款 2006.98 万元，其中西部大开发减免 1954.77 万元、小型微利企业所得税税收优惠政策减免 52.21 万元。

地方税务

【组织收入】2017 年，组织收入总计 8.78 亿元，税收收入完成 5.11 亿元（地方级税收收入完成 4.54 亿元，一般公共财政预算收入完成 3.81 亿元），社会保险费完成 3.41 亿元，其他收入完成 0.26 亿元。达茂旗重点税源企业内蒙古包钢钢联股份有限公司巴润矿业分公司 2017 年全年缴纳地税各项收入 9304 万元；石宝铁矿集团有限责任公司 2017 年全年缴纳地税各项收入 9224 万元；包头钢铁（集团）有限责任公司 2017 年全年缴纳地税各项收入 11688 万元。

【基础管理】2017 年，共有正常管户 4146 户（不包括非正常户及报验户），其中企业 1266 户、事业单位 141 户、个体 2732 户。征管系统操作运用方面，定期排查数据质量，及时清理垃圾数据，提升征管系统操作准确率；通过系统数据操作监控手段加强征管数据质量，提高征管效率。规范税收征管秩序方面，对所辖企业及个体工商户开展调查巡查核查，核查基础信息，内查纳税人涉税资料档案、申报缴税信息、生产用房用地等税收基础数据。

金融监管

【概况】截至 2017 年年底，支行有在册职工 28 人，其中少数民族 4 人，党员 23 人，女职工 4 人，领导班子 5 人。支行内设三部两室，即金融管理部、综合业务部、保卫部、综合办公室、纪检监察审计室。

【信贷政策落实】2017 年，全旗金融业各项存款余额为 42.02 亿元，同比减少 3.36 亿元，降幅 7.4%。其中，住户存款 29.64 亿元，同比增加 1.56 亿元，增幅 5.6%。各项贷款余额为 25.87 亿元，同比增长0.29亿元,增幅1.1%。其中,涉农贷款23.6亿元,同比增长3.93亿元,增幅20%。

【助农金融服务】 截至2017年年底,77个助农金融服务点共办理取款业务15822笔,金额1675.1万元;转账业务11004笔,金额8741.6万元;缴费业务4336笔,金额29.8万元;查询业务36482笔。根据系统显示,77个助农金融服务点中优秀点38个,优秀率49%;良好点9个,良好率12%;合格点13个,合格率18%;行政村业务开展比率94%,活机率43%。

【国库管理】 截至12月底,共办理预算收入95360笔,金额19.3亿元;办理预算支出业务13233笔,金额25.83亿元;办理退库178笔,金额64078万元;更正业务290笔,金额65625万元。

【系统维护】 截至12月底,支行ACS支付系统共发出业务893笔,接收业务215笔。共开立账户470户,销户192户。

工商银行

【概况】 中国工商银行百灵庙支行于2008年4月1日成立,内设营业部和市场部两个部门,现有员工16人。

【存贷款业务】 2017年,全行各项存款时点余额为34200.6万元,较年初增长10624.01万元。其中,储蓄存款时点余额20030万元,较年初增长2134万元;公司存款时点余额9614万元,较年初增长7602万元;机构存款时点余额3340.05万元,较年初增长622.23万元;同业存款时点余额684.34万元,较年初增长76.46万元。

【贷款业务】 2017年全行各项贷款余额为29930.1万元。其中,公司贷款余额26400万元,小企业贷款463万元,个人贷款余额2165.10万元。

【结算与现金类指标】 新开有效结算账户新增47户,完成全年任务35户的134%,完成率全行排名第二。新开结算账户存款时点余额873.75万元,完成全年任务500万元的175%,完成率全行排名第三。财智账户卡较年初增加66张,完成全年任务36张的183%,完成率全行排名第二。

【个金电子银行类指标】 “融e行”客户数净增886户,“融e行”移动端月均动户数1747户。“融e联”客户数净增1682户,“融e联”月均动户数723户。企业网银证书版动户净增数25户。

【社保卡发放】 2017年累计发放社保卡10140张,完成全年7300张发卡任务的138.9%。全年社保卡启用23782张。

农业银行

【概况】2017 年,达茂支行共有员工 42 人,在岗员工中蒙古族员工 18 人、45 岁以上员工 24 人、35 岁以下大学生员工 10 人。支行内设四个部室、两个营业网点:综合管理部、客户部、财会运营部、风险管理部、营业室、广福寺广场分理处。

【存贷款业务】2017 年,各项存款日均余额 18.1 亿元,比年初增加 4.57 亿元(计划 1.7 亿元、完成率 269%)。其中,对公存款日均余额 9.3 亿元,较年初增加 3.6 亿元(计划 1 亿元、完成率 365%);个人存款日均余额 8.8 亿元,较年初增加 9202 万元(计划 7000 万元、完成率 131%)。年末人民币各项贷款余额 5.3 亿元,较年初增加 8800 万元。对公贷款新增 8032 万元,完成计划 227.71%;全年个贷累放 3567 万元,完成累放计划的 102%,创个贷累放历史新高。

【业务经营】2017 年,实现中间业务收入 492 万元,完成年度计划的 91%,收入渠道逐步拓宽。信用卡分期交易额达到 1932 万元,完成率 83.63%,全市排名第二。信用卡收入 187 万元,完成率 122.01%,全市排名第二。互联网金融业务收入完成全年计划 276%。自助银行业务收入完成全年计划 131.39%。电子银行业务完成全年计划 259.98%。个贷业务收入完成 8 万元,完成年度计划 137.5%。贵金属收入 20 万元,完成全年计划 224.55%,全市排名第一。代销基金收入完成计划 73%,全市排名第二。全年实现营业收入 4915 万元(计划 3820 万元,完成率 129%),拨备前利润 3919 万元(计划 2800 万元,完成率 140%),拨备后利润 3626 万元(计划 2250 万元,完成率 161%),净利润 2727 万元(计划 1550 万元,完成率 176%)。

【服务“三农”】由包头农行和浙商银行发起设立的“包头市稀土产业基金”,涉及达茂旗新稀土企业,该支基金为企业先后投入了 5000 万元的资金支持。支持包满铁路建设项目,2017 年已推进到三期,前后共计发放贷款 4.12 亿元,支持基础设施建设。借助唯一一家实现对蒙汇划业务实时到账的银行,为企业提供稳定安全的资金结算服务,2017 年累计完成结算量 8175 万元。助力商品房“去库存”,推出“农民安家贷”产品,累计发放“农民安家贷”698余万元。支持消费拉动经济发展战略,信用卡存量客户4602户,年均用款量累计达到2000万元。助力乡村基础建设方面,包头农行专门设立专项支持“十个全覆盖”的美丽乡村产业基金,专项用于农村牧区基础公共服务设施建设。该基金拨付达茂地区2.3亿元,已完成全额提款,惠及农牧民5余万人。2017年,累计发放惠农贷款2800万元,投放建档立卡贫困户贷款27万元。

包商村镇银行

【经营效益】2017年,贷款利息收入5337.15万元,金融机构往来利息收入109.61万元,存款利息支出153.77万元,同业存放利息支出1560.01万元,实现净利润744.55万元。2017年,共发放各类贷款42382.43万元、9378笔。其中,农户贷款35072.38万元、9070笔,小微企业贷款3684万元、74笔,消费类贷款3626.05万元、234笔。截至2017年年末,存款余额为14202.01万元。其中,定期储蓄存款11018.41万元,活期存款(包括对公类账户)3183.60万元。

信用合作

【概况】2017年,达茂旗农村信用合作联社共设营业网点17个,其中营业部1个、信用社11个、信用分社5个;离行式自助银行10个;助农金融服务点77个。联社机关内设10个职能部门,分别为综合管理部、党工事务部、稽核监察部、风险合规与法律事务部、业务发展部、财务会计部、科技信息与电子银行部、人力资源部、安全保卫部、资金营运部;4个中心,分别为后勤服务中心、信贷服务中心、集中授权中心、监控客服中心。全旗农村信用社共有在职员工205人。

【业务经营】截至2017年年末,全旗农村信用社资产总额为18.86亿元,其中各项贷款余额为11.18亿元。负债总额为16.91亿元,其中各项存款余额为16.44亿元。年末所有者权益1.95亿元,其中股本金余额为1.11亿元。全年实现各项收入1.43亿元。利润总额2035.84万元,净利润1680.84万元。缴纳各类税金371.03万元。

【信贷业务】2017年，涉农涉牧贷款累计投放7.75亿元，占贷款总量的93.6%，超额完成“两个不低于”指标。关注涉农、涉牧、民品民贸小微企业发展需求。2017年年末，小微企业贷款余额4.76亿元。

【电子银行业务】截至2017年年末，达茂旗联社已布设自助存取款机35台、POS机307台；自助柜员机总交易笔数136.59万笔，金额15.88亿元；手机银行交易金额6.38亿元；网上银行交易量0.93万笔，金额4.54亿元。

【普惠金融】2017年，加强对中小微企业的支持帮扶力度。其中，中小企业贷款余额为5620万元；微型企业贷款余额为35297.03万元；个体工商户贷款余额为6690万元。开展农牧户基本信息建档立卡工作，创新尝试推出“农信+民品民贸”混业经营试点，在希拉穆仁信用社设立毕力格泰奶食等产品展示柜。落实精准扶贫责任，完成分配的19户贫困户建档立卡工作，并为其购置近万元的养殖雏鸡、19套养鸡机具；先后向515名国贫户发放扶贫贷款806万元。

商业保险

人寿保险

【概况】中国人寿保险股份有限公司达茂支公司于1992年2月成立，公司下设综合部、个险部、业管部、团险中介和客户服务中心5个部门。

【业务工作】2017年，完成总保费2976.12万元。其中，个险续期保费2093.71万元，首期缴保费完成470万元，十年期期缴保费281.4万元；团险保费148.54万元；银保保费332.18万元；学生险50.81万元。

人民财产保险

【业务工作】2017年，完成保费任务1622.76万元，同比增长8.11%。其中，常规业务实现保费647.31万元，同比增长12.64%。政策性和商业性种植业保险实现保费975.45万元，同比增长4%。保险面覆盖61个嘎查村、431个自然村，惠及12198个农牧户。

【服务工作】政策性种植业保险方面，利用“三农”营销服务部平台对全旗农牧民提供保前、保中、保后服务。2017年，公司为受灾农牧民支付赔款金额达到712万元。创新工作方面，协助农牧户制定防灾减损措施，为农牧民及时提供气象信息，参与企业安全生产大检查，及时查找事故隐患。2017年，购买一台价值23万元的大型拖拉机，通过农牧业局统筹安排到贫困农牧户。做好2018年“支农扶贫担保融资”合作框架协议的签约工作，支持现代农牧业发展。

农村牧区经济

农牧业发展

【概况】全局现有在职人员115名。其中,公务员17名,参公人员26名,事业人员72名;专业人员中拥有高级职称12名,中级职称29名,初级职称23名,管理岗6名,工勤2名。

【农牧业基本情况】全旗播种面积80万亩,马铃薯25万亩;玉米5.1万亩;绿色有机种植28.7万亩(小麦、菜籽、莜麦、荞麦);葵花12万亩;优质牧草4万亩,其他农作物9.2万亩。全旗农业机械化综合水平达到95%,节水灌溉率达到80%:种薯种植面积达到10万亩,年产微型薯4000万粒。牧区实施生态效益型畜牧业,牛羊肉年供给量稳定在2万吨以上。获得“三品”12件,“一标”2件,认证产品1件,注册农畜产品商标87件;“达茂马铃薯”通过国家商标局注册为集体商标,培育农牧业龙头企业24家,培育示范专业合作社25个。全旗已形成30多个品牌、500多个单品的产品体系。2017年,达茂旗被列为“首批国家全域旅游示范区创建单位,农畜产品质量安全监管示范旗”。2017年,黄花滩绿色食品园区获得“自治区示范园区”称号。

【惠农惠牧政策】农牧民购买优质良种公羊的,每只补贴1600元,其中国家补贴800元、自治区补贴800元。2017年购入的安格斯肉牛补贴标准提高到1500元。牲畜暖棚和贮草棚以先建后补的形式给予建设者补贴,牲畜暖棚每平方米补贴150元,补贴面积为49.02平方米,贮草棚每平方米补贴120元。养殖业保险将疾病、疫病纳入保险范围,并规定发生高传染性疾病政府实施强制扑杀时,保险公司应对投保户进行赔偿,各级财政对保费累计补贴达到85%,农牧民缴纳保费比例15%。

【种植业】种植黄芪5700亩,带动农户务工整体收入170万元。辐射带动农户种植黄芪3800亩,实现农户整体种植收益760万元。种植绿色有机粮油作物10万亩。建设规模化、标准化、现代化绿色有机种植基地12处。2007年,先行试点实施滴灌马铃薯1000亩。依托旱作农业技术推广项目,打造马铃薯高效高产示范田1万亩。高垄侧播集成技术,包括地膜覆盖、高垄种植、双行栽培、垄侧播种、水肥一体化、增施有机肥、抗微生物菌剂应用、中微量元素应用、脱毒种薯种植和病虫害绿色防护。示范区马铃薯平均亩产达到3650千克，最高亩产达到4750千克。

【测土配方施肥】调查耕地土壤(0~20厘米)的有机质、全氮、有效磷、速效钾的含量。有机质的含量由东南向西北递减，有机质含量在6.59—33.07克/千克,平均为15.85克/千克,普遍偏低。土壤全氮含量在0.307—4.145克/千克,平均为1.034克/千克,普遍偏低。土壤中有效磷含量偏低,含量在0.41—62.34毫克/千克,平均为7.29毫克/千克。土壤速效钾,其含量为60.9—492.2毫克/千克,平均132.41毫克/千克,配方肥料推广面积达到90%以上。

【农畜产品安全】成功申报21家农畜产品质量安全追溯体系试点企业(合作社)。已成功申报无公害食品企业2家、绿色食品企业3家、有机食品企业7家、国家地理标志保护产品2个。

【肉羊改良】2017年年末,全旗存栏肉羊基础母羊70万只，出栏肉羊110万只,引进草原戈壁短尾羊、杜泊、澳洲白、萨福克种公羊780只,开展肉羊胚胎移植2174只,开展人工授精20000只,自然交配改良肉羊40万只。两年三产母羊达到20万只，个体产出率比上一年度提高15%，良种改良种比例达到90%以上,万只以上肉羊规模育肥场达到3处,千只肉羊规模育肥基地达到15处。

【动物疫病防控】春防累计完成口蹄疫免疫猪2.8万只,羊140万只,牛4.5万头;高致病性禽流感免疫鸡7万羽;鸡新城疫弱毒疫苗免疫鸡5.5万羽;高致病性猪蓝耳灭活疫苗免疫猪2.8万只;猪瘟活疫苗免疫猪2.8万只;小反刍兽疫补免羊60万只,免疫率均达100%。

【动物卫生监督】全年共检疫羊10.8万只、牛0.3万头、马0.9万匹,A证和B证全部电子出证,合格率达100%;养殖场所方面，纳入监管范围的规模养殖场共10家,其中奶牛2家、肉牛2家、肉羊4家、蛋鸡2家。每个场制定12项工作制度,10种记录表格,1项承诺。每季度对养殖场进行检查,共27项内容;共有牛羊屠宰场2家,猪屠宰场1家建立各项制度10项,记录、报表13种,每季度对屠宰场进行检查,共32项内容,进行风险评估,不符合要求的责令整改。

【农机监理】2017年,完成机耕面积80万亩,机播面积达76万亩,机收面积76万亩,机耕率100%,机播率95%,机收率95%,综合机械化率达97%。3月13日至10月13日，达茂旗共补贴农机176台，受益户达到150户，总补贴资金为550.6万元，其中中央补贴资金为500万元、自治区补贴资金为50.6万元。

水 务

【概况】2017年,水务局财政供养人员共有196人。其中:在职职工为106人(高级工程师9人、工程师35人、初级职称28人,研究生3人、大学生本科55人、大学专科43人、高中以下5人),离退休人员90人。

【饮水安全工程】2017年,实施农村牧区饮水安全巩固提升工程,在石宝镇区、前河东队和小以克村实施3处,更新水源井5眼,新建井房5间,水厂管理房5间,安装潜水泵7台(套),变压器7台,铺设管道6.7千米,完成投资336.94万元,受益人口11088人。完成“十个全覆盖”安全饮水工程续建154处,受益16383人,超额完成年初任务。争取牧区水窖工程立项开工,规划8个苏木乡镇,建水窖1984处,受益2204户6606人,项目总投资6700万元,争取上级专项资金4849万元。

【农田水利】2017年,实施三个重点项目:西部节水增效项目修复旧井174眼,更新机井30眼,安装管道348千米,新建井房204间,安装水泵204台,设置地下水位监测设备38套,更新节能变压器20台,架设10千伏高压线路4.9千米,地埋低压线路57.3千米,发展滴灌面积3.5万亩。完成投资3426.71万元。沙源治理二期工程水源节水项目新打水源井32眼,其中大口井8眼,深井24眼,配套水泵32套,新建井房32间,发展节水灌溉面积6200亩,完成投资700万元。小型农田水利牧区节水灌溉项目利用旧井34眼,更新水源井18眼,安装水泵52套,建井房52间,更新9台变压器,水位监测仪6套,渗水井201眼,水泵安装52套,智能水表52套,完成总投资992.42万元,发展高效节水灌溉面积1万亩。三个项目累计利用旧井208眼,新打井83眼,铺设管道505千米,建井房291间,发展高效节水灌溉面积5.12万亩,占下达任务5万亩的102%。完成洪水渠清淤12千米,更换维修低压管道53.86千米,更新水泵10台,完成投资250万元。

【生态修复】实施杨油房水库小流域治理项目,推筑土堰坝1800条,完成小流域治理面积3000公顷。其中,治理沟道240公顷,乔木林200公顷,水保灌木1360公顷,封育治理1200公顷,完成投资1200万元,完成下达目标任务的100%。沙源二期西沟、夹皮沟小流域治理项目通过验收，完成治理水土流失面积15平方千米。推进“引水入达”工程，完成输水管道放线92千米、征拆协议15千米，确定71千米管线坐标，进入征拆程序。

【供水工程】 城镇供水改造工程方面，百灵庙镇供水管网改造续建工程更新管道22.6公里，建检查井14眼，完成水厂蓄水池、加氯间底板浇筑；满都拉口岸及镇区供水工程新建高位蓄水池1座、水源井6眼、管理房140平方米，铺设管道24.65千米，架设高压线约2千米，配160千伏安变压器1台，完成全部设计施工任务，供水规模达到5500立方米/日。百镇分质供水、水源地保护和水质检测方面，编制《百灵庙镇水质达标提升实施方案》和《百灵庙镇饮用水水源地安全保障达标建设实施方案》，年内水质达标工程正与百灵庙镇管网改造工程一并实施；启动水源地安全保障达标建设工程，用5年时间完成。水质提升工程招商引进企业1家，建分散管道供水5处，3处水屋正在筹建中。发挥水质检测中心作用，分枯水期和丰水期对152个自然村的自来水进行水质监测。

【防汛抗旱】 防汛度汛方面，对存在防汛隐患进行整改落实，开展水毁修复和加固工作，完成石宝镇后白音不浪村防洪工程修建和小文公乡西圪旦村防洪护村坝修复。水库维修养护方面，对黄花滩水库溢洪道及增水工程隧洞口、青龙湾水库防汛抢险路、杨油房水库坝坡进行维修养护，完成投资250万元。水库养殖业投放鱼苗30万尾，完成水库灌溉1500亩。

【水资源管理】 利用“3·22”世界水日和水法宣传周，开展以“落实绿色发展理念，全面推行河长制”为主题的宣传活动。年内发放标有节水常识日用品6000多个、水法宣传资料和小册子13000多份，悬挂横幅10条，展出展板4块，在省道210和省道104树立大型宣传牌6块。水土保持监督检查方面，开展水土保持方案编报工作，对已审批水土保持方案的15个项目建设单位进行全面检查，对11家施工企业编报的水土保持方案进行验收，对存在问题和不符合要求的下发整改通知，责令限期整改。年内实施水资源实时监控与管理系统项目，建成水资源实时监控平台1处，安装自动传输水表36块，完成项目投资170万元，争取上级专项资金120万元。依法开展两费征收工作，完成水资源费征收248万元，水土保持补偿费征收500万元，调解查处水事3起。

【水利改革】 “河长制”工作方面，成立“河长制”领导小组，组建河长制办公室，确定旗级“河长制”河流9条、湖泊4个，苏木乡镇76条。完善相关制度，开展验收考核和两级河长公示等各项工作。农业水价综合改革方面，编制工作方案，强化农田水利管理，配套完善计量设施，建立农业水权制度。

【质量监督和安全生产】成立质量安全监督站，对在建水利工程项目及施工现场全时段、全过程和全员安全监管，加强对高处坠落、坍塌、滑坡、触电等安全生产事故的防范，强化施工交通运输安全和汛期施工安全管理。将公开检查与暗访调查相结合，及时发现、整治安全隐患，落实安全生产"零报告"和"月通报"制度。2017年，开展水利安全生产检查20次，召开专题会议4次，对4处隐患进行整改。

脱贫攻坚

【责任落实】制定《达茂联合旗2017年精准脱贫攻坚实施方案》《达茂旗关于贯彻落实中共包头市委、市政府精准脱贫实施方案》和《中共达茂旗委、旗政府关于贫困人口退出的实施意见》。召开全旗精准扶贫工作动员部署大会，明确脱贫目标和具体要求。与12个苏木乡镇签订脱贫攻坚责任状，明确扶贫责任主体和目标任务，引领各行业参与脱贫攻坚。

【建档立卡】围绕对象精准，在2016年精准识别基础上，对已建档立卡数据进行再次梳理，对2014年、2015年退出919名贫困人口进行全面筛查，对识别前存在"财政供养、城镇购买楼房等八类人员共794人"按程序进行比对删除，剩余125人纳入国贫人口序列。删除2016年识别不精准贫困人口191人。动态调整后，全旗共有国贫户1232户2589人。

【五个一批】产业扶贫方面，共到位扶贫专项专项资金2467.11万元，共实施12个项目。会同邮储银行发放扶贫贷款1772万元。其中，贫困户贷款346户962万元，农牧业企业1家、合作社贷款21家贷款810万元。农牧业产业化方面，通过发展订单肉羊、马铃薯、粮油、药材、花卉等产业，延伸产业链条，带动贫困户脱贫。落实国贫户有机种植307户8408亩，每户补贴3000元；花卉订单种植90户20万盆，每盆增收1元；落实肉牛肉羊、肉猪蛋鸡养殖等340户，棚圈181户10860平方米，补贴资金166万元。推行"龙头企业＋合作社＋贫困户"，有19家专业合作社与1063户贫困户建立紧密利益联结机制，建成11个扶贫产业示范基地，建成特色旅游示范嘎查村4个、农牧家旅游合作社20家。落实教育扶贫相关政策，核查后实际中小学在校生97人，享受标准500元/人，共发放补贴资金48500元。通过财政惠农一卡通系统全部发放到位。农村最低生活保障方面，将所有符合条件的贫困家庭纳入农村低保范围，做到应保尽保，对符合低保条件的51人国贫人口纳入低保救助。对未纳入低保的60岁以上国贫人口1015人，60岁以下二级伤残41人，年领取金额不足3500元实行补差政策，发放补贴资金153.5万元。健康扶贫政策方面，现已核实大病61人，慢病841人，残疾89人等因病致贫人员，实行大病集中救治一批、慢病签约服务一批、重病兜底保障一批，贫困人口慢性病日常用药和重病患者个人负担5%的费用，其余95%除医保、商业保险报销后，由医疗基金兜底。免费为1000名贫困患者发放免费药品，免费健康体检1284人，发放健康卡2365张，贫困人口健康档案建档率和家庭医生签约率分别达到98%和95%。“一降四提”报销38人。生态公益林补贴项目和退耕还林工程方面，覆盖贫困户714户1632人，每年人均增收200元以上；有30名贫困人口享受退耕还林补贴每人3000元，50名有劳动能力的贫困人口参与生态项目建设，获得劳务收益，人均可增收5000元。雇用贫困户管护人员20人，每人每年800元。易地扶贫搬迁方面，2016年易地搬迁157户364人，同步搬迁78户183人。搬迁户全部入住。资金拨付2243万元，占总金额2367万元的94.7%。2017年易地扶贫搬迁项目建设安置点43个，搬迁254户546人，其中国家级贫困户166户364人。非贫困户同步搬迁88户182人。

【社会帮扶】落实帮扶产业15个，到位帮扶项目资金2073万元，覆盖贫困人口493户1086人。市领导帮扶已全部对接，引进蘑菇大棚、垃圾填埋厂、地热系统、合作社马酸奶、冷库、棚圈等项目。

【贫困户农畜产品直营店】在百灵庙镇建立直营店一处，配有店面、仓库、冷库。贫困户的农畜产品统一包装和标志，保证质量，如果有质量问题，可以通过标志进行追溯。每位处级领导1000元、科级领导500元购买“爱心扶贫卡”，用以购买贫困户农畜产品。

气象服务

【基础业务】地面观测：达茂联合旗国家基本气象站自2014年运行新型自动站以来，实现气温、地温、气压、风速、风向、降水、能见度等要素的自动观测。实现24小时连续观测，每日08时、11时、17时、20时为定时人工观测。数据上传至国家气象局参与亚洲数据交换。生态监测：开展牧草生育期的监测，包括发育期、开花期、枯黄期等监测，生长期的牧草高度、盖度、优良牧草比、鲜重、干重、营养成分、地上生物量等指标的监测。同时开展土壤水分的监测,包括10厘米、20厘米、30厘米、40厘米、50厘米土壤水分特性特征量的监测。监测数据定期上报自治区气象局和包头市气象局。人工影响天气:通过布设在小文公、石宝、乌克、西河等地11门高炮和1部车载牵引可移动式火箭增雨作业系统以及2座增雨烟炉开展作业。2017年共消耗防雹炮弹41枚、增雨火箭163枚、烟条176根。天气预报:2017年开展的业务有24小时全旗各苏木乡镇天气预报、短时临近天气预报、气象灾害预警信号、暴雨洪涝灾害预警、山洪预警、一周气象信息、未来一个月短期气候预测、森林草原火险等级预报等预报内容。全年共发24小时天气预报365期、短时天气预报105条次、气象灾害预警信号173期(含解除)、一周气象信息45期、每月气候预测12期、森林草原火险等级预报365期。公共气象服务:全年开展春运、游牧文化旅游节、中高考气象服务专报、雨情公报各节假日期间天气预报等公共气象服务。共发布春耕春播气象服务专报11期、春运气象服务专报9期、中高考气象服务专报6期、雨情公报87期、游牧文化旅游节气象服务专报89期。气象防灾减灾:开展“直通式气象服务”,年初,与达茂旗90%以上的新型农牧林业等经营主体建立快捷的“直通式”服务方式,并有合作协议。全年按照全程化农牧业气象服务周年方案开展“直通式”服务。完成全旗12个苏木乡镇、百灵庙镇8个社区气象防灾减灾领导机构全覆盖工作。明确责任人达100%。防雷检测:负责全旗防雷防静电安全检查以及危化工企业、加油站的防雷防静电检测。

【气象服务】完成信息员和助理员人员信息更新和人员培训工作。健全百镇8个社区的气象防灾减灾领导小组并制订应急演练预案。发展基于“互联网+”的智慧农牧业服务。深入农业企业、农机合作社、种养殖大户开展需求调研,服务用户覆盖率达到95%以上。

【自动站综合工作】完成达茂旗境内明安、巴音花、达尔汗、小文公、东河村等地区域自动站的升级改造工作。完成乌兰骨干站的改造升级。完成新版地面综合观测业务软件升级工作。完成对巴音敖包、查干哈达、西营盘气象自动站的升级安装,实现“六要素”自动站乡镇全覆盖。

工业与园区建设

工业经济发展

【工业发展】2017 年,全旗 104 户存量企业开复工 62 户，复工率为 60%。其中,49 户规模以上企业中复工 34 户,复工率为 69%;55 户规模以下企业中复工 28 户,复工率为 51%。2017 年年底,规模以上工业增加值预计增长 9.1%。帮助企业降本增效,为宝鑫特钢公司争取到中央工业企业结构调整专项奖补资金 1745.5 万元;帮助隆盛矿业、华能包头风力发电、金州可再生能源、大唐天宏太阳能发电、申能新能源达茂风力发电、内蒙古京能巴音风力发电有限公司 6 户企业加入自治区电力多边交易市场;为石宝铁矿、隆盛矿业、亿立萤石 3 户企业申请 2017 年度自治区电力需求侧管理专项资金;为蒙普矿业、东源矿业、腾达矿业、鹿达矿业、宏兴萤石、富玉硅铁、渝丰化工 7 户企业申请减免基本电费。帮助企业解决实际困难,新达茂稀土公司 3 月 30 日停产,协调自治区、包头市经信委进行核查验收,通过整改和验收,7 月 31 日正式复工复产;协调自治区、包头市经信委,将包头市宝鑫特钢有限责任公司从《拟撤销钢铁行业规范公告企业名单》转入《需整改的钢铁行业规范企业名单》，保证宝鑫特钢公司正常生产。搭建银企平台、企业与证券中介机构对接平台,为中小工业企业发放贷款 1.8 亿元;推动周边铁精粉企业及球团企业为宝鑫特钢提供原料,宝鑫特钢在旗内购买铁精粉 30 万吨,球团 10 万吨。加强对重点用能企业的考核，石宝铁矿集团、宝鑫特钢等 7 户企业列入考核范围，总节能量为 3010 吨标准煤。

【重点项目】2017 年,实施亿元重大工业项目 31 个，项目总投资 195.77 亿元,续建项目 4 个,除 20 万吨氟化铝项目外,其余已全部复工;新建项目 27 个,除 10 万吨粗铜、20 万吨电解锰项目外,其余已全部开工。

【信息化发展】新建通信基站 56 座,54%的行政村实现光纤到村，旗委、政府、那达慕会场、旗门、女儿山等 16 个公共场所和重点旅游景区已基本实现无线 WiFi 全覆盖。推进电子政务外网,已接入 67 个委办局、12 个苏木乡镇及 8 个社区。启动“达茂旗信息化综合运营管理系统”建设项目,2017 年建成达茂旗智慧城市创新体验中心。

工业园区建设

【概况】党工委下设企业联合党委，管辖6个党支部(机关支部1个、国企支部1个、非公党支部4个),62名党员。园区现有入驻企业19户,其中规模以上企业9户，分别是内蒙古包钢钢联股份有限公司巴润矿业分公司、达茂旗乾通矿业有限责任公司、达茂旗鑫宝孙氏铁矿有限责任公司、达茂旗大千矿业有限责任公司、达茂旗北盛康矿业有限公司、达茂旗荣华矿业有限责任公司、达茂旗荣泰矿业有限责任公司、包头东盛科技有限责任公司、包头市大弘矿山工程有限责任公司。主要以铁精粉生产为主,是包钢重要的原料基地。

【园区经济】全年实现工业增加值8.40亿元，实现工业总产值20.99亿元，实现财政税收1.946亿元，生产铁精粉420万吨。

【园区情况】园区“一区三园”,分别是巴润钢铁稀土原料加工园、巴音敖包新型化工建材园、巴音花煤电用产业园，规划总面积60平方千米。已建成面积9.35平方千米。巴润钢铁稀土原料加工园主要发展钢铁原料、稀土原料、氟硅材料、磷化工和配套物流等产业。巴音敖包新型化工建材园重点发展新型材料和配套物流等产业。巴音花煤电用产业园主要发展煤电用、进口蒙古国资源加工和配套物流等产业。实施亿元以上重点项目6个，已竣工3个，其余正在有序推进。已竣工的项目有:鑫泰电力运检、钢铁稀土原料加工园光电供热、尾矿库技改项目。正在推进项目有:巴润公司采场胶带运输系统工程项目已完成备案、招标、规划设计等前期工作,正在推进环评批复等工作；白彦花煤田开发及煤炭开采项目已委托内蒙古煤炭设计院修编矿业权设置方案，并争取上级资金修编环评等报告书，同时积极与神华国能、包铝、希铝等公司对接,努力推动煤田开发进程；园区基础设施建设项目完成民营企业一期120万吨/年铁精粉管道输送项目建设。

【基础设施建设】编制完成园区基础设施建设项目建议书,完成民营企业一期120万吨/年铁精粉管道输送项目建设，园区向包钢管道输送铁精粉产量达到580万吨/年。

【园区管理】组织民营企业生产经营管理者赴巴润矿业分公司参观学习数字化管理模式，学习北盛康矿业有限公司“精细化、制度化、人性化”管理经验，最大限度增加企业效益。安全生产方面，加强园区安全生产，对园内企业进行定时、不定时的安全生产拉网式检查，全年共开展日常、专项检查20多次，查出安全隐患全部得到整改，全年未发生一起重大安全生产事故。

【园区服务】实行驻园工作制度，每周派驻2名工作人员深入园区，了解企业生产经营情况，帮助企业解决生产中遇到的问题和困难。协调包钢集团公司，帮助园内民营企业及时结算加工费，并将结算比例由原来的25%提高到30%，确保园内企业的正常运转。协调巴润公司扩大采矿量，加大为6家民营企业的供矿力度，年增加供矿100万吨，6家民营企业实现满负荷运转。

新能源产业

【概况】全旗风能资源储量为3181万千瓦，技术开发量为2497万千瓦，占全自治区丰富区风能资源储量的15%，年平均有效风速时数6000小时以上，连续性好、品位高。全旗太阳能年日照时数大部分在3000小时以上，年太阳辐射总量在6000兆焦/平方米以上，夏季日照时数为9—11小时，冬季日照时数为7—9小时，太阳能辐射较强，是全国的高值地区之一。规划风电规模1000万千瓦；太阳能光伏规模150万千瓦。先后引进华能、国电龙源、国家电投、华电、大唐、中广核、鲁能等国内外近30家开发商到达茂联合旗开发风光能资源。截至2017年，全旗核准风电项目412万千瓦、备案太阳能光伏发电项目59.6万千瓦。清洁能源装机和并网总规模分别达到336万千瓦、324万千瓦，累计发电186.3亿千瓦时，实现产值98亿元。2017年累计发电51.3亿千瓦时，实现产值28.1亿元，上缴税金1亿元。

2017年3月，包头市可再生能源综合应用示范区列入国家风电新能源综合利用试点，该示范区项目将大力开发达茂联合旗丰富的清洁能源资源。4月，包头市委托国家电力规划设计总院编制《包头市可再生能源综合应用示范区规划》。6月，规划初稿完成。12月，包头市发改委在北京组织召开《包头市可再生能源综合应用示范区规划》专家评审会。

【项目建设】2017年，共实施清洁能源项目11个。其中，风电项目3个，太阳能光伏发电项目2个，风电供热项目2个,以及爱能森风光热储综合发电项目、新能源电力送出线路工程一期项目、新能源电力送出线路工程二期项目、新能源电力送出线路工程三期项目。各项目具体建设情况:1. 南京风电满都拉4.95万千瓦风电项目: 已核准。吊装风机25台。2.南京风电达茂旗宁风4.95万千瓦风电项目:已核准,吊装风机4台。3.银风汇利百灵庙5万千瓦风电项目: 已核准。风机基础浇筑21基。4.内蒙古包头广恒新能源百灵庙2万千瓦光伏特许权项目:已备案。已并网发电。5.北京京能达茂旗巴音风电场风光一体化20MWp光伏电项目:已备案。已并网发电。6.航天日昇百灵庙5万千瓦风电供热项目。已核准。吊装风机3台。7.达茂旗富磊百灵二期4.95万千瓦风电供热项目:已核准。已并网发电。8.爱能森风光热储综合发电项目。10万千瓦风电项目已核准。已并网发电;1万千瓦太阳能光伏项目已并网发电。9.新能源电力送出线路项目一期:已核准。龙源巴音、富磊、金州、中科蓝天、龙源满都拉、中科蓝天5条送出线路建设已全部完成。10.新能源电力送出线路项目二期:已核准。广恒、天合、安诺吉等8条送出线路已全部完成。11.新能源电力送出线路项目三期:南京风电、银风汇利、航天日昇、中科蓝天风电4条送出线路已完成60%。

电力保障

【建设规模】规划建设改造新建变电站1座、线路11千米、主变2台容量12.6万千伏安;10千伏线路189千米,变压器370台容量3.212万千伏安;0.4千伏线路87千米;计量表计安装4289块;预计总投资为1.6178亿元。

【农网升级改造工程及2016年结转工程】2017年,电网工程共计6项,计划投资共计1.87亿元。其中,主网工程1项计划投资7920万元，配网工程5项,计划投资1.08亿元(2016年结转工程2项计划投资2548.85万元,2017年10千伏及以下工程3项计划投资8256.64万元)。

1. 主网城东110千伏输变电工程取得自治区用地批复文件,相关手续报送旗人民政府。城东110千伏输电工程已全部开工,完成铁塔基础开挖21基,浇筑20基,组塔14基(新建城东110千伏变电站1座，新建110千伏线路7.5千米，新建35千伏线路0.5千米)。

2. 配网工程5项全部竣工。2016年新增农网改造升级10千伏及以下工程投资2286.92万元，新建及改造10千伏线路2.82千米，成套变台62台，0.4千伏线路70.93千米。工程结转至2017年实施，工程于2017年2月13日开工，2017年4月28日竣工。

2016年老旧计量改造工程投资261.93万元，更换三相智能电表74块，单相智能电表964块，变压器终端74块，新增下户线48200米。2016年完成投资11.87万元。剩余工程结转至2017年实施，工程于2017年2月13日复工，2017年5月19日竣工。

2017年中心村农网改造升级工程计划投资3403万元，新建10千伏线路55.6千米，0.4千伏线路87.23千米，新建柱上变压器88台，总容量为9850千伏安，新建户表工程4208户。工程于2017年7月1日开工，2017年12月8日竣工。

2017年机井通电工程计划投资3665.32万元；新建10千伏线路128.47千米，新建柱上变压器273台，总容量为15400千伏安。工程于2017年7月1日开工，2017年9月28日竣工。

2017年城网第二批改造升级工程计划投资1188.32万元，新建10千伏线路12.06千米，改造10千伏电缆1.3千米，新建改造0.4千伏线路2.9千米，改造箱式变压器4台、柱上变压器5台，总容量为3940千伏安，改造环网柜8台，改造户表工程165户。工程于2017年7月15日开工，2017年11月21日竣工。

商贸流通

口岸管理

【项目建设】共实施口岸建设项目20项，总投资38.0232亿元，完成投资约2.8692亿元。其中，亿元以上项目7项，总投资27.56亿元，完成投资约2.55亿元；亿元以下项目11项，总投资1.8632亿元，完成投资约4192万元；辅助项目2项，总投资8.6亿元。另推进建设项目4项。满都拉口岸铁路综合物流园区建设项目总投资7.1亿元，规划占地约723亩。2017年完成场地平整和围栏建设。满都拉口岸铁路专用线建设项目总投资3.73亿元，规划占地501亩，项目前期手续已全部办结。满都拉口岸中蒙互市贸易区建设项目总投资5.7亿元，总占地面积为398亩，建筑面积为86270.82平方米，分三期建设。完成立项等前期手续办理。11月完成土地规划调整，完成场地平整、通水电、211省道至互贸区入口660米的道路基础。满都拉口岸公路物流园区道路及管网建设项目总投资2.93亿元，项目前期手续均已办结。完成2017年工作任务一期工程(道路总长6.3千米)。满都拉进口肉类指定口岸建设项目总投资1.5亿元，分三期建设。2017年建设一期工程，建设办公楼、集装箱待检和扣留区、冷链查验和储存一体化设施、检疫处理场所、视频监控、信息化等相关配套设施及硬化、绿化等室外附属工程。项目前期手续均已办结。完成通水电、场地平整、道路管网、办公楼主体建设、护坡、锅炉房主体、冷库基础建设，围栏工程。已完成一期工程的70%。满都拉口岸公路物流园区建设项目总投资5.6亿元，建设联检楼、办公楼、封闭式仓库、停车修理区。年内投资1.09亿元，建设2座全封闭式环保型大棚，宽100米、长250米、高34米，占地5万平方米。项目前期手续全部办结。其中，一个大棚已完成总工程量95%，另一个大棚土建工程已完成、钢结构已安装四分之一，完成总工程量60%。海关保税仓库建设项目总投资1亿元，建设办公楼、宿舍楼各1栋、堆场硬化5万平方米，配套实施停车场、道路硬化等附属设施。项目前期手续已全部办结，完成楼房主体建筑主体及场地平整、道路硬化等。满都拉口岸至塔本陶勒盖矿运路建设项目总投资约5500万元，建设塔本陶勒盖煤矿——杭吉口岸砂石路。道路总长440千米，南戈壁省境内道路总长205千米，东戈壁省境内道路总长245千米。11月首次实现了塔本陶勒盖煤矿——杭吉口岸的煤炭运输。口岸文旅会展中心(商务宾馆)建设项目总投资约3000万元，建设集餐饮、娱乐、度假、旅游等为一体的文旅会展中心。完成规划设计、选址等前期工作。口岸检验检疫现场查验专业技术用房建设项目总投资约1300万元,占地面积1063平方米,3层建筑面积3223.84平方米。项目前期手续已全部办结。完成了办公楼主体工程。口岸国际贸易“单一窗口”建设项目总投资890万元,进行“三互”通关以及电子设备建设。完成口岸区域摄像监控安装和视频会议室链接,并已接入自治区电子口岸专网。完成货运通道智能卡口和“三互”通关设备安装调试,开通“四进四出”通道智能卡口查验放行模式，并与自治区电子口岸平台专线对接,初步实现单一窗口建设。口岸联检楼维修改造二期工程项目总投资888万元,完成联检楼维修改造。口岸综合业务楼维修改造工程项目总投资655万元,完成综合业务楼升级改造工程。边检出入境游客通道自助电子查验项目投资约500万元，在出入境游客通道安装了电子查验设备和自助通关查验设备。口岸景观门建设及绿化亮化项目建设关区景观门1座,总投资300万元。完成设计初稿。与此同时,以企业垫资方式完成口岸区域建筑外观亮化和户外大型LED屏建设，开展口岸区域道路绿化亮化和休闲广场绿化亮化工程。口岸客运通道涉案财物保管库建设项目总投资300万元，联检楼西南200米处建设1200平方米的出入境涉案财物查封库。完成项目选址、施工设计方案以及土地划拨手续。

【口岸贸易】2017年,备案运营企业有25家，进出口货物达到226.12万吨，同比上年增长182.3%；进出口贸易额11.69亿元,同比上年增长268.77%;出入境人员99553人次，同比上年增长13.48%;出入境车辆47133辆次,同比上年增长47.36%。出口电力17.41万千瓦时,同比上年增长18.6%。缴纳国库海关税金2.11亿元,同比上年增长859.1%。

商贸服务

【概况】全旗有商贸流通企业及个体户3355户，其中三产线上企业4家、餐饮住宿1258家(其中企业40家、星级宾馆3家)、洗浴15家(其中企业5家)、商场超市1188家(其中企业148家)、家政服务企业及个体户22家(其中企业14

家)、物流快递企业20家、汽贸公司10家、美容美发、汽车修配等其他服务业商户842家(其中企业71家),从事第三产业服务业人员约1.6万人。2017年,第三产业(服务业)增加值完成75.51亿元,同比增长7.5%;服务业固定资产投资完成97.7亿元,同比增长15.15%;社会消费零售总额完成24.54亿元%,同比增长5.9%;实际利用外资完成1600万美元,同比增长46.67%。

【项目建设】重点商贸项目建设方面,拓展商贸流通市场空间,上报亿元以上重点商贸项目7个,其中新建项目3个、续建项目4个,项目总投资30.03亿元,2017年度计划投资9.53亿元,7个项目已全部开复工。安全生产方面,先后开展5次大规模的安全生产大检查、4次专项检查工作,对商贸流通、仓储物流、成品油、人员密集场所、粮库、物流园区等重点防控单位进行拉网式排查,累计出动工作人员82人次,检查企业36户,共发现安全隐患74条,并对70项隐患下达整改意见书。发展连锁经营、仓储物流、冷链配送、汽贸公司等新业态,2017年,新增连锁经营餐饮店25家、仓储物流企业5家、汽贸公司3家。

【粮食经营企业】具有粮食收购资格证并在内蒙古粮食收购许可证防伪查询办公系统中备案登记的企业共7家,分别为:包头市达茂旗军粮供应站满都拉军粮供应粮油经销店、包头市达茂粮食购销有限责任公司、达茂旗西河乡乌兰村鑫丰农副产品购销部、达茂旗乡村小子粮油有限责任公司、达茂旗蒙盛达农民专业合作社、包头市达茂粮食购公司坤兑滩粮库及达茂旗乌克镇乌兰三兴面粉厂。完成旗级储备粮轮换工作,通过拍卖的形式将储备的5500吨储备粮出售。

供　销

【概况】达茂旗供销社成立于20世纪50年代初,是一个集农畜产品购销与工业品批零为一体的合作经济组织,有盐业、土产、生资、北疆电子商务、农村牧区产权交易中心5个直属公司,宏达、新合作、北辰农贸、利群再生资源回收利用4个股份制公司。投资5000万元,新建"边贸市场""农畜产品市场""北疆市场"三大综合性市场。投资500万元新建希拉穆仁镇供销合作社,并注册成立内蒙古首家农牧民专业旅游合作社。全社共有在职干部职工11人(合同工5人),下设2个股室:办公室、业务股。

【基层网点】2017年,恢复西河乡基层社、小文公乡基层社，采取联合共建的形式，每个基层社占地面积5亩，纳入项目所在地城镇规划。每个基层社建立了1个农资店，1个日用品店以及农副产品收购中心，配套建设200平方米的储藏库房。截至2017年年底，共有基层社12个，专业合作社13个，资产总额为4040万元，所有者权益为2879万元，其中社员股金2579万元，社有资本40万元，全年实现利润670万元。

【储藏应急中心】项目总投资3000万元，争取补助金2000万元，企业自筹500万元，争取供销系统以股代投资金500万元。占地36600平方米，建筑面积为7000平方米。年均储藏加工23万吨，其中天然牧场1.5万吨，饲料0.5万吨，仓储饲料1万吨，年终销售收入为3800万元，工程主体建设已全部完成，已投产运营。

【资金争取和项目建设】投资6000万元完成达茂旗农副产品物流贸易园区，1#、2#交易厅的框架建设任务，但根据市政府和达茂旗政府对重点项目的重新核实调整精神，对在建的此项目进行压缩，此项目政府不再作为投资主体，转为企业投资项目。产业融合方面，以北疆公司牵头，联合满都拉镇农副产品物流仓储贸易区、神树专业合作社、丰域专业合作社，形成紧密的利益共同体。

【专业合作社】蒙盛达专业合作社：直接组织农户186户，间接带动300户，农户平均增加收入20%，与呼和浩特市农产品超市、农庄合作，实现田间到农庄、超市配货到消费。组织起上海、北京、包头、呼和浩特、深圳农产品推广志愿者600多人。

神树专业合作社：公司注册资金200万元，其中达茂旗供销合作社占股35%，为第一大股东。神树养殖专业合作社主要范围有种植；肉牛、肉羊、鸡的养殖。神树专业合作社购买种公羊10只，其中德美种公羊6只、杜泊种公羊4只；实施同期发情、人工授精母羊200只，拥有羊棚700平方米、种植地500亩。神树专业合作社新建大型的野鸡厂，建养鸡厂房360平方米，由树木围成的天然养鸡200亩，已取得土地和环评手续且已开工。总投资187.4万元，其中中央财政资60万元、地方财政资金47.4万元、自筹资80万元。

白记农牧业专业合作社：公司注册资金100万元，其中达茂旗供销合作社占股35%，为第一大股东。公司占地面积1200平方米，其中新建基础设施建筑面积800平方米，公司布局分布为办公区、员工生活区、生产区、仓储区，其中榨油生产车间300平方米，仓储区300平方米。经营范围主要是种植业、植物油生产、加工、销售以及粮油贸易。总投入268.2万元，其中中央财政资金80万元、地方财政配套资金48.2万元、自筹资金140万元。

石油销售

【概况】2017 年,达茂经营部班子成员 2 名,经理 1 名,副经理(兼安全运维岗)1 名。内设综合业务岗 3 人,小车司机 1 人,非油配送司机 1 人。现有员工 73 人,其中合同化用工 15 人,社会化用工 40 人,有偿解除劳动关系人员 13 人,非全日制人员 3 人,劳务外包 2 人。党支部书记 1 名,宣传委员 1 名,组织委员 1 名,纪检委员 1 名,一般党员 7 名。经营部现有工会主席 1 名,女工委员 1 名,生活委员 1 名。经营部团支部现有书记 1 名,2017 年已无团员。

【成品油销售】2017 年,成品油销售 1.7 万吨,其中汽油销售 1.2 万吨、柴油销售 0.5 万吨。非油小商品销售收入 240 余万元。作为达茂旗地区油品主要供应商,全年保证全旗行政及企事业单位生产用油的正常供应。

【安全生产】2017 年,深入推进 HSE 管理体系工作,组织所属加油站在站内集中开展火灾事故、自然灾害、防盗抢、防恐怖袭击等预案演练。逐级签订《2017 年质量安全环保责任书》。按照上级公司及公安部门相关文件要求,严格执行汽油购买实名登记和证明制度。

粮食购销

【概况】公司现有在册员工 50 人,其中在岗 36 人、企业内部退养 14 人。在册职工全部参加包头市各类社会保险体系,员工月平均收入 3900 元。公司机关内设办公室、财务审计科、业务科。领导班子为董事长(兼总经理)1 名,监事会主席(兼总支书记、工会主席)1 名,副经理 2 名。

【企业财务及经营状况】2017 年,企业现资产总额 8636 万元。其中,固定资产净值1328万元，流动资产7201万元,无形资产106万元。现在企业净资产983万元,经营状况良好,基本保持微利持平状况,未出现亏损。

【仓储情况】公司下设3个粮库,1个面粉加工厂(小麦面粉加工,荞麦米、荞麦面加工),1个马铃薯淀粉加工厂。2017年，包头市达茂粮食购销公司储存有:包头市级储备小麦12500吨、自治区储备玉米2500吨，达茂旗储备小麦5500吨,临储粮12000吨，合计有储备粮32500吨，有效仓容55000吨。

烟草专卖

【概况】现有员工18人,党员6人,设有1个党支部、4个职能股室。辖区共有卷烟零售客户467户，持证率达到人口比例的4.57‰。

【销售情况】2017年，累计销售卷烟4785箱，实现卷烟销售收入1.11亿元,卷烟单箱值23205.85元,较同期增加1020.94元。加大区产卷烟品牌的宣传力度,累计销售区产卷烟1670箱。

【专卖管理】2017年，开展清理整顿卷烟市场的专项行动，累计查处案件16起，涉案卷烟293.5条，案值61789元。许可证管理方面，积极践行“六个办”的服务承诺,推行预约制,确保在2个工作日内完成新办出证工作，其他业务1小时内办结，延续户当场办理立即领取新证,实现了100%立等可取,全年共办理行政许可398卷。

城乡建设

住房和城乡规划建设

【概况】核定编制55名，其中行政编制9名、事业编制46名。2017年实有工作人员95名，其中在职人员55名、合同工40名。内设建筑工程管理所、建设工程质量安全监督站、房产管理所、村镇规划管理所、人民防空管理所、城镇管理执法大队6个机构。主要负责全旗城乡的规划、建设、村镇、建筑业、住宅房地产业、市政公用事业、人防等管理工作。

【城乡规划】编制完成《达茂旗城市修补生态修复工作方案》，执行《百灵庙镇城市总体规划》《百灵庙镇控制性详细规划》和《百灵庙镇河东新区城市设计》等规划文件，编制完成《满都拉镇城市设计》，全年累计发放规划类行政审批125件。推进全旗亿元以上重点项目建设前期手续办理，在规定时间内为项目业主办理完成选址意见，办结率100%。指导12个苏木乡镇启动编制新农村、新牧区"环境综合整治方案"，对全旗范围内的非正规垃圾点进行排查统计，启动中心村垃圾填埋场及污水处理设施等基础设施配套工程。

【城建项目】2017年，实施城镇重点建设项目5大类、41小项，总投资22.07亿元，年内计划完成投资11.8亿元。41个项目全部按时开复工，开复工率达到100%。

【市政基础设施】实施项目22项。其中，新城区道路续建工程、南出口达尔罕路拓宽改造工程、西外环道路取直扩宽工程、沿外环路滨河建筑立面亮化工程、提档升级立面改造工程、哈萨尔纪念公园续建工程、金三角山体公园续建工程、新城区道路绿化工程、新城区绿色廊道续建工程、西出口景观改造续建工程、百灵庙镇河道生态修复工程等17个项目已完成年度建设任务；富磊热力公司技改扩容建设工程、百灵庙新城区道路亮化工程、呼恒乌拉街两侧建筑立面亮化工程、扎达盖河景观河道建设工程、北环矿产资源文化广场续建工程6个工程全部完工。百灵庙镇城区市政道路面积达到92.9万平方米，人均道路面积达到26.5平方米；基本消除有路无灯、有灯不亮现象，城市主次干道亮灯率达98%以上；生活垃圾无害化处理率达到97%；污水处理率达到90%。

【公共服务设施】公共服务设施建设方面共实施项目12项：演艺中心、传媒中心、纪念馆、博物馆续建、哈萨尔酒店、商业综合体续建、法院审判法庭续建、创业大厦二期、卫生疾控中心及保健所迁址新建工程等12个项目已全面完工或完成年度建设任务。

【居民住房环境】全年累计实施百姓安居工程项目12项。其中,500套公共租赁住房续建工程、福音房地产金三角五期商住工程、瑞兴国际东区棚户区改造安置房建设工程、旗委后棚户区改造工程、政府后棚户区改造工程、武警大队后棚户区改造安置房建设工程6个项目已完成年度建设任务;百福和合家苑棚户区改造项目(一期)工程、昕源华庭(二期)棚户区改造安置房建设工程、百灵山庄住宅小区续建工程、百福星河湾房地产开发工程、解放街棚户区改造安置房建设工程、富磊热力公司后棚户区改造安置房建设工程6个项目已全部完工。全年建成安置房、商品房共计1562套,楼房化率达到90%以上。

【棚户区改造】2017年,棚户区改造任务为1450户,与棚户区居民签订协议1142户,企业签订征收协议312户,全年共签订征收协议1454户,完成上级下达的年度目标任务。年内回购存量商品房512套,在全市去库存工作中排名第一。

【公共租赁住房】研究制定《达茂联合旗公共租赁住房分配及管理办法》,按条件已完成分配公共租赁住房350套,完成包头市下达任务(255套)的137%。

【园林景观风貌】推进哈萨尔纪念公园、金三角山体公园、新城区绿色廊道续建、新城区道路、新城区绿化带、北环矿产资源文化广场、西南出口211支线北侧、西出口至立交桥、104省道城中段和庭院绿化等工程,建成区新增绿化面积15万平方米,绿地率达到34%。自治区住建厅专家组已完成对创建园林旗县城的考查验收,并于2017年12月27日内蒙古住建厅命名达茂联合旗为2017年内蒙古自治区园林县城。

【城镇供热】对东岸国际、贝勒小区及呼恒乌拉街沿街商户取缔2台10蒸吨小锅炉供热,统一接入了集中供热管网,城区新增供热面积48万平方米,集中供热总面积达到248万平方米,集中供热普及率达90%以上。

【城建资金】争取资金7550万元,完成年度任务的101%;争取棚改专项贷款2.45亿元。

【安全生产】2017年,召开全旗建筑工程规范运营工作会3次,编制安全监督计划书33份,共开展大型巡查6次,检查建筑工地(企业)48家,发现隐患问题286项,全部完成整改。

【综合管理】及时纠正制止各类违规建设行为6起,依法核发规划审批选址意见54件、规划请示12件、规划条件16件、建设用地规划许可证18件、建设工程规划许可证25件。全年共办理工程报建手续40件、工程施工合同备案18件、监理合同备案22件、竣工备案4件、施工许可证5件。机械化清扫率、垃圾清运率、亮灯率分别达到45%、100%、98%。2017年收缴人防易地建设费456万元，已完成年度任务105万元的434%。

城镇管理执法

【镇容镇貌管理】全年共清理占道经营296处，规范流动摊点363人次，查处暂扣占道经营车辆96辆次。免费审批各类店铺开张、临时促销活动124次。先后拆除不规范及缺损、破旧等有碍市容的广告牌匾42块；取缔城区沿街私自悬挂彩条、横幅174条。严把户外广告牌匾备案关，全年共备案广告牌匾74次。对新区、河东平房区、水塔街、大街等发现的86处违章建筑进行坚决打击，对30处进行强制拆除，56处自行拆除。全年累计清除主次干道喷绘小广告3200多处700多平方米。清除沿街单位店铺破旧对联1800多幅，清除橱窗广告1300多处。

【市政园林管理】对百灵庙镇区756基路灯进行检修，并更换66基节能灯头；更新各街道路灯电缆6.2千米；为艾不盖社区北巷、女儿山公园安装照明路灯46基；维修更换公园广场路灯28基，检修线路3300米。主要街道亮灯率达到100%。

【环境卫生管理】对百灵庙镇成型的33个居民小区乱堆乱放、私搭乱建等行为开展一次摸底排查，经排查，对其中存在问题的18个小区联合百灵庙镇各街道社区开展集中清理整治工作。共拆除小区违章建筑12处，清理乱堆乱放74处，清理各类垃圾190立方米，粉刷喷涂小区小广告2100平方米。定人定点定时对主城区86万平方米街巷进行清扫保洁，做到全覆盖无死角；维修、更换各街道垃圾箱93个。更换主要街道两侧果皮箱120个，在各广场、公园新增公益宣传牌100个；对全镇45座水冲厕所进行检修，将临街5座厕所升级改造成国家二类公厕。规范垃圾运输车辆、转运站和填埋场的作业流程，做到垃圾清运密闭化，生活垃圾处理率达到97%。

环境和生态保护

环境保护

【概况】全局共有 34 人,其中在编人数为 23 人、编外聘用 11 人(合同人员 9 人、临时工 2 人)。

【减排工作】2017 年,重点实施富磊热力公司除尘设备和脱硫塔建设项目、百灵酒厂锅炉改造项目和宝鑫特钢脱硫设施建设项目等减排工程;加大减排企业监管力度,对冀东水泥脱硝设施、聚峰稀土公司和达茂污水处理厂进行全程监管。全年累计削减化学需氧量 50 吨、氨氮 30 吨、二氧化硫 280 吨、氮氧化物 200 吨。

【污染源控制】编制实施《达茂旗 2017 年大气污染防治六项强化措施》,开展"环保利剑""散乱污"企业治理等系列专项行动,出动监察人员 685 人次,对辖区内 57 家企业进行监察。编制完成《2017 年度水污染综合治理实施方案》,推进新达茂稀土公司工业废水处理资源化利用项目的建设进度,开展饮用水水源地水质达标改造工作,达茂第一加油站双层罐改造工程已完工。编制完成《达茂联合旗土壤污染防治行动方案》,完成 3 个环境综合整治项目,希拉穆仁镇呼和点素嘎查污水处理项目已完成厂房和管道建设;完成 2017 年前三季度国家重点生态功能区环境监测数据及自查数据的上报工作。完成哈萨尔景区基础设施建设等 37 个项目的环评审批和富磊新能源等 24 个建设项目的环保验收,92 个亿元以上重点项目环评手续办理率达到 85%。

【专项行动】巴润工业园区污水处理、集中供热问题正在整改。其中,污水集中处理问题已完成整改,园区集中供热改造工程(巴润公司采取宝山公司余热供暖、6 家民营选厂建设光电集中供热)已完成可研、设计等前期手续,年底全部完工。包头市尚未编制"实施违法占用草原项目清理整顿和恢复草原植被方案"问题,旗草监局已牵头编制完成《达茂旗违法占用草原项目清理整顿和草原植被恢复方案(初稿)》;2017 年上半年,土右旗、石拐区、固阳县、达茂旗、白云矿区生活污水处理厂均不同程度存在监督性超标问题,通过招标引进兰州科尔讯环保科技公司进行技术改造,现各项指标均达标;正在筹备建设污水处理扩能及中水回用项目,污水处理能力将由 3000 吨 / 日提升至6000吨/日。

【环境安全保障】对辖区内在产企业按月开展例行环境监察工作,共责令改正违法行为69起,立案处罚35起,实现了“三个清零”和四个配套办法“全覆盖”,其中实施查封扣押4起、移送公安机关6起。完成了对全旗8家危险废物产生单位、18家一般工业固体废物产生单位、3家医疗废物产生单位、1家城镇污水处理厂污泥产生单位的排污申报工作。有力提升企业突发环境事件应急处置能力,积极组织企业开展突发环境事件应急演练。顺利完成8人、3类、11个项目、13个方法、31项次持证上岗考核工作;认真开展环境监测工作,高效运行沙尘暴和空气自动监测系统,空气自动监测站共运行天数329天、有效天数315天、二级以上优良天数达292天,优良天数占有效天数93%,发生沙尘天气12天。

【环保宣教】“六·五”世界环境日之际,在全旗范围内评选最美环保人12名,为保护环境起到了一定的模范带头作用,在全社会形成了人人参与环境保护的良好氛围;同时,结合“环保利剑系列专项行动”,通过深入工矿企业发放宣传单、讲解环保法律法规知识的形式,进一步提升企业的环保意识,为构建人人遵守环境保护相关法律法规奠定坚实基础。

林业生态保护

【概况】截至2017年年底,全旗林业用地面积695.83万亩,有林地面积5.85万亩、疏林地面积0.08万亩、灌木林地面积379.45万亩、未成林造林地面积85.3万亩、无立木林地22.45万亩、苗圃地面积0.06万亩、宜林荒山荒地面积201.58万亩,林业生产辅助用地1.06万亩,森林覆盖率达14.8%。

【国家林业重点工程】2017年,完成京津风沙源治理面积7.5万亩,其中封育5.2万亩、人工造林2.3万亩,总投资1150万元;落实新一轮退耕还林工程1万亩,其中巩固2015年0.8万亩,完成2016年任务0.2万亩,落实惠民资金1500万元,当年补贴完成500万元;争取落实增绿项目0.5万亩造林补贴工程和2万亩低产林改造项目工程,争取项目资金316万元;依法依规对121.18万亩国家级重点公益林和7万亩地方公益林开展核查落界,确保准确有序地将1780多万元补偿资金发放到农牧户。

【重点区域绿化】2017年,国土绿化造林完成4613亩,栽植苗木51.2万株(丛),项目投资1.1亿元,完成年初目标任务的154%。其中，城镇周边绿化完成1458亩，完成神弓转盘景观绿化和S104线至西出口立交桥绿化8千米1720亩，完成河东新区路网绿化和大桥至种羊场6.5千米绿化460亩，完成满都拉口岸绿化230亩，套马沟产业园绿化130亩，黄花滩水库及产业园绿化115亩，石钢工业园区绿化120亩；完成20个美丽乡村、景点、景区绿化完成260亩；西出口义务植树基地绿化120亩。

【义务植树和庭院绿化】百灵庙镇义务植树基地完成绿化120亩。完成果品经济林种植15900株，城乡国土绿化义务植树31.5万株。

【森林资源保护】对涉及牧区8个封山育林和公益林建设项目区工作加强监管，做好抚育更新管理等项工作。共办理征占用林地手续3起，查处毁林案件5起。

【林业产业】农区以精准扶贫为指导，以“合作社+贫困户”为对象，完善3个林业合作社，完成生态经济林种植5000亩，发展果品经济林村庄11个，种植果树、海棠1.59万株，落实柠条林下经济和林带间种中药材等经济作物5000亩。开发实施农区4乡镇林草种植示范区，优先选择贫困户，为养畜户提供优质饲草，推进农牧户舍施圈养。采取合作社和柠条加工厂牵头、农户入股的形式，扶持3个柠条加工厂和林业产业专业合作社进行柠条平茬，带动林业产业发展和农牧民增收。

【生态扶贫】落实新一轮退耕还林覆盖贫困户45户、127人，生态公益林补偿覆盖贫困户669户、1505人，新增贫困户管护员20名，人均增收800元。果品经济林覆盖贫困户1031户。

【林业改革】打造780亩的育苗基地，在第三作业区和迭卜苗圃新打机电井2眼，在百灵庙苗圃新打大口井1眼；实施国有贫困林场扶贫项目，在第一作业区实施低产林改造项目2万亩，将林场2.5万亩有林地、灌木林地纳入国家级重点生态公益林补偿范围，并将实验林场全部林地纳入森林保险范围，进一步对森林资源进行保护。在自然保护区和百灵庙苗圃、林场落实科研基地260亩。

草原生态保护建设

【概况】2017年，将原有的8个草监所增加为10个，分别为：百灵庙草监所、查干哈达草监所、明安草监所、巴音敖包草监所、希拉穆仁草监所、满都拉草监所、巴音花草监所、达尔汗草原监督管理所、西河草监所、石宝草监所。

【禁牧工作】将10个基层草监所全部下派至各苏木乡镇，配合开展落实新一轮草原生态补奖政策工作及禁牧执法工作,2017年禁牧工作覆盖全旗12个苏木乡镇。

【草原监管】加强企业监管，防止企业乱占、乱建等破坏草原的违规、违法事件发生。2017年,共查处企业非法征占用草原案件20起，共处罚款263.26万元。依照《内蒙古自治区草原植被恢复费征收使用管理办法》收取草原植被恢复费49万余元。开展草原植被恢复工作,完成雷达站北坡草原植被恢复800亩,完成那达慕会场周边植被恢复300亩，共完成1100亩。2017年,开展为各类企业提供技术服务工作,共接受企业各类技术服务申请事项90件,并全部办结。

【草原保护】共发放宣材料2000余份、张贴喷绘彩布32处。组织防火队员实践演练2次,其中基层人员2次30人次,机关人员2次、10人次,提高防扑火队员的组织能力、指挥能力和应急应变能力。在重大节假日前对全局车辆进行统一加油、统一停放，确保一旦有火情发生,车辆、人员可及时到位。2017年,全旗无草原火灾事故发生。

交通运输

交通运输管理

【交通事业】截至2017年年底，全旗公路总里程达2878.5千米。其中，国道387.2千米，省道175.4千米，县道662.5千米，乡道680.3千米，专用公路27.2公里，村道945.9千米，嘎查村通沥青(水泥)路率达100%；建成农村客运站9处，苏木乡镇通客车率达100%，行政村嘎查通客车率达70%。

【通村公路】投资7569万元完成4条87.4千米的计划内通村水泥路建设。其中，X088—阿拉腾敖都0.8千米，开令河—珠日和47.8千米，X092—巴音赛罕37.5千米，S104—忽吉日图1.3千米。投资1598万元，实施6条22.3千米计划外通村水泥(沥青)路项目。完成5条15.3千米的通村水泥（沥青）路建设。其中，X090—小白代2.2千米，南卜子—向阳村7.2千米，五塔沟—东毛忽洞2.5千米，S104线—二楞滩新村1.2千米，S104线—呼和点力素2.2千米，还剩1条通村公路(S104线—东土格牧7千米)正在进行路基施工。

【旅游公路】呼吉日图至满都拉段：总投资6亿元，全长157.6千米。其中，主线长109.6千米，两条连接线长48千米，按照三级公路技术标准设计，于4月中旬主线开工，完成投资1.78亿元，路基、桥涵工程全部完成，路面完成17.5千米。呼勒德日苏至明安段：总投资3.82亿元，全长80.45千米，按照三级公路标准设计，于4月中旬开工，完成投资1.7亿元，路基、桥涵工程全部完成，路面完成55千米。明安至三分渠段：总投资4.55亿元，路线全长84.64千米(主线长58.88千米，达茂旗境内33千米)，按照二级公路标准设计，于4月中旬主线开工，完成投资2.17亿元，路基完成40.6千米、路面完成29.6千米。

【公路改造工程】国道210线满都拉口岸至白云鄂博段公路：总投资为29.6亿元，全长158.5千米，按照一级公路标准设计，于4月中旬开工，完成投资4亿元，路基完成134.3千米，路面完成11千米。国道331线乌兰敖包至乌珠尔边防公路：总投资4.3亿元，全长90.8千米，按照二级公路标准设计，于4月底开工，完成投资2.05亿元，路基完成86千米，路面完成33.6千米。省道104线希拉穆仁至百灵庙一级公路:项目总投资13.1亿元,路线全长74千米,采用一级公路标准设计,累计完成投资12.5亿元。工程主体已完工并全线通车,正在进行收费站、服务区及附属工程建设。

【公路养护】承担着全旗13条县乡道路养护工作,总养护里程509千米。其中县道407千米,乡道102千米。现有道班19个,机械养护队1个,配备养护人员140人,养护机械75台(辆)。2017年,投入养护资金300多万元(上级专项),以公路日常养护为重点,深入实施"畅、安、舒、美"工程,全旗公路综合优良路率达到80%以上。已完成油路修补1.2万平方米、油路灌缝7.94万米。为消除公路安全隐患,实施公路安保工程6处,增设防波型撞护栏1070米、减速带29.5米,安装标志标牌188块、爆闪灯7个。

【道班修建】对大苏吉、乌克道班院内进行硬化,对腮忽洞、稀土道班办公室更换门窗;各道班对庭院进行绿化美化,明确管护责任,并指定专人负责日常管护、季节性养护等工作,力争达到最佳绿化效果。完成西河道班打1眼井的任务,对西河道班的庭院进行硬化。

路政管理

【概况】达茂旗路政大队于2002年12月16日正式成立,隶属于达茂旗交通运输局。下设办公室、法制办、稽查中队、巡查中队。现有路政人员17人,巡查车辆3台。

【路政管理】路政大队管辖公路共11条,总里程478千米。其中,县道9条(百额线40千米,乌西线45千米,铁西线29千米,乌太线22千米,石东线5千米,石小线70千米,百查线45千米,百珠线41千米,百巴线80千米)377千米,乡道2条(乌坤18千米、召查83千米)101千米。

【路检路查】完成路巡里程6万余千米,做好穿(跨)公路埋(架)设管线、增设道口等施工安全监管工作,全年无安全责任事故发生。

【路政宣传】发放各类宣传材料1800余份,内容包括《中华人民共和国公路法》、国务院《公路安全保护条例》《超限运输车辆行驶公路管理规定》《路政管理规定》。

航空建设

【概况】达茂旗通用机场位于百灵庙镇呼吉图嘎查，距旗人民政府所在地百灵庙镇直线距离11千米，总投资9600万元，占地面积587.7亩，按照一类通用机场标准建设，飞行区等级为2B，规划运-12及以下机型。达茂旗通用机场确定4条航线：达茂旗至包头二里半机场，达茂旗至呼和浩特白塔机场，达茂旗至乌拉特中旗通用机场，达茂旗至察右后旗土牧尔台机场。

2017年，航站楼、塔台、联络道、停机坪、跑道、道肩、油车库、动力中心完工，跑道刻槽、灌缝完工。导航台、气象自动观测系统等航管、弱电土建工程完工，机房设备安装完毕，塔台、动力中心设备厂家生产中；宿舍外挂石材完工，食堂正在挂石材；宿舍和食堂区域硬化完工，跑道北侧绿化完工。飞行区、航站楼区围栏完工。附属道路围栏、绿化、路灯完工。

铁路建设

【跨境铁路建设项目】拟实施满都拉口岸至珠恩巴音跨境铁路，全长约245千米，拟投资约45亿元。项目已上报国家发改委。蒙古国外交部、交通部、铁路局等部门已初步确定蒙古国境内铁路走向和与中方铁路对接位置，并已上报蒙古国政府，提议将此铁路列入蒙古国路网规划中。已纳入年度中蒙双方重点合作项目高层洽谈内容中。

【包满铁路三期巴音花至满都拉段工程项目】总投资4.86亿元，建设巴音花—满都拉段铁路26.133千米。2017年完成路基、桥梁、涵洞工程，铁路站、通信、信号、电力等基本完工。

邮政 通信

邮 政

【业务工作】2017年,完成邮政总收入780.72万元，完成市公司预算的102.58%,列全市第一位。代理金融业务方面,储蓄业务实现收入424.26万元,同比增长16.68%，保险业务完成78.01万元,完成市公司预算的91.78%,列全市第二位。包裹快递业务方面,全年共实现业务收入33.06万元,完成市公司预算的103.32%,列全市第四位。增值业务方面,业务收入实现93.04万元，同比增长10.68%，完成市公司预算的92.97%,完比列全市第六位。其中,短信业务实现收入62.9万元，完成年初预算的89.86%,代收费、双代业务累计实现收入10.98万元。函件业务方面,累计完成收入26.13万元，完成市公司预算的100.5%。集邮业务方面，累计完成收入68.25万元,同比增长30.37%，完成市公司预算的139.28%,列全市第三位。报刊发行方面,累计完成收入51.27万元,销售《盛世大阅兵》57册,预定《读者阅味浓》350套。2017年报刊大收订累计实现流转额164万元。分销业务方面,全年累计实现收入5.01万元。

【网点建设】两个网点实现WIFI全覆盖,均配备叫号机,百灵大街营业所新增CRS 1台,配备存折打印机1台,设置电子银行体验区及设备。

移动通信

中国移动

【概况】公司共有合同制员工29人，劳务派遣员工5人,领导班子1人,综合部4人,客户响应部15人(片区11人,集团客户部4人),市场部14人(后台支撑4人,渠道3人,前台营业员4人,营业厅经理1人,其他2人),自营厅一个,手机卖场3个,专营店18个(城区11个,乡下7个)。

【网络建设】共建设物理基站250个,逻辑基站430个(2G基站177个,3G基站65个,4G基站188个),建设光缆总长2124千米(架空976米,地下置埋1208米),主干光交61座,接入汇聚网机房19座。

【业务工作】2017年,业务收入完成5680万元,增长了0.03%。截至2017年12月,移动用户61553户(2/3G用户20015户,4G用户38627户);宽带用户7432户,其中城区2315户、乡镇网格5051户。

中国联通

【概况】光缆长度已达到3231.43千米,宽带网络已覆盖全旗12个苏木镇及周边主要村庄嘎查。

【业务工作】2017年,净收入完成1924.98万,移网用户25743户(2G用户6377户,3/4G用户19366户);固话用户2736户,宽带用户6231户,其中城区5116户、乡镇网格1115户;互联网光纤用户61条,数字电路109条,网上报税用户211户。

【网络建设】2017年,新建移动网络宏基站5座。年内解决1个小区、2个商业街及公园的深度覆盖,建设2台应急车。2017年,共计下乡抢修794次,行驶83453千米。完成石宝、召河、大苏吉、西河营路新村、乌克大汉海南北新村、古勒畔行政村改成FTTH接入方式。对3271千米光缆线路15321根杆路,31个接入网机房进行巡检,及时协调处理发现的问题。

中国电信

【概况】2018年全旗新建4G基站6个,覆盖1万多户居民。4G基站62个,2G基站35个。建设光缆长度达470千米,管道长度达20千米,2018年百灵庙镇(城关镇)光网格已建成。宽带开通小区31个,覆盖用户1.29万户,覆盖率为73%。

【主要工作】达茂电信分公司服务宽带用户数5180户,4G在网用户数为11500户,天翼高清发展完美酒店联盟18个客户,拉动宽带新入网1510户。达茂旗医院阳光病房129间。智慧城市项目WIFI覆盖工程已完成,主要覆盖百灵庙镇以及主要景区。

教育 科技

教育事业

【概况】 全旗有中小学、幼儿园19所。其中,完全中学1所(寄宿学校),九年一贯制学校2所(寄宿学校),标准化小学6所(寄宿学校4所),公办幼儿园6所,民办幼儿园4所。全旗在校中小学生、幼儿共计6397名。其中,幼儿1883名(民办在园幼儿434名),小学2995名(寄宿学生211名),初中1112名(寄宿学生219名)、高中407名(寄宿学生143名)。全旗现有教职工1046名(在编教职工954人),其中专任教师928名(幼儿园专任教师87、小学专任教师417名,初中专任教师319名、高中专任教师105名)。

【硬件建设】 投资1300万元,建设面积3480平方米的达茂旗足球馆于10月底竣工。投资260万元,1200平方米的百灵庙第二小学体育活动室10月中旬完工。投资310万元,百灵庙第二小学改扩建操场6019平方米以及大门、警务室、水冲厕所建设于8月中旬完工。投资188万元,面积1050平方米大苏吉小学附属幼儿园11月初完工。投资120万元,民族幼儿园和第二幼儿园教学楼外墙保温、红格塔拉和希拉穆仁幼儿园操场建设及铺设人造草坪于8月完工。投资200万元,面积1100平方米的满都拉国际联谊小学教师周转宿舍楼主体工程于10月中旬完工。投资55万元,面积260平方米的百灵庙第二中学水冲式厕所于9月底完工。完成百灵庙第一小学操场扩建棚户区拆迁预留面积9887平方米、百灵庙中学新建体育馆棚户区拆迁预留面积2200平方米。

【教师队伍建设】 招聘特岗教师46名,完成各级各类校长、教师培训达2500余人次,校际间流动教师共28人,其中城乡交流15人。出台了《达茂旗教育局机关事业单位工作人员考勤的规定》《达茂旗教育局中小学教职工按劳分配指导意见》。2017年,达茂联合旗参加国家级课改博览会成果展示1人获课堂示范优秀奖;参加"一师一优课、一课一名师"晒课活动,达茂联合旗初中、小学两个学段教师入围"部级优课"6名,"省级优课"的24名,"市级优课"67名;市级中小学幼儿园"学科带头人",共报送5人参评,5人入围;市级"教学能手"5人入围;初中教师"基本功"大赛获一等奖2人,二等奖6人,三等奖5人。

【安全工作】将校园和师生安全工作列入教育工作重中之重，为各中小学、幼儿园配齐了微型消防站。2017年秋季开学,各中小学、幼儿园推进了“三见警”(见警察、见警车、见警灯)工作,配备了“三见警”设施设备。学生安全教育方面,经常性开展消防、交通及重大自然灾害自救逃生演练；积极配合全旗安全生产大检查,校园、食品和周边,做好安全生产大检查“回头看”和整改落实工作。

【课题研究】2017年,扎实有序地开展已立项的“十三五”课题研究工作。组织课题研究教师多次进行旗内外教育科研学习培训,借鉴成功经验;邀请专家作教育科研专题讲座与教学实践活动指导。开展调查研究,广泛听取学生、教师、家长对课堂教学改革的意见和建议,结合“小组合作学习技能方法探究”课题研究,逐步修改、完善“能动学堂”各环节具体要求,初步构建起科学高效的课堂教学评价体系,增强了课堂教学效益。

【素质教育】举办达茂旗第十九届少儿艺术节暨乡村学校少年宫文艺展演,承办达茂旗第四届全民运动会等大型活动。校园足球方面，招聘足球专业教师4名，聘请足球专兼职教练5名。3月28日,蒙古族学校小学男子足球队在海南足球基地集训期间,参加2016—2017学年“一带一路”内蒙古国际青少年足球冬令营“蒙草杯”足球比赛荣获冠军,受到了国家民委主任巴特尔的亲切接见。在“市长杯”青少年校园足球四级联赛上,蒙古族学校小学男队和初中女队分别获得了第三名、初中男队获得了第六名、小学女队获得了第七名的骄人成绩。

【普通高中教育】制定《关于在百灵庙中学开展分层教学改革实验的实施意见(试行)》,根据学生的个体差异,学科学习能力差异开展分层教学改革实验,关注不同层次学生发展，培养学生学习兴趣，努力提高教学质量。百灵庙中学高考本科上线57人,本科上线率36.31%。其中,普文普理二本上线32人（超出市教育局预测数12人),艺术类上线25人。

与包头市青山区北重三中建立结对共建关系,派出副校长徐俊到北重三中挂职锻炼,全年与北重三中开展教师间交流7次，达50人次。重视教师业务培训工作,“蓝青工程”有序开展。邀请“班俊英中小学名师讲坛”6位名师为学校教师举办题为“遇见最好的自己”的教育讲座。年内,教师外出培训100多人次,校内培训350人次。

【义务教育】全旗共有义务教育阶段学校8所。其中,九年一贯制学校2所:蒙古族学校、百灵庙第二中学;小学6所:百灵庙第一小学、百灵庙第二小学、乌克忽洞镇小学(乡村学校)、石宝镇小学(乡村学校)、大苏吉小学(乡村学校)、满都拉国际联谊小学(乡村学校)。另外,百灵庙中学设有初中教学班。义务教育阶段学生4107人。其中,蒙古族学校553人(小学

395人，初中158人），百灵庙第二中学1030人(小学195人,初中835人),百灵庙中学初中119人,百灵庙第一小学835人,百灵庙第二小学1129人,乌克忽洞镇小学86人,石宝镇小学273人,大苏吉小学82人。2013年以来,义务教育阶段学校全面推行“阳光招生”“阳光分班”,中小学划片就近入学,全部取消重点班。全旗义务教育毛入学率100%，巩固率达到93.5%，义务教育基本均衡发展水平得到进一步提高。有效落实了完善义务教育阶段学生课后服务经费保障机制,增强人民群众对优质教育服务的获得感。2017年，百二中中考重点高中上线23人，重点高中上线率6.2%,中考最高分597分(全市排名第97名)。

【学前教育】全旗共有幼儿园10所(含民办幼儿园4所),自治区示范幼儿园3所(第二幼儿园、民族幼儿园、蒙古族幼儿园),包头市示范幼儿园2所(石宝幼儿园、红格塔拉民族幼儿园)。预算投资188万元新建的面积1050平方米的大苏吉小学附属幼儿园主体工程于10月完工。形成了以百灵庙镇内4所公办幼儿园为依托,辐射3所乡镇村级幼儿园的办学格局和覆盖城乡、布局合理的学前教育公共服务体系,较好地满足了适龄幼儿的入园需求,全旗学前三年毛入园率达到98.36%，位居全市前列。全旗共有在园幼儿1883人。其中,民族幼儿园324人,第二幼儿园282人,蒙古族幼儿园312人,石宝幼儿园143人，红格塔拉民族幼儿园294人，希拉穆仁幼儿园29人，满都拉国际联谊小学幼儿班12人,民办幼儿园434人。另外,大苏吉小学、乌克小学幼儿班53人。2017年,学前教育招生规模进一步扩大,设施设备进一步改善，保教水平持续提高。2017年3月,蒙古族幼儿园晋升为自治区级示范幼儿园;投资120万元,完成民幼和二幼教学楼外墙保温,红格塔拉和希拉穆仁幼儿园操场建设及铺设人造草坪建设项目。举办达茂旗首届“能动乐园”幼儿教师教学基本功大赛表彰暨专业技能培训会。

【民族教育】蒙古族学校蒙授中考综合成绩名列全市第一，全市蒙授中考个人总分前10名中蒙校占7名。“能动学堂”课堂教学改革方面,承办了自治区“名师工作坊”中西部盟市小学数学课改研讨及“额格日乐名师工作室”启动仪式,利用“同频互动”为自治区各盟市提供课改示范课，派出部分教师赴锡林郭勒盟等地指导课改教学，蒙授三语课改影响力进一步提升。民族传统特色文化教育教学方面,蒙校学生多次参加国家、省、市级蒙古象棋、少儿博克、青少年相扑比赛,并获得较高级别多个奖项。各民族幼儿园经常开展民族特色教学活动和家校活动，民族幼儿园办学特色显著增强。不断加强对蒙教育交流,双方交流合作互动频繁，接待了蒙古国东戈壁省省长一行考察，旗政府组织教育考察团赴蒙古国东戈壁省和乌兰巴托市考察,与东戈壁省签订了教育交流合作协议。邀请蒙古国3支中小学足球队共60多名师生参加了达茂联合旗举办的中蒙足球邀请赛和夏令营。蒙古族学校和民族幼儿园分别与蒙古国乌兰巴托第50学校、肯特省巴音敖包苏木学校、乌兰巴托第37幼儿园及肯特省巴音敖包苏木幼儿园签订了友好学校交流合作协议,年内邀请蒙古国校(园)长、教师到达茂联合旗开展教研教学交流3批次共计33人次,民族幼儿园赴蒙古国开展教育交流3批次共计14人次。

【职业教育】职业学校方面,成职教科组织相关人员利用三天时间考察呼市环城职业学校、内蒙古卫生职业学院;包头职教园区的机械工业职业学校、机电工业职业学校、包头服务管理职业学校等学校,考察了汽车维修和汽车营销、会计电算化、计算机网络、护理、助产等学科。重点对学校的办学条件、师资力量、特色精品专业、课程设置、实训设备、实训场地、就业前景等进行了详细了解和实地考察,后又组织学生及家长113人(包头42人、呼市71人)对上述中职学校进行实地考察。先后对全旗毕业年级学生开展两次摸底登记,为150多名学生提供指导服务;组织初中毕业年级学生参加包头市初级职业教育专业课考试并发放了绿色证书,合格率100%。2017年,初中毕业生未达到普通高中分数线的有211名,最终就读于普通高中35人,职业高中、中等职业学校132人,18名学生复读,26名学生暂时未上任何学校或不再继续读书。

【成人教育】2017年,中国地质大学网院招收学生71人,江南大学网院招收学生33人,各级各类学生毕业100余人。通过教育局招生考试中心报考成人高考60人。

【未成年人思想道德建设】2017年,开展学雷锋活动、清明祭英烈活动等“我们的节日”系列主题活动,进行“美德少年”评选和向美德少年学习活动。各学校组织开展对留守儿童、孤残儿童、单亲儿童的关爱和帮扶活动。设立未成年人心理健康辅导室,朵兰戈尔社区建立未成年人心理健康辅导站,配备相关专业设备,并积极开展活动,为未成年进行心理疏导。将校园文化建设与校园周边文化建设作为未成年人思想道德建设的环境土壤,开展弘扬中国精神,弘扬中华传统美德,弘扬社会主义核心价值观的校园文化建设。

【干部人事档案专项审核】按照《关于开展干部人事档案专项审核复查工作的通知》(包组通字〔2016〕68号)文件要求,进行详细核对、分类整理、查漏补缺等系列工作。教育局管理教职工档案共2167人,其中在职1104人(在编在岗的1048人,合同制教师28人,临时聘用教师28人),退休1063人干部人事档案。2016年6月30日至10月9日,由北京航星永志科技公司整理、查缺1017卷,电子档案制作984卷，已全部完成。复查档案数1104卷,其中,重新认定26个,重出《干部任免审批表》218份，出生日期不一致的210份,参加工作不一致的215份,入党时间不一致的115份(按照组织部要求已完成相关材料补充并已归档)，涂改档案数107份,与以上人员都进行谈话并提交了书面检查。

【学生资助管理中心工作】2017年,为1169名大学生办理生源地信用助学贷款,贷款金额868.12万元。回收贷款金额265.50万元,其中回收本金205.11万元,回收利息60.39万元。新成立的达茂旗教育救助基金募集资金8.6万多元,已发放资助金4.3万元。共为43名2017年城乡低保家庭子女普通高校新生发放资助金155万元，资助金额每生3万元或4万元;为8名建档立卡大学新生发放资助金27万元；为百灵庙中学434人次的贫困学生发放普通高中国家助学金43.4万元，平均每生每年2000元；共为84名2016年、2017年在校建档立卡大学生发放资助金122.5万元;为133名建档立卡中小学在校生发放每名学生500元的交通费，发放金额6.65万元。为达茂旗40名残疾和建档立卡2017年大学新生争取“泛海助学金”20万元。

中学教育

百灵庙中学

【概况】学校现有教职工117人,专任教师91人。其中,有国家级模范教师、优秀教师各1人，自治区优秀教师5人,包头市名师4人；自治区学科带头人1人,市级学科带头人4人,自治区、市级骨干教师34人,市级教学能手13人;正高级教师1人,副高级教师61人,一级教师23人,全日制硕士研究生9人,教育硕士3人。2012年9月,学校又恢复了初中招生。全校现有教学班19个,其中初中5个班、高中14个班;在校生530人,其中初中生121人、高中生409人 。

【教育教学】2017年,围绕课堂教学中心,以教学五量化为重点,抓好常规教学;以校本教研为突破口,加强教师队伍建设;以“能动学堂”为抓手,全面提升教育教学质量。对导学案、作业、多媒体使用、录播上课量进行检查 (每月一次)公示,检查结果纳入年终绩效考核。做好三大类(高考、学考、中考)考试工作,市级考试的资格审查、网上报名工作。校内组织观摩课、公开课、新教师汇报课160节,专任教师超额完成旗教研室规定听课任务。年内举办研讨会3次、讲座3次;举行"能动学堂"带头人比赛,评出"能动学堂带头人"16人。完成培训350多人次。安排特长生专业课培训,抓好文化课集训学习。2017年,高考超额完成市教育局预估的指标任务,实现普文、普理本科上线32人、艺体类本科双上线25人。

【德育工作】2017年,百灵庙中学校团委获得达茂旗"五四红旗团委"称号以及达茂旗"红旗大队"称号。百灵庙中学蒲公英中队获得"包头市优秀中队"称号。

【校园文化】在校门口两侧布置展板12块,内容涉及校风、校训、教风、学风、办学理念、师德师风、安全教育等;在教学楼前布置展板16块,内容涉及美德少年、校务公开、党风廉政、校园风采、时政专栏等;在教学西楼布置展板8块,主要为学生的特长展示提供场地。

【办学成绩】2017年,百灵庙中学参加高考人数135人。普文、普理二本上线32人(普文、普理比预测人数超出12人),艺体类本科双上线25人,上线本科共计57人。

百灵庙第二中学

【概况】学校现有在岗教职工164人。其中,研究生学历1人,本科学历146人;学生1131人(小学生209人),36个教学班(小学9个教学班)。

【学校管理】2017年,修订和完善百二中《教职工考核奖励制度》《毕业年级教师奖励方案》《师德考核办法》《职称申报、评聘工作方案》等。按不同岗位,分类实施,量化打分,积分排名公示,作为年度考核、评优选先、职称评聘、激励竞争的主要依据。通过岗位聘用,将环节干部与年级组进行重组合并,中层干部同时兼任年级主任,双重管理、双重服务,摸索、思考、试行级部管理、减少管理层级,加大服务力度。完成网络培训4590课时,培训311人次,校本培训4次968人次。派出139人次赴上海、北京、呼和浩特、包头、延安等地参加各级各类培训。

【教育教学】开展校长、教师论坛学习2次、师德师风专题讲座2次;采取问卷形式在学生和家长们针对学校教师的师德师风做了调查,发放调查问卷260份,满意度达85%以上。与一机二中结成共建学校,通过开展互派3位教师蹲点跟岗支教,分4次互派教师共65人观摩听课、说课、评课,开展班主任工作交流会1

次。将足球课列入课程表，成立班级、年级、学校足球队，校足球队每天早晨训练一小时。举办“校长杯”足球赛2次，参加2017年达茂旗“旗长杯”足球赛，初中组足球代表队夺得了亚军，小学组代表队夺得了季军。6月，接受了内蒙古自治区校园足球特色学校的复核检查，被命名为“国家级校园足球特色学校”。

【德育工作】学校围绕社会主义核心价值观，开展文明礼仪教育、诚信教育、理想教育、班风学风教育等多主题、多形式的主题班会。坚持每周一升旗仪式，开展“国旗下演讲”25期，每天三个时段的“为你读诗”429期，出校报专刊6期，不同内容的主题班会22次，少先队队会共38次。

【办学成绩】2017年，中考参考人数367人，统招、分招重点高中上线38人，重点高中升学率达10.4%，普高上线人数233人，普高上线率63.5%。其中，165班卓拉同学以597分的好成绩居全校、全旗第一名，在全市2万多考生中排名97，被包头市第九中学录取。

【课堂改革】开展百灵庙第二中学党员星级管理创建、党支部结合“蓝青工程”和“能动学堂”课改开展了“五双”创建活动。以“能动学堂”为标准，加强教学常规管理。通过听课、查阅导学案、班级日志、听课笔记、作业、成绩分析，检查集体备课、巡课，召开质量分析会等途径对教学情况进行全面检查督导。2017学年，各学科集体备课平均13次，检查班级日志33次、导学案4次、作业4次，召开质量分析会8次。开展导学案设计展评2次、研讨活动11次，举办第十届基本功大赛暨第三届“能动学堂”大赛。

蒙古族学校

【概况】学校现有教学班21个(小学教学班12个，初中教学班9个)，在校生565人，住校生89人。教职工106人，其中专任教师76人。学校现有教学楼、实验楼、学生宿舍楼、综合服务楼、标准塑胶运动场、体育馆、实验室、微机室、图书室及各类活动室一应俱全。连接有光缆宽带网、远程教育网、校园网，各办公室配备有台式电脑，给全体职工配备了笔记本电脑，在每个教室安装了交互式白板多媒体教学设备。

【学校管理】校园安全方面，成立“安全工作领导小组”，制定校园安全的实施方案，确定专人负责校园安全工作，细化和明确了各部门的职责，有计划、有组织的开展工作。安全教育活动方面，要求任课教师把安全教育融入课堂教学内容,修改值周制度,将以前的全员值班改为每周1名校领导带领4名环节干部进行24小时值班,确保全天候无死角的校园安全管理和行政管理。依照每周一次自查、每月一次联合检查要求共进行10次安全自纠自查。加强师资培训,全年参加市级以上培训的教职工84人次,参加旗级培训41人次。开展校本培训5次,举办专家讲座2次,开展专业技能培训3次,校本培训人数达238人次。

【教育教学】深入推进课堂教学改革,完善形成具有学校自身特色的课改模式。承办自治区“名师工作坊”中西部盟市小学数学课改研讨活动。全校推行集体备课制度,利用每周二教研组活动时间开展集体备课活动。学校承担全区蒙语授课教学资源库建设任务,承担“蒙语授课中小学数学三步教学法”“蒙语授课小学蒙语文过四关”“蒙语授课初中理科尝试教学研究”“蒙语授课初中蒙语文阅读理解”“双语教育考试和评价制度改革” 等5个自治区课题,1个市级课题和2个旗级课题。4月,包头市北重二中与学校建立手拉手友好学校关系。10月,蒙古国乌兰巴托市第50学校和肯特省巴音敖包苏木学校与学校签订友好学校合作协议。12月,乌校长一行四人赴蒙古国乌兰巴托市第50学校开展为期一星期的教学研讨交流活动。

【校园文化】制订学习计划,组织党员自主学习,开展领导干部和老党员讲党课活动。建立健全各项制度,不断提高“三会一课”质量,完善民主集中制制度,做到重大问题集体讨论决策。召开全体党员大会,以学校劳动模范党员周玉荣的先进事迹为主题内容,探讨党员如何学习身边劳模,争做新时期党员先锋。通过在师生中进行民主评议、党员互评,认真总结组织生活会,要求党员通过个人做自我剖析和对照检查,开展批评与自我批评。校部牵头,组织全体教职工收看中国共产党第十九次全国代表大会开幕直播盛况。严格按照星级党员的标准认真查找不足,填写个人整改台账限时进行整改。组织开展“双创双培”和“党员星级管理”工作,涌现出一批党员业务教师,2017年把3名年轻骨干教师列为重点培养对象,学校支部 委评为“教育系统先进基层党组织”。

学校支部严格落实党风廉政建设制度,积极开展党性、党风、党纪教育。通过公开监督举报电话、信箱、开展家长开放周、发放征求意见稿等多种形式广泛征求意见。开展校务公开工作,不断加强对工会的领导和监督、完善教职工民主管理,民主监督制度,完善公开办事制度,自觉接受教职工的监督。组织学习“中国共产党廉洁自律准则”和“中国共产党纪律处分条例”,要求党员干部要严格执行党员干部廉政标准。

【办学成绩】2017年,查日贡同学以578分考入内蒙古师大附中。全市蒙授中考500分以上9人中,校占6人。全校总均分 390.4 分，比 2016 年的 369.2 分提高 21.2 分以上，全校总平均分连续四年提高 40 多分。

【课堂改革】学校被命名为“自治区蒙语授课课改示范学校”。“能动学堂”1355（一个目标、三主理念、五种课型、五个环节）有效教学实验课题，通过“全国教育科学十二五规划教育部规划课题‘少教多学’”课题组的各项考核成功结题，并被评为国家级优秀课题。

小学教育

【百灵庙第一小学】百灵庙第一小学始建于 1958 年。学校校园占地面积 13600 平方米，运动场地 6700 平方米，校园建筑面积 5456 平方米，其中教学及辅助用房 4506 平方米。学校配备有音乐教室、美术教室、书法教室、计算机教室（2 间）、多功能教室、图书室、阅览室、科学实验室、心理咨询室、卫生保健室、高清录播室、舞蹈排练室、国际式摔跤训练室、少先队活动室，现有 25 间普通教室全部装有电子白板多媒体教学系统，校内主要场所实时监控全部覆盖，营造良好的育人环境。截至 2017 年 12 月，学校现有在编在岗教职工 84 人，学生 841 人，教学班级 25 个，平均班容量 35 人。专任教师 81 人。其中，拥有本科学历 57 人，专科学历 24 人；拥有副高级职称 24 人，中级职称 41 人；自治区级骨干教师 1 名，市级骨干教师 15 名，市级教学能手人 4 名，旗级教学能手 16 人，旗级课改领头人 12 名。

【百灵庙第二小学】百灵庙第二小学创办于 1971 年。学校现有教学班 35 个，学生 1128 名，教师 123 名。其中，自治区教学能手 2 名，市级以上学科带头人 3 名，市级教学能手 4 名，旗级学科带头人、教学能手 18 名。校园占地面积 19810 平方米，建筑面积 10605 平方米。校园内有新建成的 1055 平方米的风雨操场，有 200 米的塑胶跑道及田径运动场，另有水泥硬化空地 7000 平方米。两幢教学楼内配有高清录播室、同频互动教室、微机室、图书室、实验室、音乐教室、美术教室、书法教室、心理咨询室、卫生保健室、多功能教室等各类专用库室 35 间。40 间教室内均安装多媒体电子白板，实现了校园网班班通。学校先后获评为全国青少年文明礼仪教育示范基地、包头市义务教育示范校、包头市文明单位、包头市绿色学校、包头市科普示范学校、包头市校园足球特色学校、包头市文明校园。2013 年 9 月，学校全面实施“能动学堂”课堂教学改革。

【石宝镇小学】石宝镇小学是一所历

史悠久的农村小学，坐落在石宝镇中心。校园占地总面积111000平方米，建筑总面积7842平方米，是一所寄宿制农村小学。在编教职工62人。在校生270人,教学班级12个,平均班容量23人。本科学历20人，专科学历22人，中师学历20人。拥有副高级职称22人,中级职称11人,初级职称19人。市级骨干教师5名。自治区级青功赛二等奖1名,市级青功赛二等奖1名,旗级教学能手1人,旗级课改领头人8名,旗级名师3名。专任教师合格率100%。

【乌克忽洞镇小学】乌克忽洞镇小学位于达茂旗乌克忽洞镇，距离旗政府所在地百灵庙35千米,地处百灵庙通往呼和浩特和包头市的公路旁边,交通便利。学校初建于1953年,历经多次校点布局调整,2009年整合原达茂联合旗农区5所学校的资源，成立现在的乌克忽洞镇小学。2013年秋，于原来的乌克中学旧址，新建教学楼和教师周转宿舍并投入使用。如今，校园占地面积28000平方米,有4000多平方米运动场,建有高清录播及多媒体教室、音乐教室、书画室、计算机教室、科学实验室、图书室、阅览室、综合活动室、心理咨询室、卫生保健室10个功能室，营造良好的育人环境，成为一所寄宿制完全小学。

【大苏吉小学】大苏吉学校始建于1956年,是一所历史悠久的全日制学校。在50多年的发展历程中,先后开办过小学、初中、高中。根据全旗办学布局调整的需要,2009年9月，经达茂旗旗委、政府批准,合并大苏吉、西营盘、小文公、召河4所小学，组建达茂旗唯一一所村级学校——大苏吉小学。大苏吉小学占地面积20443平方米,建筑面积2504平方米,现有教职工36人,6个教学班,在校学生80人;附属幼儿园2个班,入园人数20人。学校新建教学楼、教师周转宿舍楼，新建幼儿园教学楼，改建学生食堂，增配厨卫设备，改善学生的用餐条件。新建音乐教室、美术教室、书法教室、学生发展指导中心、图书阅览室,按国颁标准配备健全的体育设施，改建体育活动室,计算机教室、科技活动室、多媒体教室、卫生保健室,使学校的硬件设施达到市颁标准。

学前教育

【民族幼儿园】民族幼儿园建于1981年,是全旗最早的一所民族幼儿教育基地。占地面积11000平方米,建筑面积3098平方米。近年来投入大量资金完善硬件设备和软件。2014年被包头市命名为“市级示范幼儿园”,2015年晋升为“内蒙古自治区示范园”。现开设蒙汉11个教学班,在园幼儿323名,教职工59人。

【蒙古族幼儿园】达茂旗蒙古族幼儿园是达茂联合旗于2013年建成的自治区级少数民族幼儿园,总投资近1000万元,总建筑面积3456平方米。全园设置大中小常规教学班9个(同步开设蒙授班和汉授班),园内有活动室、多功能厅、画室等,入园幼儿全部享受“两免一补”优惠政策。生源已达327名幼儿,其中蒙古族154人、汉族170人、其他民族3人,是一个蒙汉团结的大家庭,更是一所名副其实的具有蒙元文化特色的儿童乐园。幼儿园拥有一支业务精湛、朝气蓬勃、民主和谐的教师队伍。2017年有在编教师27名,其中蒙古族教师20名。

【第二幼儿园】建于1986年,全园占地面积8100平方米,其中建筑面积3012平方米,绿化面积900平方米。2017年开设10个班级,在园幼儿300多名。全园在册员工29人。其中,中学高级职称6人、小教高级职称11人、初级职称12人;本科学历22人、大专学历7人;市、旗优秀教师数十人。师资队伍呈现专业结构多元发展的趋势。

【红格塔拉民族幼儿园】建于2014年7月,2015年9月1日开园。总占地面积8076平方米,园舍建筑面积4834平方米,总投资1233.6万元,全园设置12个班级。2017年,有在园蒙、汉、回族幼儿300人,其中蒙语授课幼儿50人;有10个教学班级,其中2个蒙语授课班级。全园教职工53人,其中编制1人、借调8人、合同制教师19人、临时雇佣保教人员25人。雇佣教师学历及专业合格,有教师资格证书、身体健康卡。食堂工作人员有健康证。幼儿园建设完全按照自治区示范园标准建设配备,教学楼内配置消防喷淋自动灭火系统,每个班级设有配套的休息室、盥洗室、男女独立卫生间等最先进的保教设施,有独立功能活动室11个,有专门的保健隔离室,有标准化厨房建设和设备配置,监控、广播系统、电脑网络、摄像、照相设备一应俱全。

【石宝幼儿园】石宝幼儿园是一所隶属于教育局的乡村公办普惠性幼儿园,坐落于石宝镇。2012年9月建园,2013年9月搬入新教学楼。占地面积5600平方米,建筑面积3240平方米,硬化户外活动场地面积3380平方米,设有大、中、小三个年级7个班。2017年在园幼儿134名,教职工23名,其中在编教师8名、合同制教师15名。石宝幼儿园以“启迪智慧、陶冶情操、培养兴趣、健康成长”为办园宗旨,在“安全第一、育人为本”的思想指导下,坚持保教结合、保教并重的原则,开展幼儿园各项工作,加强“幼儿一日常规”规范化管理,提升办园实力。

【希拉穆仁幼儿园】希拉穆仁幼儿园坐落在达茂联合旗希拉穆仁镇。建于

2014 年,2015 年正式招生,是达茂联合旗唯一一所牧区公办幼儿园。全园设置 2 个混龄班级（蒙授班和汉授班）。有教工 6 名,其中蒙古族教工 4 名。

科技管理

【科学技术普及】开展科技活动周、科普宣传周、社区科普大学、流动科技馆、科普大篷车边疆行等活动,进农村牧区、进学校、进社区。共培训农牧民 0.5 万人次,培训居民 500 人次,学生 2000 人次。发放科技资料 1 万册(份)。9 月 5 日,中科院老科学家科普演讲团分别在百灵庙中学、百灵庙第二中学、蒙古族学校、百灵庙第一小学举办 4 场科普讲座,讲授“信息化时代的空中力量和国防建设”和“动物趣谈”,完成百灵庙镇朵兰戈尔社区地震安全示范社区创建工作。组织企业年生产粗铜一期 10 万吨项目与科研院所进行对接。协助塞北玲薯业公司实施脱毒微型薯“一分地”推广项目。生产脱毒微型薯 500 万粒,推广“一分地”工程 500 亩。

【防震防灾】2017 年,完善地震办应急预案,调整地震速报员,组织开展“5·12”防震减灾宣传和地震应急演练活动。提高居民防震减灾意识和正确应对的科学方法,完成全旗电力、通信、水利、救灾等资源储备的摸底调查，并上报市地震局备案。

文化 体育 广电 旅游

文 化

【概况】文化服务体系建设已达到第三批国家公共文化服务体系示范区标准。苏木乡镇、嘎查村级公共文化服务设施实现100%覆盖，常住人口达到500人的嘎查村、社区均设立文化室，共计80个。在乌克镇、西河乡、石宝镇分别建设村史馆。

【群众文化】精心筹划“达茂旗2018年春节、元宵节”活动，组织开展2017年民族特色春节晚会、全民健身表演、焰火晚会、花灯展示、路灯装饰、猜谜活动等10项活动；开展“送戏下乡”惠民工程。全年“送戏下乡”124余场，开办舞蹈、声乐、摄影、书法美术等公益培训班44期，参与免费培训千余人次。

【文化品牌】承办第五届中国游牧文化旅游节，共举办各类活动111项，吸引百余商家投资参与活动，拉动游客30多万人。借助边境优势和民族文化特色，举办中蒙俄印四国小商品展、满都拉杭吉口岸那达慕大会。举办哈萨尔祭祀、马文化、擀毡、策格等浓厚的蒙古族文化活动，对挖掘、保护和传承民族文化发挥了积极作用。文化节期间，7项活动被自治区体育局评为全区名牌活动；举办中蒙俄越野拉力赛、中蒙足球邀请赛，吸引各地赛车人士150人、蒙古国两支球队参加。

【文艺创作】庆祝自治区成立70周年暨达茂旗建旗65周年之际，举办达茂旗第28届那达慕大会，编创大型节目贝丽格舞蹈、《草原祭礼》等文艺精品，推出“心灵的故乡·达尔罕茂明安”“楚拉嘎好来宝”专题文艺晚会，电影《草原英雄小姐妹》在院线上映。

【全民阅读】完成图书馆总分馆制，建立图书馆分馆，利用“流动服务车”对巴音敖包苏木、巴音花镇、满都拉镇进行送书下乡活动，为全旗85家草原书屋配发图书共计2000余册；12个苏木乡镇建成“数字文化走进蒙古包”工程项目85座基站。

【文物保护】联合旗内7个边防派出所推动“草原神鹰”工程，加强文物安保工作。7月25日，与明安镇武警派出所联合行动，打击盗掘明安满都拉庙古遗址案件。在敖伦苏木古城、安答堡子古城遗址分别建立400平方米和300平方米的保护用房,修筑城墙,完善长城保护“四有”档案，年内新增自治区级文物保护单位10处。

【非物质文化遗产保护】建立达茂旗非物质文化遗产数据库,申报自治区级非物质文化遗产代表性传承人1名。

【百灵那达慕文化产业园区建设】完成主看台亮化维修、栏杆等粉刷,维修加固汽车赛道,修补开裂路面,对四国风情街和生态园在建工程安装工程围挡并加挂工程绿网；设置4块大型不锈钢宣传牌,打造宣传全旗重点工作和园区的新窗口。游牧文化节期间,共承办各种晚会和演出12场次,包括开幕式演出、乌兰牧骑专场演出、人偶剧演出、二人台演出、大学生专场晚会等。

【文化市场综合执法】开展《中华人民共和国未成年人保护法》、“扫黄打非”工作及有关法律法规的宣传活动,发放宣传单1500余份、销毁盗版书籍100余册。印发《达茂联合旗文化市场联合执法长效机制工作方案》《达茂联合旗校园及周边文化市场常态化管理制度》等工作制度。认真展开“清源”“秋风”“护苗”“净网”“固边”5次专项行动，有效震慑违法违规行为。全年共出动执法人员600余人次,检查网吧220余家次、歌舞娱乐场所165家次、印刷复制企业140余家次、出版物市场50余家次、音像制品26家次、电子产品维修场所10余家次。

【乌兰牧骑】2017年,乌兰牧骑在职人员43人,其中核定事业编制35名,正式事业职工30人,临时合同工10人,临时工3人，三级演员5名，四级演员14名。业务工作,深入苏木乡镇、厂矿企业、驻军部队进行100场余场“送戏下乡”慰问演出及各类演出任务。获奖情况及剧目创作,2017年4月13日，由太原市文化局主办，太原市音乐家协会承办的“2017·唱响太原民歌邀请赛”,派出队员牧仁、呼雅嘎图参加邀请赛,荣获个人一等奖、二等奖;同月,派出队员参加首届全区“永远的好来宝”专场晚会,参演节目荣获最佳作词、最佳创作、最佳表演奖;8月，派出1名队员赴鄂尔多斯市参加“梦圆中华·唱响天籁”第三届中国少数民族原生态民歌系列展演全国大赛内蒙古赛区决赛,荣获优秀传承奖。12月，派出队员参加全区蒙古语曲艺展演活动,荣获优秀表演奖、优秀组织奖。创造贴近党的十九大文艺作品，已创作楚拉嘎好来宝《前进中的乌兰牧骑》、歌曲《我们是草原的轻骑兵》、二人台《十九大是咱们的指路灯》等文艺作品。深入农村牧区、厂矿企业、驻军部队,“送戏下乡”103场,观演群众6.67万余人次,完成2017年送戏演出任务。

体 育

【基础设施建设】编制《达尔罕茂明安联合旗全民健身实施计划(2016—2020)年》。年内为基层申请安装完成配备4套健身路径、8张室内乒乓球台、4副篮球架;为巴音花镇落实农牧民健身工程建设项目资金50万元;建成5人制笼式足球场1处,争取自治区公益彩票基金50万元,对全民健身中心地面及照明设施进行维修。

【竞技体育】组织开展五人制足球赛、健身操表演、“第二届达茂联合旗全民健步走”“蒙联杯”云鼎乔氏台球赛等内容丰富的群众体育活动。代表包头市组队参加自治区四年一届的民运会、自治区西部第21届西部邻近盟市搏克协作赛、自治区“欢乐草原”全民健身活动,参加包头市职工足球赛、包头市“鹿城球王”羽毛球赛、2016年全区百县健身气功交流比赛等自治区、包头市举办的各类全民健身活动,取得良好的成绩。特别是参加自治区西部第21届西部盟市搏克协作赛,获得团体、个人两项第一名,时隔8年重新获得该项荣誉。参加全市职工足球赛,获得第二名。2017年8月,荣获国家体育总局颁发“全国群众体育先进集体称号”。

【体育产业发展】开展首届达尔罕茂明安速度轮滑马拉松公开赛、达茂旗第八届老年人运动会、第二十八届那达慕大会等内容丰富、贯穿全年的群众体育活动。文化节期间,举办达茂旗第28届那达慕大会、2017NorthAsiaRally中蒙国际汽车越野拉力赛、达茂草原公路国际速度轮滑赛、首届中蒙青少年足球赛、满都拉杭吉口岸中蒙那达慕大会、哈萨尔祭祀那达慕大会等各项体育活动。培训社会体育指导员81名,外派培训一级社会体育指导员(广场舞)8名。

广播电视电台

【新闻宣传】全年共编发稿件图片3500篇(幅)。稳定新闻时长,确保每期播出稳定在12分钟；开设《北疆党旗飘》《记者走基层》《撸起袖子加油干》《砥砺奋进65年》等13个品牌新闻专栏;制作播出蒙汉语精品栏目《魅力达茂》《百姓关注》《乡韵》,探索制作达茂旅游形象宣传片、边境牧民阿迪亚为题材的纪录片。将频道划分为3大板块，开办蒙汉语节目34档,形成以新闻类节目为主的综合性频道,全天播出时间17.5小时。全年优选播出公益广告360多条、爱国主义电影120多部、优秀电视剧1800多集。党的十九大期间,播出《永远在路上》《辉煌中国》《不忘初心、继续前进》等多部优秀纪录片。2017年,电台共开办新闻类、生活类、戏曲类、音乐类、新闻资讯类、服务类、人文类等15档节目,保证全天播出时长近15.5小时。特别是集中力量做好《达茂新闻》《生活加油站》《1028带你游达茂》《诺民教老》《汽车生活》《空中门诊》《1028气象站》等可听度高的节目;录播引进《养生堂》《百家讲坛》《听书场》《老橡树音乐之旅》等节目。把报纸(蒙汉)、电视(蒙汉)、电台(蒙汉)所有编辑记者全部整合在一起,实施总监、总编负责制,报纸(蒙汉)、电视(蒙汉)、电台(蒙汉)、新媒体各设总监、总编各1名,其余实行一体化管理,打造全媒体编辑记者。全年共发稿1300条(自治区级以上媒体发稿610篇幅)，其中各级电视台发稿240条、各级电台发稿650条、各级报纸杂志发稿410篇幅。

【广播影视固边工程】解决“常住农牧民不落一户”问题,向自治区争取户户通项目2000套。在百灵庙镇区各公共场所,安装40套调频音箱设备。发挥“户户通”维护服务中心作用,为农牧民群众免费维护600多套“户户通”设备。增强市、旗两级广播电视信号覆盖率,借助中央无线覆盖补点工程,推进市、旗两级电视和达茂调频广播102.8节目覆盖体系建设。到2017年底,全旗除明安镇部分地区外,其他地区95%以上面积实现覆盖。

【获得荣誉】2017年12月29日,在2016年度八省区蒙古语广播电视优秀作品评析中,作品《达茂旗举办首届毡子培训班》荣获新闻类二等奖、《牧人心中的蒙古包》荣获社教类二等奖、《巴音敖包党支部党建和扶贫工作实现双赢》荣获新闻类三等奖、《厄鲁特民俗》荣获社教类三等奖。胡强被自治区评为全区安全播出优秀个人；达茂旗新闻传媒中心被自治区党委宣传部、文化厅、新闻出版广电局评为2017年度服务基层、服务农牧民优秀集体。

旅 游

【旅游景区】

广福寺：建于康熙四十二年(1703年)，清康熙皇帝御赐“广福寺”牌匾悬挂于大佛殿正门上方。被内蒙古自治区列为重点文物保护单位。年平均接待游客约10万人。

女儿山（百灵庙抗日武装暴动纪念碑)：1989年，经内蒙古自治区党委、政府批准，为纪念民国25年(1936年)2月暴发的百灵庙抗日武装暴动，在女儿山巅修建“百灵庙抗日武装暴动”纪念碑，成为草原人民骄傲的革命圣地之一。年平均接待游客约10万余人。

哈布图·哈萨尔祭奠堂：哈布图·哈萨尔，生于宋隆兴二年(1164年)，成吉思汗胞弟。逝后，被后裔供祭，其祭祀文化传承400余年。2013年，达茂旗申报成为“中国哈萨尔祭祀文化之乡”，2015年被评为国家AAA级旅游景区。年平均接待游客约9万人。

草原英雄小姐妹旧居：20世纪60年代，“草原英雄小姐妹” 保护集体羊群的光荣事迹就发生在这片草原，达茂旗明安镇境内的龙梅玉荣旧居是包头市爱国主义教育基地。年平均接待游客约5万人。

满都拉口岸：满都拉口岸是距离呼和浩特、包头最近的陆路口岸。2015年，满都拉口岸经国务院批准为常年开放性口岸，口岸观光、中蒙跨境旅游、参观雄伟的国门、757界碑成为新的旅游亮点。年平均接待游客约10万人。

吉穆斯泰草原石林景区：吉穆斯泰草原石林景区，自然风景独特，环境幽雅，怪石林立，与邻近的巴音宝格达敖包相映成趣。年平均接待游客约15万人。

百灵那达慕文化产业园：百灵那达慕文化产业园占地面积约7870亩，是全国最大的那达慕文化产业园，被评为国家AAAA级旅游景区，是中国游牧文化旅游节重要举办地。年平均接待游客约20万人。

石宝农耕文化博物馆：石宝镇农耕文化展览馆占地面积8400平方米，建有农耕文化广场、农耕展览区、农耕生活体验园三部分，主要展示达茂农耕地区人民的生产生活。被评为国家AA级景区。年平均接待游客5万余人。

希拉穆仁草原：希拉穆仁草原俗称

"召河",拥有700多平方千米的天然草原,景色壮阔,让人心驰神往。年平均接待游客150万余人。

红格尔敖包:红格尔敖包在希拉穆仁草原最高处,用石头堆垒而成。蒙古民族通过祭祀敖包的方式表达着自己对长生天的敬仰。景区内的"金戈铁马魂,草原祈福行"大型漠南传奇实景演出带观众穿越草原金戈铁马的年代,感受蒙古族文化的渊源与传承。被评为AAA级国家景区。年平均接待游客10.2万余人。

神鹰宏浩蒙古风情度假村:希拉穆仁神鹰宏浩蒙古风情度假村位于希拉穆仁草原,占地1600亩,主要经营大型餐饮、乘马、蒙古族婚礼策划、民族手工产品展示、旅游娱乐等项目。年平均接待游客5万余人。

呼和点素万亩花海:呼和点素花海位于包头市达茂旗的希拉穆仁镇,景区总占地面积约800亩,是以希拉穆仁草原为依托,以花为背景,集花海观光、休闲娱乐、婚庆为主的生态旅游胜地。年平均接待游客4万余人。

毕力格泰民族食品体验区:达茂旗毕力格泰民族食品有限责任公司成立于2009年,坐落于包头市达茂旗希拉穆仁镇。建有综合办公楼、生产车间、库房、民族特色展厅、门房及配电室等配套建筑设施。荣获"达茂旗先进企业""包头市守合同重信用企业""包头市重点龙头企业""内蒙古自治区龙头企业"等多项荣誉称号,被评为国家AA级景区。年平均接待游客2万余人。

【A级景区创建】 AAAA级景区2处:百灵那达慕文化产业园区、吉穆斯泰景区。AAA级景区2处:哈萨尔旅游景区、红格尔敖包景区。AA级景区6处:石宝农耕文化博物馆、满都拉口岸旅游区、蒙古人度假村、毕力格泰民族食品旅游区、希拉穆仁孙氏旅游中心、包头市特色商品展示中心。2017年,共接待游客人数231.4万人次,实现旅游收入15.04亿元。

档案管理

【概况】2017年,内设办公室、业务指导股、编研股、保管利用股。核定编制14人,实有13人。其中,领导3人,少数民族8人,中共党员9人,本科学历10人,大专学历3人。年度合同制招考录用3名。

【档案业务】制定印发《达茂旗档案局2017目标责任》,在做好本辖区档案指导、监督工作的同时,深入申能风电企业了解档案工作现状,及时帮助企业解决困难。对全旗各苏木乡镇和市直重点单位开展档案督导检查工作。协调住房和城乡规划建设局、人事和社会保障局、教育局、国土资源管理局等部门，做好归档文件整理工作。全旗100%立档单位完成年度归档文件整理工作；深入农牧业局、农工部，指导规范土地、“十个全覆盖”和精准扶贫档案整理。11月，环保局、达尔汗苏木档案工作通过包头市档案局验收，晋升为自治区档案管理一级。

【档案馆业务】档案馆馆藏档案内容按历史时期划分，可分为两大类，一是中华人民共和国成立以前的旧政权档案；二是中华人民共和国成立以来的现行档案。截至2017年年底，档案馆馆藏文书档案138个，全宗81826卷；科技档案134卷，专门档案6680卷，中华人民共和国成立前历史资料8册，照片档案20册581张，馆藏图书资料7029册。

【档案资料征集管理利用】全年接收人社局、林业局等单位的档案6132件，接收婚姻档案2257件。接待查阅利用者382人次，资料758卷（件），出具档案信息凭证300余份。

【管库建设】档案馆占地面积450平方米，使用面积1350平方米。其中，档案库房面积930平方米。设置有查阅室、目录室、微机室、监控室，配置“八防”设施，档案室装有铁质密集柜26列10组，配置复印机、吸尘器、微机、扫描仪等设施。

【信息化建设】2017年，投资26.3万元进行数字化扫描、目录录入等工作，共完成文书档案6694条，婚姻类档案20482条，共计扫描47万余页。全旗56个单位（占84%）安装并开展档案信息化工作。

【历史档案】档案馆馆藏历史档案92卷。这部分档案是1959年接收进馆的，当时把这部分档案合并整理为一个全宗保管。1981年7月，根据内档发〔1981〕17号文件精神，把这部分档案全部移交内蒙古档案馆代管。1985年，自治区档案馆对这部分档案进行分类整理，把原喀尔喀右翼旗和茂明安两旗档案划分为两个全宗管理。这部分档案的时限是：清乾隆六年（1741年）至中华民国38年（1949年）形成的档案，是达茂旗现存文化遗产的重要组成部分。内容涉及政治、经济、军事、外交、文化、宗教教以及衙门生活、典章制度等方面。堪称17—20世纪达茂旗历史的文献宝藏。这部分档案文字种类较多，有蒙古文、汉文、满文、藏文、日文，蒙古文居多，是研究蒙古族历史和达茂旗历史的珍贵史料。内政档案的内容有：喀尔喀右翼贝勒、贝子、镇国公和台吉的世袭情况及旗梅林、章京姓名、年龄、职务，派遣任职等。财政档案的内容有：喀尔喀右翼旗、茂明安旗户口账目、公用经费、税租收入账目及税租贸易、畜牧业统计等。法律档案的内容有：《钦定、理藩院法律书》《德穆楚克栋鲁普制定宣传的法律制度》《法典章》，在德穆楚克栋鲁普制定的法律制度中记载着乌兰察布盟第三次协商会议上德王等盟旗札萨克诺颜(王爷)所协商制定的有关宗教方面的制度。教育档案的内容有:《水晶卷》手抄本、《大之盛世青史演义》《格萨之世袭传》《满蒙对照辞典》等手抄本。此外,还有天文、历史书本及小学经费账目书。外交档案的内容有:清朝时蒙古、俄国援助以及致蒙古国领袖齐已山的书信等文书。照片有成吉思汗的标准画像。原喀尔喀右旗札萨克多罗达尔罕贝勒云端旺楚克单人照片和全家合影,以及同上层人物的照片。

图书发行

【业务工作】全店主营业务销售 406 万元;教材销售 149.7 万元;教辅销售 141.8 万元;一般图书销售 43 万元;幼儿教材销售 70 万元;资产经营收入 52 万元;费用支出 113 万元;利润实现 71 万元。

【其他工作】4 月 23 日,由旗委宣传部和新华书店共同打造的“达茂旗全民阅读基地”在新华书店三楼举行揭牌仪式,共举办 66 场活动,办理借阅卡 1200 多张;赠送农村牧区 39 家草原书屋价值 19.5 万元的精美图书;赠送全旗及白云 26 家中小学校及幼儿园价值 3 万元的足球图书。

卫生 计划生育

综 述

【概况】2017年，推进卫生健康促进工作，启动全国健康促进旗试点工作，被授予“国家卫生县城”荣誉称号，健康促进旗建设接受国家验收，慢性病综合防控示范区建设接受自治区的验收。

【人口情况】2016年10月1日至2017年9月30日，全旗现住人口数为93839人。其中，少数民族16665人，占总人口数的17.76%；汉族77174人，流出人口12867人。2017年年末，已婚育龄妇女数为15896人，当年出生627人，一孩360人，二孩以上267人；男孩323人，女孩304人，出生性别比为106.25%，属正常值范围。政策内出生627人，符合政策生育率为100%，出生率为6.75‰，自然增长率为3.35‰，综合节育率90.66%

【优生优育】实施免费婚前、孕前优生优育健康检查，采取重点干预措施，有效降低出生缺陷发生率，把好孕前、孕期和新生儿三道关口，不断提升防治能力，提高出生人口素质。2017年，叶酸服用人数455人，免费发放斯利安2730瓶；免费孕前优生检查536人，免费孕检率达到88%；婚检1339人，婚检率达到93.49%；新生儿苯丙酮尿症筛查461人，新生儿甲状腺功能减低症筛查461人，遗传代谢性疾病筛查率99.7%，新生儿听力筛查353人，新生儿听力筛查率76.9%。

【卫生管理】2017年，旗医院和蒙医院全年分级诊疗181人次，按临床路径实施的病种数1250人次，实行药品零差率销售减少的合理收入为184.95万元，自实行公立医院改革以来累计减少的合理收入为647.09万元。各级医疗卫生机构自治区医药采购网参与率达到100%，全年基本药物零差率销售达到395万元。完成妇幼保健、疾病预防控制及卫生监督业务大楼建设，蒙医院医护型养老保健服务中心打点开槽。引进社会力量举办医疗机构，审批社会办医院4家。全年出动救护车56台次，出动医护人员168人次。加强蒙中医专科专病建设，与乌克镇农民合作种植200亩蒙古黄芪，收集12个蒙医文献和传承验方，完成2个卫生院“蒙中医馆”建设，满都拉镇卫生院完成提升服务能力基础建设。实施医疗健康扶贫工程，各医疗卫生机构对贫困人口实行医疗费用减免10%的优惠政策，全年免费发放药品527人、健康扶贫卡2361张。

【计划生育】2017年，投入3万元在百灵庙镇第二幼儿园建立早教基地，在三所中学开设青少年健康教育课程，投入1531万元建设妇幼保健所、疾控中心和卫生监督所综合服务大楼，在旗医院建立危重孕产妇救治中心和新生儿救治中心。投入近300万元，落实计划生育各项奖励扶助，其中新增计划生育特殊家庭一次性扶助金75万元。全年累计慰问计生贫困、特殊家庭59户共计10.5万元，救助贫困母亲20名共计1万元，为1738户计划生育家庭和186名计划生育干部落实意外伤害保险70740元，为120名留守儿童和单亲学生发放2万元的学习用品，投入15万元在乌克镇东河村启动实施了“幸福工程——救助贫困母亲”项目。全年流出人口11724人，流入人口664人，流入人口建档582人，建档率87.39%，辖区内流动适龄儿童预防疫苗接种率100%。

【基层医疗】2017年，有21个苏木乡镇卫生院、2个社区卫生服务中心、36个一体化管理的嘎查村卫生室及3个社区卫生服务站。基层医疗卫生机构现有编制床位数116个，实有床位数196个，在职职工244个。有21辆服务车覆盖全旗41个行政嘎查村开展流动医疗服务。实施旗乡村一体化管理和乡村医生签约工作，配备注册乡村医生78人，乡村医生签约并提供服务率达到80.6%。加强重点人群健康管理，0—6岁儿童健康管理率95.42%，孕产妇健康管理率100%，老年人健康管理率81.09%，高血压患者健康管理率100%、规范化管理率90.12%，糖尿病患者健康管理率100%、规范化管理率94.95%，家庭医生有效签约覆盖率43.83%，重点人群签约率66.29%。完成年满50周岁及以上的农牧民免费健康体检8214人，体检率达到43.16%。

【避孕节育措施落实】2017年，施行计划生育手术416例。其中，女性绝育手术22例，放置宫内节育器394例，节育率90.66%，发放口服避孕药1425盒，发放外用避孕药具900盒，发放避孕套73440只。

卫生监督

【卫生许可】2017年，共验发各类公共场所卫生许可证248户，包括71户美容美发、163户住宿（百灵庙镇65户、基层乡镇98户）、5户娱乐场所、4户洗浴、4户超市、1户汽车站等公共场所，从业单位建档率100%，监督覆盖率100%，持有效证件率100%(卫生许可证和健康证)。

【医疗卫生监督】加强各医疗机构传染病防治的监管，重点对各医疗机构医疗废物处置、预检分诊、院内感染控制、消毒隔离制度执行情况、生物安全、预防接种管理情况和麻醉类药品规范管理等方面进行了监督管理。共监督检查旗直医疗机构4户、社区卫生服务中心(站)5户、疾病预防控制中心1户、乡镇卫生院21户、个体诊所20户、村卫生室46户等共计96户。

【职业卫生监督】2017年，共有放射诊疗设备的医疗机构6家,其中持有“放射诊疗许可证”有6家,持证率100%。6家医疗机构X线诊断机6台,CT机2台,放射工作人员6人,持证6人,持证上岗率100%。

【公共场所卫生监督】全年对71户美容美发、163户住宿、5户娱乐场所、4户洗浴、4户大型超市、1户汽车站等共248户各类公共场所开展了经常性卫生监督检查工作。全年共验发各类卫生许可证79户，公共场所从业单位建档率100%,监督覆盖率100%,持有效证件率100%,“五病”调离率100%。

【生活饮用水卫生监督】重点对百镇供水站、石宝镇供水站和希拉穆仁镇旅游点26户进行监督检查,主要对供水单位水源地保护、水污染事故应急措施、水质净化和消毒设施运转情况以及工作人员持证上岗等方面进行检查。对全旗271处集中供水点进行监督检查,监督频次达2次以上。

疾控中心

【宣传工作】重点开展“3·24”世界结核病日、“4·14”创建文明旗县城暨第29个爱国卫生月、“4·25”全国儿童预防接种日、“4·26”全国疟疾日、“5·31”世界无烟日、“7·28”世界肝病日、“10·8”全国高血压日、“10·10”世界精神卫生日、“11·14”糖尿病日、“12·1”世界艾滋病日等宣传工作。全年撰写工作信息63期,累计悬挂横幅21条,制作宣传板16块,印发宣传材料41900份,发放宣传小册子2300本,宣传画1800张。

【传染病防控】全旗共报告法定传染病336例，总发病数与2016年同期相比上升8.73%(2016年同期309例)。发病种类主要是乙类传染病，共9种249例;丙类5种87例。发病病种按位次排序分别为:布病126例、乙肝35例、肺结核22例、梅毒44例、流感25例、急性出血性结膜炎23例、流行性腮腺炎17例、手足口病6例、其他感染性腹泻15例、丙肝11

例、淋病5例、痢疾1例、甲肝2例、HIV1例、炭疽1例、斑疹伤寒1例。发病居第一的病种是布病。全旗3家旗直医疗机构、12所基层卫生院开展传染病疫情监测网络直报工作,报告及时率达100%。

【地方病防治】2017年共监测3个高氟村,其中已改水村0个,占监测村数0%;未改水村3个,占监测村数的100%。在3个未改水村,水氟含量>1.2毫克/升且≤2.0毫克/升的村有1个,占未改水村的33.3%,覆盖人口0.038万人;水氟含量>2.0毫克/升且≤4.0毫克/升的村有2个,占未改水监测村的66.7%,覆盖人口0.067万人。在3个水氟含量超过国家标准的村进行了儿童氟斑牙检查,检查8—12岁儿童4人,检出氟斑牙患者3例。氟斑牙检出率为75%,全部受检儿童中,正常例1例,占全部受检儿童的25%;氟斑牙指数为1.1。其中,极轻度2例,占全部受检儿童的50%;轻度1例,占全部受检儿童的25%。

【免疫规划】2017年共出生475名儿童,建卡、建证475人,卡介苗应接种468人,实种468人,接种率100%;脊灰疫苗应种2301人,实种2301人,接种率100%;白破类疫苗应种2593人,实种2593人,接种率100%;麻疹类疫苗应种1002人,实种1002人,接种率100%;乙肝疫苗应种1550人,实种1550人,接种率100%,其中第一针及时接种率为95.00%;A群流脑疫苗应种1210人,实种1210人,接种率100%;A+C流脑疫苗应种962人,实种962人,接种率100%;乙脑疫苗应种1049人,实种1049人,接种率100%;甲肝应种440人,实种440人,接种率100%。狂犬疫苗接种2264人次,水痘疫苗接种495人次,HIB疫苗接种700人次,口服轮状疫苗600人份,流感疫苗400人次。

【结核病防治】2017年,全旗结防门诊共接诊初诊病人167例,确诊为活动性结核病人23例,其中涂阳5例、涂阴病人18例。已为23例肺结核病病人免费提供了抗结核药物,规范化治疗,并纳入项目管理。非结防机构网络直报疑似结核病病人38例,转诊到位32例,重报患者数6例,转诊到位率为100%。23例结核病人全部纳入正规治疗,5例涂阳病人施行全程督导管理,其他18例病人施行全程管理方式治疗。应检查涂阳患者密切接触者10名,实查10名,涂阳患者密切接触者检查率为100%,未查出肺结核病人。

达茂联合旗医院

【医务工作】门诊患者73703人次，同比增长29.2%，次均费用178.2元，同比下降15.3%；住院患者4440人次，同比增长11.1%，次均费用4502.9元，同比下降4.8%。

【医院管理】医疗费用管理方面，执行自治区最新价格标准，继续实行药品零差率销售和先诊疗后付费制度，自2014年12月1日——2017年12月25日，药品零差价销售3015万元，给老百姓让利452万元。

【医院服务】深入农牧区、社区进行巡回医疗、义诊服务、业务培训及健康知识讲座。2017年，下乡义诊13次，举行健康知识讲座4次，共为300余人次进行免费B超、心电图、测血糖、测血压，发放宣传资料500余份。截至12月25日，共为持证的105名患者补偿金额18700元；眼科为白内障患者减免3万元；为15名贫困家庭患者做腹腔镜手术减免7500元。

达茂联合旗蒙医医院

【扶贫义诊】全年共下乡义诊、健康保健知识宣传等医疗卫生服务15次，健康知识讲座6次，共为1530余人次进行免费诊疗、测血压，发放预防保健、医疗救护、健康教育、卫生法律法规等宣传资料2200余份，发放价值6600元的药品。建立定期巡诊和轮换派驻骨干医生制度，对卫生院人员、业务培训10次，单向转诊49人次。截至12月13日，完成国贫免费体检528名，农牧民共体检716名。

【蒙中医药标准化建设】以疗术科、制剂室、康复科、汗蒸房、心身医学科等科室建设为特色，利用现有的蒙成药炮制加工生产线，在每年自行配制蒙药已获得准字号65种的基础上开发研究传统验方和院内制剂准字号，传承发扬蒙医药事业。

【医学教育】全年组织医护人员进行专业技术、医德医风、继续教育等培训29次,对医护人员进行业务理论、实践操作考试4次,每周在病区内进行基础护理知识学习和护理操作示范演练。共引进4名蒙医药紧缺专业技术人才,充实医院人才队伍;选派22名专业技术人员前往上级医院学习、培训和参加学术交流活动,医护人员共发表论文5篇,其中获国家级奖2篇。聘请上级医院专家50人次到医院短期、长期坐诊。

红十字会

【救灾救助帮扶】"博爱送万家"送温暖活动,救助受灾贫困农牧民家庭和企业贫困职工共350户,每户发放价值208元的米、面、油一份,发放救助物资总价值7.28万元。贫困群众(学生)救助工作,2017年,共救助贫困群众303人,落实救助金45.02万元。其中,救助大病贫困患者213人,落实救助金12.11万元;救助贫困学生76人(当年入学贫困大学生15人),落实救助金4.07万元;救助慰问贫困群众9人,落实救助金0.56万元;救助慰问志愿捐献遗体器官登记者5人,落实救助金0.83万元,并深入全旗敬老院开展敬老助老慰问活动,发放价值3万余元的救助物资,通过"自强基金"开展救助活动,落实救助金27.45万元。"红十字天使计划"方面,帮助4名贫困先心病儿童申请中国红十字基金会基金资助,其中,1名通过审核,在实施手术时,得到中国红十字基金会福利彩票公益基金3万元资助。红十字"光明行"社会公益活动方面,共筛查农牧民及社区居民群众500余人,其中白内障患者61人,对符合贫困救助的55名(包括左右眼)白内障患者实施免费复明手术。通过医保报销和项目补贴,共减免费用31.9万元。

【应急救护】全年共举办培训班5期,培训急救员211名。利用"5·8"世界红十字日、"5·12"防灾减灾日、世界急救日等纪念日开展普及性宣传培训10余次,普及人数达2830余人。

【人道服务】志愿捐献遗体器官和造血干细胞工作的宣传推动方面,在社区、学校、机关及游牧文化节志愿者中举办器官遗体、造血干细胞捐献和无偿献血知识宣传讲座4期,设立咨询服务台,发放蒙汉文宣传资料。全旗已有捐献器官、遗体志愿登记者8名,其中3名登记者已实现遗体、器官捐献。2017年,新登记遗体器官捐献者1名。"五个一"项目方面，在百灵庙镇黄花滩村建立“博爱家园”1个，在旗市民大厅设立应急救护点1个，在旗新华书店全民阅读基地设立人道文化传播点1个，在百一小设立应急救护角1个，将蒙古族学校创建为自治区红十字示范校。在各项目点开展相关培训和宣传活动5次。

【筹资工作】截至2017年12月31日，筹资募捐款共计73.64992万元，筹资额在目标数基础上增长22.75%。其中，全旗70个行政事业部门单位的2881名干部职工，捐款32.814万元；其他爱心人士捐款6.4万元；接受“自强基金”捐款28.15008万元，“达茂教育救助基金”捐款6.28584万元。

【基层组织建设】全旗共有团体会员单位94个、会员8500名（青少年会员4500名）、志愿工作者176名。共有苏木乡镇红十字会12个，嘎查村、社区红十字会26个，学校红十字会11个。苏木乡镇、学校、社区建会率均达到100%，嘎查村、企业建会率达30%以上，行政事业单位建会率达90%以上。2017年，创建百灵庙镇黄花滩村委会为红十字基层组织示范地区、百灵庙镇新胜街社区为标准化建设地区。

【志愿者服务】志愿服务活动方面，年内组织开展慰问、救助、学雷锋志愿服务、志愿者朗读会、志愿者学习宣传贯彻党的十九大精神文艺演出、无偿献血、志愿捐献造血干细胞等各类志愿服务活动30余次，其中依托志愿服务基地开展活动10余次。红十字志愿者队伍建设方面，截至年底，共有志愿者227人，2017年新发展志愿者84人，新注册60人，有志愿服务队8支。

民政 民族宗教

民　政

【概况】 达茂旗民政局现有干部职工35人，其中行政人员9人、事业人员10人、合同制人员11人、志愿者5人。内设六股一室一站一所一中心。承担全旗的城乡低保、救灾救济、社区建设、民间组织管理、优抚安置、双拥工作、社会福利、基层政权和基层群众自治组织建设、行政区划和地名管理、婚姻登记管理、殡葬管理、救助管理及儿童收养管理、老龄等工作。

【社会救助】 救灾物资储备方面，年初存储衣物2000套、被子800套、帐篷50个、蒙古包80顶。深入开展冬春期间灾民救助工作，将319.57万元救灾款拨付到各苏木乡镇。春节前对全旗的特困户、特困人员、低保户、优抚对象等进行走访慰问，支出慰问金136万元。做好城乡低保的审批工作，城镇低保由每人每月580元提高到每人每月620元，农牧区低保由每人每年5044元提高到每人每年5200元。截至2017年年底，城镇低保对象219户、330人，发放城镇低保金210.64万元；农牧区低保对象796户、1508人，发放农牧区低保金548.4万元。对2853名申请低保人员的家庭经济状况进行核对。春节期间对3所敬老院进行慰问，支出慰问金3万元。按照上级做好特困人员供养金的提标工作，农牧区特困人员分散供养金和集中供养金分别由每人每年5000元和8000元分别提高到6800元和10000元，城镇“三无”人员分散供养金和集中供养金分别由每人每月1000元和1400元提高到每人每月1200元和1600元。按时足额发放特困人员供养金，共为690名农牧区特困人员发放供养金506.67万元。2017年，投资216万元为民政福利园区、乌克镇中心敬老院和石宝镇中心敬老院安装消防喷淋，民政福利园区已完工，乌克镇中心敬老院和石宝镇中心敬老院预计2018年6月底完工；投资30万元为乌克镇中心敬老院、石宝镇中心敬老院新建水冲厕所。其他社会救助工作方面，资助2029名城乡低保人员、城镇“三无”人员、“特困人员”参加城镇居民基本医疗保险和农村牧区合作医疗，支出救助金24.144万元。为2459名城乡低保对象、特困人员、城镇“三无”人员和孤儿购买商业补充医疗保险，支出31.97万元。共审批城乡大病救助对象253

人，支出救助金122.2万元。孤儿供养方面，2017年，孤儿分散供养和集中供养标准分别由每人每月1232元和1456元提高到每人每月1500元和1800元。全年为37名孤儿发放供养金67.86万元。临时救助方面，全年共救助629人，发放救助金88.06万元，救助国贫户1015人，发放救助金76.83万元。及时将6名流浪乞讨人员安全护送回家，对47名流浪乞讨人员给予救助，使其安全返乡。

【双拥优抚安置】双拥工作方面，走访慰问全旗24个驻军单位，发放慰问金38.2万元，对45户重点优抚对象、现役军人家属、军转干部、军休干部、志愿兵、每户发放1000元慰问金。退伍安置接收工作方面，2017年，共接收36名退役士兵，组织18名退役士兵，在包头市职业学院等7所职业学校参加为期3个月的职业技能教育免费培训，积极协调人社局将6名符合安置条件的退役士兵安置到苏木乡镇,全部占事业编。优抚政策落实方面，为14名重点优抚对象报销医疗费34500元；现役军人家属优待金达到每户每年1.9万元，为95名现役军人家属发放优待金188.47万元；为27名自主就业退役士兵发放地方补助金181.58万元；为179名各类重点优抚对象发放生活补助金292.87万元；为110名60周岁以上的农村牧区退役士兵发放生活补助金34.12万元。2017年，投资180万元新建达茂旗百灵庙抗日武装暴动纪念展览厅一处，新建展厅、报告厅、办公室、库房等。成立抗日武装暴动纪念碑和烈士陵园管理股，配备了工作人员，对烈士纪念设施和烈士陵园进行统一管理。

【基层政权和社区建设】完善百灵庙镇8个社区的信息采集录入工作，争取资金，加强社区建设投入。投资21.6万元新建、维修巴音花镇巴音敖包嘎查，新建面积100平方米、院墙25米、维修200平方米、硬化院1000平方米；投资2万元为水塔街社区更新办公设备。农牧区社区建设方面，投资5万元为百灵庙镇黄花滩村委会、乌克镇乌克村委会、石宝镇石宝村委会和巴音敖包苏木巴音花嘎查4个农牧区社区建设试点制作了社区活动中心的牌子。

【社会事务】严把婚姻登记关，共办理结婚登记599对、离婚登记246对、补办结婚登记1599对。规范祭祀活动，在百灵庙镇设置集中焚烧点4处、集中焚烧箱80个。落实“三民”和精减退职人员的政策，为461名“三民”发放生活补助430.32万元，为48名精减退职人员发放生活补助30.91万元。完善60岁以上老年人的数据库。为463名60周岁以上的老年人发放了老年爱心卡，为2409名80周岁以上的老年人发放高龄津贴275.62万元。对全旗31个社团、5个民办非企业单位进行年检。新办理社团6个、民办非企业单位2个，2017年全旗有社团37个，民办非企业单位7个。

民族宗教

【民族工作】“一周两月”活动方面，组织各部门单位和苏木乡镇通过开展启动仪式，民族政策理论、法律法规知识问答等一系列活动广泛开展加强民族团结、反对民族分裂、弘扬核心价值观的宣传教育，引导全旗干部群众牢固树立“三个离不开”思想和“五个认同”意识。2017年，巴音敖包苏木巴音花嘎查、希拉穆仁镇哈拉乌素嘎查、明安镇莎茹塔拉嘎查、百灵庙镇黄花滩村被国家民委命名为第二批“中国少数民族特色村寨”。共争取到1320万元的少数民族发展资金，结合全旗经济社会发展实际，通过建立项目库，层层筛选，共对基础设施建设、民族手工艺、旅游文化发展、口岸建设等方面的18个项目进行备案，健全项目手续，陆续下发实施。

【蒙古语文工作】对社会市面蒙汉文牌匾进行检查，开展6次社会市面蒙汉文并用翻译审核与监督检查，完成100余块新开业商铺的牌匾审核工作，使社会市面蒙汉文并用率达99%，准确率达98%。

【宗教工作】制定《宗教场所安全生产大检查实施方案》，对全旗7个宗教场所进行6次安全防范大排查，对安全工作做出部署。对全旗7个宗教场所的基本情况进行摸底统计，对宗教教职人员进行信息采集，对个人基本情况进行核实。组织工作人员向百灵庙镇群众发放500余份《宗教事务条例》宣传单，提高宗教工作人员、教职人员及信教群众对《宗教事务条例》的认识。

残疾人联合会

【概况】2017年年底，持证残疾人有4880人。其中，重度残疾人2380人(一级残疾人507人，二级1873人)，占总残疾人数的67.3%；轻度残疾人1873人(三级残疾人1287人，四级残疾人586人)，占总残疾人数的25.8%。持证残疾人按残疾类别分为:视力残疾585人，占总残疾人数的8.1%；听力残疾454人，占总残疾人数的 6.3%;言语残疾 90 人,占总残疾人数的 1.2%;肢体残疾 2894 人,占总残疾人数的 39.9%;智力残疾 479 人,占总残疾人数的 6.6%;精神残疾 370 人,占总残疾人数的 5.1%;多重残疾 8 人,占总残疾人数的 0.1%。持证残疾人占总残疾人数的 67.3 %。

【残疾人康复】发挥旗医院康复中心和各社区康复站作用，为辖区近 300 名残疾人提供康复训练、心理疏导、志愿服务。联合云龙骨科医院为全旗股骨头坏死患者实施免费手术 6 例，为膝关节病患者实施救助补贴手术 6 例。全年为残疾人发放助听器 120 个,为 17 名残疾人适配视力辅助器具,为 40 名残疾人适配盲杖、拐杖、盲用手机、语音电磁炉等辅助器具。

【残疾人教育就业】共为 273 名残疾学生和残疾人子女实施教育救助,投入资金 11.34 万元。为 5 户自主创业残疾人户创业补贴,每户给予 5000 元,共补贴 2.5 万元。组织 24 名残疾人参加市残联开展的手工艺、面点师、电子商务培训，组织 4 名从事盲人按摩的残疾人参加盲人按摩技术培训。通过“公司 + 农户”形式,组织 25 户残疾人农民家庭以实施绿头蒜种植实现增收，组织包头市润禾农牧业投资建设发展有限责任公司与残疾人家庭签订种植协议，实现种植统一管理,产后统一收购,同时为每户种植绿头蒜的残疾人家庭给予 2000 元的补贴,总计投入补贴资金 5 万元。2017 年 10 月开工建设达茂旗残疾人托养中心，项目总投入 600 万元，建筑面积为 3000 平方米。

【残疾人社会保障】全年共走访慰问 172 户贫困残疾人家庭，慰问金达 14.85 万元，发放生活补贴和护理补贴 344.91 万元。为 433 名残疾人发放价值 200 元的家庭服务券,总计投入资金 8.66 万元。为全旗残疾人参加意外保险进行补贴,保险费用为 100 元 / 人,保险公司减免 20 元,剩余投保费用由市及旗残联分别承担 37.5%,残疾人个人承担 25%。全旗共 632 名参保,补贴投入 1.9 万元。

【组织维权】共办理残疾人证 238 人，为 36 名行动不便残疾人进行上门办证服务。2017 年 12 月初,残联指导各苏木乡镇残联开展换届工作,12 月 29 日,召开达茂旗残疾人联合会第七次代表大会。全年累计接待处理残疾人来电来访 120 件。

人力资源和社会保障

综　述

【公务员管理】2017年,共引进人才109名。其中,招聘公务员20名,安置退役士兵6名,招聘事业单位人员48名,引进"三支一扶"、社区民生大学生志愿者35名。完成210名事业单位人员和90名领导干部职务任免备案手续。完成科级干部任职培训40人次,公务员初任培训28人次,公务员网络在线培训824人次。完成干部人事档案数字化加工、存储数据、资料扫描、电子登记等,全部纳入系统,实现信息化、数字化管理。

【专技人员管理】按时完成2017年度初、中、高级专业技术资格申报工作,共初审申报高级职称74人、中级职称113人、初级职称45人。启动全旗第四轮事业单位岗位聘用工作,完成岗位设置工作,共设置专业技术岗位1142个,兼职岗位8个,管理岗位304个,工勤岗位101个。

【工资与退休】年内兑现和发放党政机关和参照公务员管理事业单位人员公务交通补贴、事业单位工作人员奖励性绩效工资、机关事业单位退休(退职)人员调整基本养老金、机关事业单位在职工作人员年终一次性奖金、抚恤金及丧葬费等累计6206万元。完成符合职务与职级并行条件的公务员初审,兑现机关事业单位派驻机构工作人员苏木乡镇补贴、事业单位工作人员薪级普调等,审批机关事业单位到龄退休人员107名、企业及个体劳动者退休727人。

【就业再就业】就业政策方面,农牧民转移就业22628人,完成任务的113%;城镇新增就业1523人,完成任务的108%;城镇登记失业率3.77%,农牧民转移就业技能培训1166人,完成任务的106%;城镇失业人员就业培训337人,完成任务的112%,确保"零就业家庭"动态清零。举办招聘会6场,17家用工单位进场招聘,发放宣传材料3500多份,提供就业岗位470个,现场达成就业意向235人。组织539名有创业愿望的人员参加创业培训,为284名创业人员发放创业贷款3150万元,完成任务的105%,补贴利息440万元。启动互联网+就业培训信息化平台,首次举办2期育婴员培训班,共培训120人。将"零就业家庭"成员、"4050"就业困难人员等作为重点帮扶人员,为

389名就业困难人员补贴社会保险费163万元,为公岗人员和各类志愿者发放工资补贴390万元、补贴社会保险171万元。加大家庭服务企业扶持,为6户家庭服务企业补贴101万元入户服务费用,为838名就业困难人员和市级以上劳模每人发放价值200元的家庭服务券。为150名失业人员发放失业保险金243万元,将46户企业列入失业动态监测范围,组织9户企业申报失业保险。夯实就业扶贫基础工作,贫困劳动力就业技能培训112人、就业创业扶持357人,在公益性岗位安置1名建档立卡国贫人员。

【社会保险】社会保险覆盖面方面,城镇职工养老保险累计参保人数达18043人,新增732人,完成任务的366%;城乡居民养老保险累计参保人数达73916人。城镇职工医疗保险累计参保人数达17799人,新增305人,完成任务的100%;城乡居民医疗保险参保人数达81989人,其中城镇居民13052人、农牧民68937人。生育保险累计参保人数达6825人,新增216人,完成任务的108%。工伤保险累计参保人数达10395人,新增234人,完成任务的117%。失业保险累计参保人数达6352人,完成任务的111%。各项社会保险累计征缴基金3.33亿元,累计支出基金1.79亿元。全民参保计划方面,开展宣传活动13次,对全旗4242名比对未参加社会保险的人员,全面完成入户调查登记,完成导入系统2713人。全旗城镇职工养老保险累计缴费人数达18043人(灵活就业人数10113人、企业人数4137人),缴费金额达2.7亿元;城乡居民养老保险累计缴费人数达28530人,缴费金额达677万元,平均缴费档次为526元。同比2016年,缴费金额增加144万元,缴费档次提高126元。医疗扶贫方面,为建档立卡的2592名国贫人员按每人每年130元的标准由政府全额代缴城乡居民医疗保险费,实现国贫人口医疗保险参保全覆盖。国贫人员实行"一档一制"管理,实施"一降四提五兜底"医疗保险待遇政策,提供医疗扶贫"一站式"服务,在社保业务大厅设立"一站式"服务窗口,开展集中报销。扩大国贫人口特殊慢性病种,从24种增加到45种,提高报销比例达95%,个人只需负担5%。2017年,有255名国贫人员,医疗总费用达190.4万元,报销费用180.9万元,其中医疗救助基金兜底报销24.79万元。

【劳动保障监察与人事争议仲裁】劳动监察执法方面,开展全面治理拖欠农牧民工工资问题、用人单位遵守劳动用工和社会保险法律法规情况、劳务派遣用工等专项检查行动13次,共排查用人单位230户,涉及劳动者9000人次,规模以上用人单位合同签订率100%,劳动用工备案率均达98.3%、劳动举报投诉案件结案率达100%。"两网化"平台建设方面,完成"两网化"信息系统企业录入

605户，主动监察409户次，网格内用人单位信息及用工信息采集完成录入60%。全面推行企业自主备案，共有621户企业自主备案，实现劳动保障监察案件网上办理、登记。治理拖欠农牧民工工资问题方面，召开领导小组会议3次，开展专项检查1次，共解决举报、投诉拖薪案件8起（立案2起），涉及农牧民工188人，追回拖欠工资402.89万元，结案率达100%。对2016年“十个全覆盖”和政府投资项目拖欠劳务费情况进行调查核实。劳动争议调解方面，共受理劳动争议案件42件，审结42件，结案率100%。全年建会企业集体合同和工资集体合同共签订43家，集体合同签订率达85.4%，已全部备案审查。受理工伤认定申请39起，依法做出工伤认定31起，不予认定2起，时限终止3起，受理3起，全年无行政复议、诉讼案件。审查申报劳动能力鉴定42起。

关心下一代工作委员会

【概况】达茂旗关心下一代委员会设名誉主任1名，主任1名，常务副主任2名，办公室主任1名，工作人员3名。现有“五老”报告团3个，由15人组成。基层关工委组织共126个。

【“两史”“三爱”主题教育】发放主题教育宣传材料1000多份，图书馆全年共接待读者万余人次，博物馆累计接待学生及青少年共计3000多人次。开展阅读、演讲、组织征文等活动，7800多名青少年参与活动，撰写文章1260篇。

【党建带关工委建设】全旗共建有126个关工委组织，包括12个苏木乡镇、85个村嘎查社区、13所学校和16个机关关工委组织。形成了“旗、乡、村（嘎查）”三级三结合组织网络，做到工作的全覆盖，实现组织网络化。

苏木乡镇

百灵庙镇

【组织机构】百灵庙镇辖大街、呼恒乌拉街、水塔街、吉祥湾街、解放街、艾不盖街、新胜街、朵兰戈尔8个社区，忽吉图、塔日更敖包、黄花滩、红格塔拉4个嘎查村。百灵庙镇党委下辖8个党总支，22个党支部，共有党员631名，流动党员172人，少数民族党员150人。

【脱贫攻坚】建立脱贫承包责任制，要求主要领导每人包2户，班子成员每人包1户，保证覆盖全镇19户、40人的贫困人口，并为19户贫困户办理临时救助业务。建立扶贫对象动态管理工作制度，巩固提高建档立卡数据的真实性、准确性和可靠性，对全镇507户、1103人嘎查村常住人口进行摸排，对新识别出的2户、3人国贫人口建档立卡，联合市医保局、气象局、城建委慰问贫困户9户，发放慰问金18000元。

【农牧工作】4个嘎查村28000亩农作物喜获丰收，完成286户、13905亩政策性种植业保险工作，发放玉米生产者补贴42.77万元。在红格塔拉村更新配套潜水泵10套，建井房10间，安装低压管道22203米，铺设内镶式滴灌带1517.2千米，安装滴灌首部10套、智能水表10块，液位传感器1套。投资60万元，在红格塔拉村实施饲草料基地建设项目1200亩，灌溉草场1200亩，上电2千米，铺设管道7千米，恢复旧井6眼。在忽吉图嘎查种植紫穗槐约1万亩。办理种公羊补贴11户20只。完成动物防疫防控工作，及时安排部署H7N9的防控和排查工作。争取“财政扶持集体经济项目”，投资90余万元，在黄花滩村建成蘑菇种植大棚20座，占地12000平方米；投资66万元，建成草莓种植大棚3座，占地2000平方米。争取农开办项目，投资100万元，在忽吉图嘎查建成封闭式肉牛育肥场地1处，占地面积2000平方米，与内蒙古牧龙驹养殖发展有限公司达成初步合作意向。

【城建工作】累计签订棚户区改造协议1454户，超额完成2017年度棚户区改造任务。在较大居民小区安装移动式凉亭40座。维修下水管道、居民区污水管网、垃圾回收设施等94处。完成南出口道路拓宽改造、西外环道路取直拓宽、沿街建筑立面改造亮化、河道生态修复、住宅小区绿化、打通断头路等项目。投资170余万元,治理私搭乱建、占道经营、乱堆乱放900余处;清除沿街单位店铺破旧对联、橱窗广告3500余处;清理公路沿线垃圾20立方米、积存垃圾1200平方米;治理绿化区开地种菜12处;在阳光雅苑等小区种植绿树300棵。

【新农村新牧区建设】 拆除危旧土房67户,修建由忽吉图嘎查肉牛育肥场所至104线水泥路1.5千米,完成黄花滩现代化农牧产业园区观光旅游路线3.5千米,在黄花滩旧村铺设自来水管道2000米,完成黄花滩新村200平方米村史馆、5000平方米休闲公园建设项目,并在黄花滩村打井2眼。

【社会治理】 实行重点信访案件“五级包联”制度,成功化解矛盾纠纷5起。完善三级社会工作联席会议制度,利用“4·25”“5·13”等敏感节点,开展反邪教宣传教育活动,发放宣传册8000余份。开展重点区域安全隐患排查工作4次,与商铺、居民签订消防、安全生产、食品药品安全责任书4万余份。对辖区内“地条钢”企业开展突击检查2次,对辖区内停产的6家矿山企业进行检查。开展安全度汛大检查7次,防汛隐患排查4次,妥善处理行洪隐患6处。推进住宅小区物业自治管理,在阳光雅苑、巴音小区等12个居民小区引进物业公司。对贝勒小区、电力小区、恩和小区等4个小区新引进居民自治管理委员会。

【社会事业】 实施低保动态管理,取消不符合条件低保户74户,新入保44户;开展80岁低收入高龄老年人、优抚、精减退职、“三民”等验证工作,开展临时救助625户、439200元,发放高龄补贴534人、602000元,大病救助28人、156065元,廉住房补贴48人86400元,资金到位率达100%。为101名灵活就业人员办理退休;为190名“4050”就业困难人员办理社会保险补贴手续;完成养老保险验证215人,指静脉信息采集189人;为社区居委会干部缴纳养老、医疗、工伤、失业保险45万余元。完成百灵庙镇第七届残联换届工作。全年完成孕前优生检查116例,办理生育服务登记表117例,发放各项奖励扶助金额343332元。开展“博爱一日捐”活动,共捐赠10350元。

【人大工作】 完成新一届人大、政府换届工作,选举产生新一届旗人大代表30名、镇人大代表56名,参选率分别达到85%和86.2%。11月17日到11月18日,召开百灵庙镇第三届人民代表大会第一次会议,选举产生百灵庙镇人大主席、镇长、3名副镇长。

【基层组织】 推进“两学一做”学习教育常态化制度化工作,严格落实中心组学习、发展党员、党支部“三会一课”、“三项制度”等基本制度,发展党员3人,建立流动党员外出登记、“1+N”包联等制度加强对流动党员的管理。开展党章党规、习近平系列重要讲话、党的十九大精神学习活动117次,讲党课31次。召开民主生活会

3次，组织中心组学习16次，主题讨论19次。全镇党组织62个、党员720名参与社区建设、服务民生工作中，开展党员进社区讲党课3次，电脑维修培训等志愿服务活动24次，救助困难居民群众13人，发放救助物资3万元。在8个社区确定服务群众专业化项目13个，开展“全民喜阅读·书香飘万家”等活动150余场。

【党风廉政】压紧压实“两个责任”和“一岗双责”，与各嘎查村（社区）党组织签订党风廉政建设责任状12份，定期召开工作例会听取汇报；修订完善《百灵庙镇公车使用管理制度》《百灵庙镇财务管理制度》等制度；开展集中整治“雁过拔毛”式腐败工作，共检查出问题线索24条并全部整改。全年主持召开2万元以上大额资金使用等专题会议48次；主要领导上廉政党课、党风廉政学习会和警示教育大会22次，组织廉政文化进社区活动9次。

石宝镇

【组织机构】石宝镇人民政府位于石宝镇石宝村，政府实有人数76人，政府在编人数共54人（公务员24人，事业编30人）。

【新农村建设】新增污水管道568米，更换雨篦17个，新建垃圾池10个，维修水冲厕所3个，新增太阳能路灯3个。争取市长帮扶资金1000万元，实施城镇供水改造工程，更换自来水管道14.3千米，新打水源井3眼，更换控制阀500个，安装滤灌，解决镇区5200人的吃水问题。实施道路硬化，维修更换路基路面7.2千米，修补路面14.8千米。全镇98个自然村整合成67个新村，农村人居住房砖瓦房率达到100%。2017年拆除危旧土房1569套，整村拆除合并自然村30个。新建23个新村，1275套住房，2017年入住778户，入住率100%。引入包头市鼎瑞清洁有限责任公司，对50户以上的新村由公司承担清洁、维护工作。

【农牧工作】在红山子流转经营土地8000余亩，引进内蒙古格瑞德马铃薯种业集团进行种薯扩繁；在湾尔图引进云南天使薯业公司种植专用马铃薯2500亩；在腮吾素种植黄芪8000亩，劳务用工5万余工日，引进内蒙古天创中药材科技有限责任公司投资800万元建设黄芪加工厂一处。在坤兑滩种植辣根3700亩，引进大连天鹏有限责任公司新建辣根加工厂一处。2017年，完成“达茂黄芪”“蒙古黄芪之乡”等品牌的申报工作。以二柱、聚宝合作社为平台，现合作社肉羊育肥存栏

12000余只，辐射周边3个村委会、32个自然村、1800余农户，湾尔图村订单养殖肉牛50头，幸福村分散饲养黑猪200余口。石宝村养殖家鹅2000余只。种公羊补贴完成登记140只。对160户疫点进行消毒。做好人感染H7N9禽流感疫情防控工作。石宝镇下辖10行政村、98个自然村，23万多亩耕地，完成一轮确权公示。

【脱贫攻坚】落实小麦、荞麦、莜麦等有机种植220户，发放化肥1933袋，折合补贴金额268148元；落实特色养殖业366户，其中肉羊112户、肉牛9户、生猪102户、禽类143户。国贫人口发放退耕还林和公益林生态补偿项目补贴金额262236元，人均367元。发放果树苗1200株，落实美丽庭院花卉种植75户，发放补贴66800元。聘用7名贫困人员为护林员，聘用9名贫困人员任新村保洁员。对符合条件的13户13人贫困人口进行“雨露计划”救助；22户24人国贫户家庭学生享受每人500元的交通费补助；8户8人普通高校新生享受每人每年1万元教育补助，共享受教育救助资金219645元。327户330人享受医疗救助，救助金额665277元；527名50周岁以上国贫人口全部进行免费体检，有104名慢性病患者领取免费药品。60岁以上的236户416人全部享受了政策兜底，每人每月领取292元养老保险金，共发放养老保险金806808元；国贫人口有中11户27人同时享受最低生活保障，领取低保金额89916元；1户1人享受“五保”供养，领取“五保”金5060元；15人为二级伤残人员，领取伤残费52560元。易地扶贫搬迁资金147万元，覆盖贫困户98户192人；产业化扶贫资金225.5万元，覆盖贫困户234户451人；村级集体经济100万元，覆盖贫困户368户713人。共计资产性收益资金472.5万元全部入股到石钢集团内蒙古丰域农牧业科技有限责任分公司处，以10%的利率回收发放于贫困户。

【基层组织】落实党建工作责任制，与10个村党支部书记分别签订党建目标责任状，党委书记讲党课11次，各支部书记讲党课共计47次。打造以产村融合发展、集体经济建设、党建促脱贫、乡风文明建设为特色的党建示范点4个。狠抓意识形态教育和精神文明建设工作，召开3次党委会议研究意识形态工作。

【党风廉政】履行好党风廉政建设主体责任及“一岗双责”，与10个村党支部书记分别签订廉政责任书。

【社会事业】参保人数16344人，已办理退休手续领取待遇5237人，终止待遇841人，为灵活就业人员申请办理养老保险金55人。开展农牧民养老保险金收缴工作收缴养老保险金370人，共计320600元。对129名未参加养老保险和未领取待遇的国贫人员进行信息核对。发放各类慰问资金150000元，发放困难户生活救助金608000元。对全镇943户低保户进行审核和核算，全镇有低保户165户，共计360人。对全镇455名高龄人员进行信息核对，新增高龄人员43人，死亡高龄人员39人。全镇共有“五保”人员129人，对新申报的11名“五保”对象，发放“五保”参合金17160元，发放“五保”生活保障金165000元。

【社会管理】排查调解各类矛盾纠纷案件23起，其中达成书面协议调解12起，口头调解成功11起。对辖区内宾馆、KTV等场所进行排查，发现并整改安全隐患5处。同10个村委会签订禁毒铲毒责任状。深入村组、农户，走访邪教信奉人员13户。镇政府和各个村委会的宣传橱窗张贴反邪教宣传画60张。在镇区重点部位和易发案重点路段安装视频监控摄像头37个。

【创新工作】“一办三中心”体制机制创新，10个便民服务站共选派20余名党员干部驻村蹲点。

乌克忽洞镇

【脱贫攻坚】2017年，共有国贫户428户871人，其中60岁以上422人，占贫困人口48.5%。贫困人口主要分布在二里半、大毛忽洞、腮忽洞、乌兰、太平、碾草湾、东山畔7个行政村，其中碾草湾行政村为自治区级贫困村。至2017年年底，稳定脱贫27户，52人，2017年稳定脱贫14户，28人；正常退出185户，358人；新识别14户，28人；返贫6户，11人。产业脱贫工程，白记粮油合作社带动周边农户176户247人致富增收，其中贫困户124户，国贫户17户38人。西口子合作社带动农户123户286人，其中国贫户19户37人。丰域合作社带动国贫428户871人。意祥“咕咕鸣”等合作社带动贫困户8户17人。易地搬迁脱贫工程，2017年，全镇易地搬迁受益户62户、141人。教育医疗保障脱贫工程，对全镇22名贫困家庭在校大学生，每人每年给予补助10000元，对中小学、高中26名学生发放交通补贴每人每年500元。对所有国贫人口免费体检同时，每人缴纳商业大病保险305元，并对国贫人口住院产生的费用实现二次报销。生态保障脱贫工程，公益林387户、784人、3528亩；退耕还林还草4040亩，国贫人口全覆。政策兜底脱贫工程，对60周岁以上422人发放养老补贴，60周岁以下残疾人6人，每人每月补贴达到292元。

【农牧工作】2017年，总种植面积21

万亩,其中水地面积8.08万亩、旱地面积11.42万亩。马铃薯6.6万亩,荞麦4.4万亩,油料、葵花2万亩。已种植小麦1.8万亩,菜籽1.8万亩,玉米1.5万亩,饲草料1.3万亩,莜麦0.4万亩,其他0.95万亩。农田水利上,改造土地5400亩,发展具有观赏效应的精品种植1.2万亩。新打机井16眼,恢复旧井23眼,配套水泵20台,安装节水滴管81200米,发展滴灌水浇地面积12600亩,西口子合作社流转123户农户5000亩土地。

【新农村新牧区建设】基础设施方面，为碾草湾村修建水泥路7.6千米、二里半村2.46千米、为大毛0.6千米。集镇提档升级方面,完成镇区绿化亮化硬化工程,栽植和补种树苗17684株,安装太阳能路灯221基，硬化路面178.6千米;结合“三创”工作开展“三清”行动,清理清运村内外垃圾860箱,拉运占道废铁等杂物130吨，设立80米的污水管道和管理装置，清理出旧镇区河道及两侧淤泥垃圾4022.7立方米，做好新村街道和S104、S211、X089道路及两侧的卫生清洁工作。

【社会管理】2017年,全镇排查发现9起矛盾纠纷,其中涉法涉诉3起、草场边界纠纷1起、涉及承包经营3起、涉及民办教师2起。已解决3起,未解决6起。未解决的6起矛盾纠纷为1起草场边界纠纷、3起涉法涉诉。2起涉及民办教师。对镇域内的所有行业、生产经营单位、人员密集场所进行全方位、全覆盖、不留盲区、不留死角检查3次。

【社会事业】2017年,全镇低保户数据库实行动态管理，有360户享受低保。发放救灾救济款73.58万元,保障329户灾民的基本生活维护灾区的社会稳定。有五保户168人,每人每年6800元,享受金额1142400元;“三民”补贴55人,每人每年9600元,享受金额558000元;60周岁以上农村籍退役士兵20人，享受金额55680元;精减退职11人,每人每年6780元,享受金额74580元;优抚对象18人享受金额261075元,孤儿11人,每人每年14784元，享受金额162624元；现有15875人参加养老保险,4986人领取养老金,16250人参加新农村合作医疗保险,参合率73%。做好80岁以上老人高龄补贴实时变更登记业务，现享受补贴人员484人,享受金额共586800元,补贴款足额发放到位；在11个村委会新建55套,立面改造72套。

【基层组织】“两学一做”学习教育常态化、制度化,采取“三明确一加强”方式,制订学习方案、计划、措施,抓早抓实学习教育。2017年，共组织开展党委书记、支部书记讲党课55次,领导干部讲党课39次，发放学习宣传手册1000多本,“两学一做” 应知应会2500多张,党的十九大报告宣传册750分,新党章500余册。利用网络平台发送学习信息422条。深入贯彻党的十九大精神方面,组织全体干部职工全程观看党的十九大会议，聆听习近平所作报告。制订学习方案，每周二按时组织集中学习。党员管理和党费收缴方面，2017年，培养入党积极分子15名，发展预备党员4名；全年共收缴党费30596元。

【党风廉政】2017年以来，集中学习6次，镇党委书记讲党课6次，邀请纪委宣教人员、党校老师授课2次，党建知识测试2次，发放廉洁手册、党的十九大报告等书籍学习10余次，充分发挥二里半村自治区级廉政教育示范点作用，先后组织开展党员干部警示教育15次。制定完善乌克忽洞镇《干部日常管理制度》《驻村干部考核制度》《后勤管理制度》等多项制度。严肃查处各类违纪行为，2017年，立案1件，给予政纪处分3人。

希拉穆仁镇

【农牧工作】畜牧业方面，为哈拉乌素嘎查争取到5眼深井和2套喷灌圈水利项目，灌溉面积共计1000亩。改造呼和点素嘎查旱地500亩，完成低压管道铺设5900米。争取牧区储水窖工程项目151户。引导牧民参加种植保险投保17名。开展疫病防控，在武川县与希拉穆仁镇交汇处设立24小时禽流感疫情检查站，轮流值班检查过往载禽车辆，免疫密度均达到100%。飞机喷洒药物灭蝗面积达到50万亩。

【脱贫攻坚】全年累计发放灾民救助、高龄补贴、大病救助、“三民”、优抚等各类救助金额达到64.72万元，救助195户、726人。累计发放第三季度禁牧补贴款266.72万元。完成288人城乡居民养老保险认证工作，缴纳养老保险金额41100元。同时，成功解决21名干部职工历年未缴漏缴养老保险历史遗留问题，涉及金额22.25万元。争取农牧区电网升级改造工程，剩余无电户数不足26户。

【社会管理】整顿旅游市场，发放宣传旅游相关政策法规资料500余份。对景区内39家较大旅游接待点、27家牧家乐进行综合检查，责令停业整顿旅游接待点14家；餐厅厨房整改21家和消防问题责令整改8家；拆除违建蒙古包176顶，面积为3520平方米；拆除平房屋15间，面积约375平方米；拆除不规范设立牌匾1处，下发卫生整改意见书40份，从业人员健康体检215人，培训食品从业人员56名，开展旅游服务培训参加达到500人次。召开安全生产专题会议8次，出动检查20人次，对饮食服务业、烟花爆竹销售、个体工商户和全镇常住居民进行检查排查。消防站配备1台小型水罐消防车。

【新农村新牧区建设】修建旅游公

路2.5千米、铺设低压管道和外围绿化种植树木3000多株。发展壮大集体经济，分别在巴彦淖尔嘎查投资79万元，打造占地面积为12.67亩的家庭休闲度假旅游基地1处，建成绿色种植采摘大棚5座；在哈拉乌素嘎查建设国际标准化射箭场1处，项目总投资50万元，占地面积2647平方米。以完善基础设施为突破口，加大公共服务投入力度，配齐污水处理设备，实现污水处理厂和垃圾处理厂提档，落实全镇无电户上电工程，推进牧区储水窖项目。

【创新工作】 推动乘马服务公司运行，规范乘马服务，投资4330万元成立内蒙古阿拉腾都热马业有限责任公司，将原来30个大型乘马点整合成3个大型乘马服务中心和5个中型乘马服务中心，设置8条骑乘线路。同时，安装骑乘线路监控系统、马标、马具、骑乘服务人员服饰、游客安全护具等。挖掘旅游文化底蕴，开展第四届希拉穆仁草原旅游节，额尔登敖包祭祀、红格尔敖包祭祀、引导内蒙古安德泰文化旅游有限责任公司投资6000万元成功打造《漠南传奇》大型实景演出剧，成为景区旅游的亮点服务项目。举办“天穆草原音乐嘉年华”草原狂欢音乐节，3天共接待5万余人次，营业收入达到2400万元。围绕脱贫攻坚工程，将“互联网＋旅游”模式的试行推广与精准扶贫相结合，发挥旅游优势，探索创新“互联网＋旅游＋精准扶贫”模式，争取扶贫专项资金100万元，在神鹰宏浩旅游接待点新建1处综合餐厅，采取“党建＋企业＋贫困户”模式运营。

【党风廉政】 落实“两个责任”，严格执行中央“八项规定”和各级配套规定精神；完成人大、政府换届工作；加强统战工作，落实党的民族宗教政策，社会民主层面有序扩大；把学习宣传贯彻党的十九大精神、习近平新时代中国特色社会主义思想、党章作为重要的政治任务，推进“两学一做”学习教育常态化制度化；规范“三会一课”制度、民主生活会、组织生活会，组织讲党课12次，党建应知应会知识测试1次；实施嘎查阵地提档升级工程，投入25万元改造阵地，改造办公场所，配置桌椅等办公用品，建成村史馆1处。牢牢把握意识形态工作领导权、主动权和话语权，规范镇区宣传标语，掌控干部、群众微信群，抵制负面言论行为良好氛围初步形成。

【基层组织】 发展壮大嘎查村集体经济，在3个嘎查分别实施花海、国际化标准射箭场、采摘园和扶贫专项资金项目4个集体经济，其中花海项目已投入运营，采摘园已完成土建工程，射箭场基础工程已经完工。阵地提档升级方面，在3个嘎查分别确立以矛盾纠纷化解、产业服务、红色记忆为党建工作主题，完成阵地建设，打造哈拉乌素嘎查党支部和毕力格泰支部(非公党建支部)2个阵地。强化党员管理，完成全年的党费收缴工作;按要求发展党员积极分子7名,发展党员2名,发放党员证180个,流动党员证20个。发挥党员先进模范作用,为3个党员中心户配备党员活动的蒙古包,开展活动4次。加强后备干部队伍建设,3个嘎查党支部都配有2名后备干部。

明安镇

【组织机构】核定编制50名,其中行政编制22名、事业编制28名。实有工作人员43名,其中在职人员37名,协理员11名。内设机构有农牧业服务中心、计生服务中心、劳动社会事务保障所、财政所、党政综合办等。镇党委下辖8个党支部,共有党员187名,其中女性党员52名,少数民族党员142名。

【农牧工作】争取产业化园区饲草料基地综合整治项目,实施滴水灌溉工程、护风治沙工程和打井配套项目;组织园区牧户走种养结合和特色养殖之路,落实惠农惠牧政策,逐户逐项建档立卡,按时足额地兑现种植补贴。通过硬化园区巷道、修缮自来水管道和住户保温措施,改善园区牧民的房屋环境。按照畜牧业"提质增效"发展要求,重点培育和扶持欧格德、"茂明安"肉业、乌日根菊拉3家合作社壮大和提升,形成产业升级、牧户受益的品牌化产业新业态。落实好"收缩、转移、集中"战略,加强禁牧管护力度,严格取缔偷牧行为,坚决巩固禁牧成果。加强巴音杭盖自然保护区管护工作,完成国家级自然保护区申报工作。协调有关部门严格整顿矿产资源开发秩序,严厉打击私挖盗采矿产资源行为,开展镇区周围环境治理和旅游沿线的环境整治工作,开展"安全生产"大检查,层层签订安全生产责任状。加大草原监管力度,建立健全草场流转机制、草原防火机制和草场开发保护机制,探索草原生态恢复后保护和利用的新途径。

【新农村新牧区建设】按照新牧区建设,重点实施北部三嘎查、希拉朝鲁嘎查、莎如塔拉嘎查和那仁宝力格嘎查的危旧房拆迁、立面改造工程和房屋自建工程,牧民群众的住房条件得到明显改善;新建休闲广场、综合卫生服务站,牧民群众的文化生活方式多样化;对镇区部分地区进行低压线路改造,并在部分嘎查地区架设高压线路,从根本上解决牧民群众的生产生活用电困难。结合"三清"活动和环境整治工作,全面整治、清理重点区域,建立环境卫生管理长效机制。

【社会管理】 按照信访程序制定相关制度和工作台账，建立市、旗、镇三级信访案件逐级登记受理和终结网路体系，完善社会工作联席会议制度，研判分析信访案件起因、矛盾焦点和解决办法，做到信访案件早预防、早协调、早解决、早稳控。开展“法律服务进企业、进牧户”活动。鉴于辖区内工牧矛盾纠纷较突出的实际，联合司法局成立“法律服务”工作组，重点服务于全镇接待来访、研判信访案件和提供法律帮助，以法律的手段解决天润风电场与牧民长期存在的草场纠纷问题。

【社会事业】 按照上级业务部门要求，新型农牧民养老保险全民参加率达100%。计生工作开展独生子女和奖励扶助、少生快富等摸底上报，开展免费孕检一次，优化服务水平、提高出生人口素质。对50岁及以上牧民进行健康检查。与各牧家乐、饭馆、超市签订食品安全责任状，密切监控集体聚餐食材安全。大力宣传九年义务教育和扫盲工作，儿童入学率100%。

【基层组织】 在推进“两学一做”学习教育常态化、制度化中重点把握基础在学，坚持自学、集中学、听党课。在自学基础上，镇党委中心组学习8次，参加旗委中心组学习7次，参加自治区党委“双休日”讲座和旗委“星期五”讲座7次和4次，举办党员干部集中学习7次。开展“党员主题日”活动，开展“三会一课”制度，3月8个基层党支部召开专题民主生活会、开展民主评议党员和“四定三评”工作。壮大党员队伍，新发展党员2名，12人被列为积极分子。

【党风廉政】 落实党委的主体责任，党委书记与班子成员签订党风廉政建设责任状，镇纪委对嘎查“两委”换届选举全程监督。党委书记、镇长和纪委书记向镇纪委全会述职述廉，集中报告履行“两个责任”、个人廉洁自律等情况，并接受纪委委员现场评议。镇党委书记与领导班子成员、各嘎查党支部书记开展经常性廉政谈话，提醒督促落实党风廉政建设主体责任。严肃考核考评制度，转变干部职工工作作风。开展党务公开、政务公开、村务公开的“阳光公务”活动，完善机关干部、领导干部和嘎查干部管理制度，完善预算管理、嘎查财务管理和后勤管理制度等财务管理制度。

巴音花镇

【组织机构】 巴音花镇核定编制共50个。其中，行政编制24个，实配人数23人；事业编制26个，实配人数22人（农牧业服务中心16人、劳动社会保障事务所3人、人口和计划生育服务中心3人）。按照“一办三中心”服务模式下设党政综合办公室、产业统筹发展服务中心、公共事业保障服务中心、社会综合治理服务中心等办事部门。中共巴音花镇委员会辖吉忽龙图、敖龙忽洞、乌兰宝力格、白音敖包、白音查干、开林河6个嘎查党支部，1个机关党支部，共有党员201名，牧民党员140名，占70%；少数民族党员133名，占66%。嘎查两委班子成员共27人。

【脱贫攻坚】 共有市级贫困户24户55人，自然死亡3户3人，通过采取镇领导班子成员每人帮扶1~2户、保底等帮扶措施已如期脱贫，同时开展新一轮贫困人口动态管理摸底工作。通过公示，共有8户21人为国标贫困户，均符合申请低保标准。

【农牧业】 调整饲草料地种植面积，种植由原来玉米、谷草5∶5转为玉米、谷草、土豆、油葵5∶2∶2∶1。加大畜群结构调整，将骆驼产业作为巴音花镇特色产业进行扶持。年内全镇存栏骆驼530峰。发展草原文化旅游特色产业，在第五届中国游牧文化旅游节活动中，承办第五届“传统擀毡节”和“舌尖上的巴音花”两项活动，组织牧民文艺演出队表演节目，同时开展赛马、博克、射箭等各项文体活动。

【新农村新牧区建设】 美丽牧区建设方面，争取上级资金强化新牧区建设，争取旗财政“一事一议”项目30万元，为布格其新村新建老年活动中心和硬化广场。拆除镇区及公路沿线视野范围内危旧土房，在镇所在地、3个牧业产业化园区和2个饲草料基地人口集中地配备清运垃圾车，固定专人清理卫生和维护广场健身设施。敖龙忽洞和吉忽龙图嘎查被评为市级文明嘎查。完善布格其新村24户牧民与白音敖包新村14户牧民住房的水电路等基础设施，督促牧民尽快入住新村。开工新建乌兰敖包至乌珠尔边防公路；新建旗外环路白音敖包嘎查经开林河嘎查至边防公路53千米旅游路线；新修境内38.4千米百满一级公路扩建工程。协调发改与电力部门为101户守边牧户申报安装大功率风光互补发电机，解决守边户生产用电问题。协调移动公司投资58万多元建成移动塔架1座，实施“牧区水窖”工程，抓好开林河新村40户牧民棚圈改造加保温层工程。

【社会管理】社会管理方面，在镇区主要街道、路口、商店、牧家乐等人流聚集地安装电子摄像头设备。加强网络化管理，对重点案件实行领导包案制，特别对“三类人员”（即1997—2002年大中专毕业生、复退军人、民办教师）、红旗牧场解体时遗留问题、工牧矛盾、邻里草场矛盾、草场征用矛盾作为重点，进行化解和稳控。安全生产工作方面，开展安全生产大检查、大排查活动，对8家非煤矿山企业全部停业整顿，其余3家施工企业均签订安全生产责任状和安全生产承诺书。对安全生产隐患进行排查，并就易燃易爆物品贮存、保管食品药品安全、消防、防洪、疫病管理等知识进行宣传，排查中发现子弹86发、雷管1盒，全部上缴到派出所。依法治镇工作方面，配备2台普法仪，对全镇6个嘎查开展普法宣传工作；加大普法和禁毒力度，开展好“七五”普法工作。

【社会事业】低保资格审核，对低保户实行动态管理、定期公示，全年共确定核准低保73人、“五保”10人，实现应保尽保。发放救助资金，按要求按时准确发放各类救助资金，全年发放各类救济款98.8万元。各项惠民政策兑现，落实各项惠民政策，为全镇1465户牧民及时兑现禁牧各类补贴；认真落实社保政策，参加社保1956人，比例达到86.7%；参医合3456人，达到100%。“全面二孩”出生5人；参加各类就业培训436人，同比增长10.2%。

【基层组织】基层党建方面，实施北疆基层党建固本工程，争取27万元维修改造敖龙忽洞嘎查阵地，争取10万元维修白音敖包嘎查阵地，争取9万元建设斯仁敖道党员中心户的活动场所，并在6个嘎查制作宣传牌匾。在敖龙忽洞嘎查、原红旗牧场东、沿百满公路西边建立一处50亩采摘园。引导吉忽龙图嘎查和乌兰保力格嘎查牧民合作社重组为那仁满达合作联合社，在百灵庙成立销售与体验为一体的绿色农畜产品输出商店，“巴音花戈壁羊肉”商标产品通过国家绿色认证。

【党风廉政】狠抓党风廉政建设，履行“一岗双责”，坚决贯彻落实中央“八项规定”和各级配套规定精神，党员领导干部签订“廉洁自律承诺书”。召开全镇两级干部大会，组织观看《永远在路上》党风廉政建设警示教育片，动员部署推进“雁过拔毛”式腐败问题集中整治活动，公布举报电话，与36名嘎查“两委”成员和环节干部开展廉政谈话，全面深入了解干部思想工作和生活情况，强化对干部的日常监督管理，将“底线”思维，“红线”思维深植于每个干部心中。

【获得荣誉】2017年，巴音花镇被评为“全市文明村镇”。

满都拉镇

【脱贫攻坚】共入户569户，完成1239人的牧民信息采集工作。初步研判7户,13人为贫困户。11月24日,两个嘎查召集各嘎查党员、牧民代表、人大代表对以上7户进行民主评议,最终确定额尔登敖包嘎查的额尔德尼和萨仁其其格2户5人为贫困户。

【农牧工作】经济结构方面,支持"赛瀚戈壁肉业""宝日陶勒盖肉业"2家合作社,辐射带动周边10户牧民,依托绿色羊肉商标，将实体产业延伸至北京浙江等地,拓展网上销售渠道,全年销售羊肉32吨,牛肉8吨。完成塔拉赛汗饲草料基地6300亩农田设施改造,新打机电井5眼,配套新井房9间，铺设低压管道2.1万米,滴灌覆盖面积1500亩,喷灌圈覆盖面积1500亩。2017年,镇区周边经营特色商品、餐饮、汽修、住宿、牧家乐牧民达到106人,占常住农牧业人口12%,同比上年增长3%。

【新农村新牧区建设】2017年,全镇城镇建设计划投资4.7亿元,实际累计完成投资额达到3.3亿元，当年完成投资8900万元。重新修订《满都拉镇总体规划》《满都拉镇控制性详细规划》《满都拉镇城市设计》，规划面积4.26平方千米。签订征收协议24份,拆除房屋39套,道路管网、自来水、集中供热、强弱电工程等基础设施逐步完善,景观绿化、敖包广场、那达慕会场等公益项目建设接近尾声,商贸中心、小商品批发中心等商业项目建设即将完工，活佛旧居改造项目有序推进。

【社会管理】提高公民法律意识,完成"六五"普法,深入实施"七五"普法。全面贯彻党的民族宗教政策,开展"一周两月"和民族团结"六进"活动,市面蒙汉文使用率和准确率达到100%。争取少数民族发展资金360万元,实施兴边富民项目4个。注重意识形态建设,选树戍边牧民阿迪亚为先进典型,2017年被评为自治区级"民族团结先进集体"。完善社会矛盾排查化解机制,化解信访案16件。

【社会事业】落实惠民政策,投入80多万元维修和完善边境一线牧民节能房屋,发放边民补贴118.4万元。城乡居民基本医疗保险制度实现整合,覆盖率继续保持100%。关注妇女健康问题,与内蒙古忽思慧蒙医医院共同组织无偿全身体检妇女57人。发放临时救助和过冬困难补贴19.04万元,救助“两癌”妇女1人。落实独生子女、特扶、奖扶补贴20人2.78万元。重视劳动就业和创业培训,开展劳动技能和创业培训3次。

【基层组织】组织北疆联合党委议事会5次,联谊会1次,共同解决问题7件。投资45万元,对北疆联合党委阵地进行亮化美化。坚持把学习宣传贯彻党的十九大精神作为全部工作的主线,党员、干部群众学习成果明显。落实组织生活会各项制度,推进“两学一做”学习教育常态化制度化。抓好意识形态工作,牢牢把握意识形态工作领导权、主动权和话语权。完成镇人大、政府换届。

【党风廉政】按照“一岗双责”要求,健全完善“一把手”负总责,分管领导各负其责,班子成员齐抓共管、执纪监督的领导体制和工作机制。研究制定《满都拉镇2017年党风廉政建设目标责任书》,对重点任务和工作责任分解细化、责任到人,把主体责任落实到位。坚持把纪律和规矩挺在前面,不定期督查工作人员在岗、在位、在状态情况,查找问题,提出整改意见和建议,营造守纪律讲规矩良好环境,组织党员干部集中学习3次。严格执行“三重一大”集体决策制度,强化行政监察和审计监督,清理整顿政府投资项目,强化廉政风险防控机制建设,建立政府班子廉政档案。全面落实中央“八项规定”精神,严控办公用房标准,完成公务用车制度改革,坚持勤俭办事,作风明显转变。

西河乡

【组织机构】共辖设西河、前河、厂汉、德令沟、德承永、什拉文格、石兰哈达、本不台8个村民委员会,机关内设有党政综合办、财政所、司法所、武装部、农牧业服务中心、社会劳动保障事务所、人口与计划生育服务中心、派出所、卫生院、达茂旗农村信用联社西河信用社。核定行政编制22人,事业编制33人。2017年有工作人员74名,包括正式行政、事业编制55名,协理员10名,村干部、西部志愿者、公益性岗位6名,政府借调人员3名。

【新农村建设】拆除农村危旧土房276套,完成自建房后续工程。实施“创卫”“三清”工作,整治公路沿线不规范建筑,拆除牌匾9块。探索推行新村卫生党员干部分片包户网格化管理制度,制定《新村管理办法》,定期开展“三废”“五乱”整治工作。

【农牧工作】产业发展方面，在德承永、李二全壕、乌兰忽洞等村推进农田水利设施建设，实现新增水浇地9300亩，投入资金10万元为“蒙盛达”购置大型拖拉机，完成第一轮土地确权公示和农牧民不动产确权登记工作，年内实现动物防疫免疫率和免疫密度100%目标。产业结构调整方面，完成2万亩绿色有机粮食种植，优化杨油坊水库—“和義公”老油坊农业观光旅游线路，打造游客中心1处、农家乐3家。完成农作物入保8.5万亩。辖区3家存量企业全部正常运转。村集体经济方面，制定《西河乡集体经济“清零递增”三年方案》，投资50.3万元，在西河、前河发展农机队项目。投资45万元在本不台、德承永新建蔬菜大棚，集体经济覆盖率达50%。

【脱贫攻坚】2017年，动态管理新进18户39人。认真落实“五个一批”帮扶措施，实现2015年建档立卡121户国贫户，除2户因大病未脱贫外全部脱贫。选树脱贫示范户17户。

【社会事业】落实各项惠民政策，年内共完成社保验证2025人，办理养老保险1688人，新农村合作医疗12676人，新增低保户18户取消6户。加大社会救助力度，全年临时救助670户，为262名残疾人申请发放困难生活补贴，为8名大病患者申请红十字会救助。全乡人口自然增长率保持在1.68‰以内，综合节育率达98.8%，落实计划生育奖励扶助、二孩等政策。

【社会管理】社会管理方面，深化“四个一”工作模式，推进“六个明白”工作法，设置乡村两级综治中心，探索推行社会综合治理网格化管理。规范“和谐矿办”设置和运行，及时化解矛盾隐患。加快“平安西河”建设，实现政府所在地视频监控全覆盖。矛盾隐患稳控方面，落实信访责任制，年内排查化解矛盾纠纷180多件次，未发生非访越级访事件。开展“百日安全大检查”和整治废弃矿井行动，定期进行安全生产、食药品安全、消防安全的宣传教育和排查防范工作，未发生突发事件。基层民主政治建设方面，完成乡级人大政府换届各项工作；发挥“人大代表之家”作用，全年接待群众来访131人次。开展民族理论政策“六进”活动，走访联系统战人士15户。

【基层组织】以“三项制度”为抓手，推进“两学一做”学习教育常态化制度化，年内共完成工作目标283项，党员践诺607条，开展专题研讨3735人次，讲党课114人次。争取资金17万元，打造本不台村、西河村、上城湾党群活动室3个基层党建示范点。年内新发展党员4名，发放党员证387册，评选九星党员23名，向22名党员发放慰问金7.6万元。

【党风廉政】制定出台《党委主体责任和纪委监督责任实施意见》,层层签订《党风廉政建设承诺书》,加大正反两方面教育力度,健全完善110项规章制度,深入开展雁过拔毛、一卡通清查、打击“村霸”等专项整治工作。

小文公乡

【脱贫攻坚】全乡共有国贫户398户878人,未脱贫126户266人,脱贫享受政策272户612人,稳定脱贫8户26人;易地移民搬迁户125户318人。通过产业帮扶346户,其中种植业51户,发放化肥696袋,折合人民币15.3万元;养殖业扶持295户,扶持资金129.3万元(肉羊养殖283户3991只,肉牛养殖4户11头,生猪4户20口,蛋鸡养殖142户2638只,棚圈建设4户240平方米);易地移民125户318人;教育救助“雨露”计划26人,发放补贴3.93万元,对在校小、初、高中学生享受交通费补贴42人,发放交通费补贴2.1万元,贫困大学生救助32名,发放教育补助45万元;生态扶贫雇佣5名护林员,发放补贴0.4万元;政策兜底帮扶255人,发放补贴68.3万元;医疗扶贫补贴761人9.3万元;落实资产性收益金401万元以及集体经济100万元,入股内蒙古丰域农牧业科技有限公司。

【农牧工作】种养植业方面,种植滴灌马铃薯10326亩,滴灌葵花51200亩,旱地覆膜56000亩。推进有机农产品生产加工基地建设,签订小杂粮订单种植339户4068亩。集体经济发展初见成效,大井村孵化基地养殖青年鸡5000只。在拉兑九村种植大蒜230亩,并建成90平方米绿头蒜恒温库一座。光伏农业方面,实施东老龙光伏农业旅游综合体项目,开始建设1350平方米养殖棚圈30栋,建设10千瓦光伏发电项目。西营盘新村10千瓦分布式光伏发电项目正在编制设计方案和办理入网指标等前期工作。累计完成牛、羊、猪、家禽等动物防疫9.27万头(只),确保全乡牲畜无疫病发生。农村土地确权已进入第二轮公示期,完成43个自然村承包户与地块面积公示。

【新农村新牧区建设】拆除危旧土房方面,拆除危旧土房901套。自建房屋续建工程开工45套,统建自建住房通电532户,通水工程完成1125户。乡村交通路网建设方面,完成波罗图—下红房子新村—四子王旗公路7千米硬化。实现与四子王旗公路对接。农田水利基础设施建设方面,完成对80眼有水无电机井电力设施和水利设施配套工作,实施节水灌溉项目，完成5400亩耕地改造工程（小文公村1200亩，不浪村900亩，格少村1000亩，西圪旦村600亩，明水村1700亩）。农畜产品品牌建设方面，成功申报“小文公大蒜”国家地理标志保护产品。环境卫生整治工作，共投放垃圾箱90个，垃圾清运车1辆。投资100万元新建黑脑包垃圾填埋场和西圪旦垃圾填埋场，规划占地1600平方米，建成后可部分解决村民生产生活垃圾的处理问题。

【社会管理】信访维稳方面，排查矛盾隐患58起，化解各类矛盾纠纷32项，稳控重点人员14名，成功解劝重点信访人员8人次。禁牧执法监督方面，全乡养殖户数1265户，原存栏数94685只；总出栏数56675只，出栏率为59.8%。存栏数38010只。通过制订方案、制定禁牧管理办法、签订禁牧工作责任书和禁牧告知书、发放2000多份宣传材料等，全面做好禁牧工作。

【社会事业】做好低保户的评审把关工作，完成61户低保审核工作。城乡养老保险、新农合工作方面，参合率保持在99%以上。按时足额发放城乡低保、“五保”供养、孤儿供养、“三民”生活补助、80周岁以上高龄补贴，累计发放7977345元。鼓励号召全体职工参与“博爱一日捐”活动，已捐款3300元。扶持20户残疾户种植大蒜16亩，提高残疾人劳动创造能力。发放重度残疾人护理补贴114500元。多方争取资金，开展贫困妇女、儿童救助活动，累计慰问110户困难群众，发放慰问金130500元。

【基层组织】“两学一做”学习教育常态化制度化方面，通过包片领导讲党课，专业教师讲课、观看专题片、支部书记讲学等形式，开展集中学习12次。各村支部利用包片领导讲学、集中自学，与科技培训结合学等方式组织集中学习31次。开展农村党员承诺践诺活动，在脱贫攻坚、美丽乡村等方面公开承诺654条，践诺286条。党员固定活动日累计活动35次。基层党建工作，创新党建工作载体，完成大井村、西圪旦村、拉兑九村3个基层党建示范点打造工作。发展村集体经济，带动党员群众发展特色种养业。大井村建成养鸡孵化基地，已孵化养殖青年鸡5000只，实现户均养殖鸡30只，集体经济收入将达到12500元。争取项目资金对乡综合文化站里进行改造升级，建设一处300平方米综合便民服务大厅。意识形态工作，利用各类会议，强化理论学习，教育广大党员干部职工，确保理论武装到位。通过驻村帮扶、脱贫攻坚、安全生产大调查等入户工作，及时了解村民所思所想所说，抓好舆论引导，传播凝聚正能量。

【党风廉政】把“两个责任”落实放在首要位置，通过制定目标、明确责任，建立齐抓共管的党风廉政建设责任体系。采取明察暗访的方式，对机关各部门及乡辖9个村委会落实党风廉政建设情况进行督导检查，发现问题及时责令限时整改并记录在册。严格遵循规范程序及时约谈涉嫌轻微违纪问题的党员干部，做到监督常在、提醒常在。综合运用批评教育、谈话提醒、公开通报、组织处理、纪律处分等形式，严肃查处懒政怠政、为官不为现象。2017年，共接到信访转办件8件，立案1件2人，初核实了结4件，3件在初步核实中。梳理问题线索，对扶贫、涉农涉牧资金补贴领域问题进行严查严办。开展集中整治“雁过拔毛”式腐败问题专项治理工作，对二级站所工作人员及村委“两委”成员在低保、惠农惠牧、集体“三资”管理等重点领域账务进行清查。

达尔汗苏木

【概况】辖区内有闻乌兰察布岩画、金鏊壕、安达堡子古城、推喇嘛庙等众多历史文化遗迹。下辖6个嘎查，即查干敖包嘎查、希拉哈达嘎查、阿拉腾图格嘎查、阿拉腾敖都嘎查、哈沙图嘎查、额尔登敖包嘎查。共有党支部7个，其中机关党支部1个、嘎查党支部6个，共有党员197名。内设：党政综合办公室、财政所、司法所、计生办、民政办、农牧业服务中心办公室、人大办、纪检办、禁牧办（兽医站）、卫生院、派出所。

【农牧工作】畜牧业方面，引进杜伯、德美、巴美、澳洲白等优良种羊106只，发放种公羊补贴16.96万元，实施畜种改良7000余只，胚胎移植2174只。发展马产业，争取少数民族发展资金30万元，培育壮大查干敖包“策格”基地基础设施建设，鼓励牧民成立“策格”合作社。草原生态保护工作，贯彻落实新一轮草原生态奖补政策，召集各包片领导、嘎查两委召开专题部署工作会2次。按照新一轮草原生态奖补政策，注重分类，根据养畜情况按规定发放禁牧补贴。建立健全河湖管理保护长效机制，对辖区内14条河流以根据地图实地认清河道界限为主，对河岸堤坝、河道垃圾、乱挖乱采等情况进行集中检查、巡护工作。

【新农村新牧区建设】城乡建设方面，建立健全新村后续管护制度，新建镇区水塔1处，安装饮水除氟机3台，改造镇区供水管网6000米。争取集镇提档升级项目资金，对苏木办公楼进行维修、更换节能环保锅炉，每年节约煤炭100吨，减少支出17余万元。

【社会管理】引进5万千瓦风电供暖项目1家，并协调企业争取帮扶资金9万元，全部用于贫困户救助。引进内蒙古泰兴旅游服务公司，与查干敖包自驾游营地30户牧民签订为期10年的蒙古包整体租赁协议，每户牧民年均收入5000元。举办达尔汗苏木首届那达慕大会暨查干敖包嘎查第六届“策格”文化节、“舌尖上的达尔汗”“指尖上的达尔汗”等系列民俗活动，接待游客达 1.2 万人次。完成人大、政府换届任务。落实领导包案制度，调处各类矛盾纠纷 13 起。与辖区内企业签订安全生产责任书，并组织干部职工对苏木 4 家企业进行 5 次摸底排查，建立工作台账并及时排查火灾隐患。

【社会事业】 牧民养老保险参保 2507 人，新型合作医疗参合率达到 95% 以上。发放供暖补贴 1587 户 95.22 万元，为 235 户 469 人发放应急和临时生活救助金 27.62 万元。开展“博爱一日捐”活动，累计捐款 4350 元。争取到企业赞助金 1.2 万元用于阿拉腾敖都嘎查 2 名贫困学生和 1 户残疾户生活救助。

【基层组织】 思想学习方面，学习党的十九大精神，开展集中学习 350 人次、讲授党课 3 次，基层党支部书记讲党课 7 人次，开展流动送学学习教育 2 次，发放蒙汉文各类学习资料 3000 余册。推进“两学一做”学习教育常态化制度化，制定完善党支部“三项制度”，落实“三会一课”制度；利用微信公众号发布学教信息 101 条。意识形态工作方面，召开意识形态工作专题会，印发《达尔汗苏木党委关于意识形态工作责任制分工的通知》，并与各嘎查和二级单位签订《2017 年度意识形态安全工作责任状》。精神文明建设工作，累计向各类媒体发送信息 100 余条。基层党组织服务方面，推进相对后进嘎查整顿工作，下派 1 名业务能力强、综合素质高的党员干部担任相对后进嘎查支部书记。组织牧民党员利用基层讲堂、党员中心户等形式开展丰富多样的学习教育，累计培训 400 人次。按照标准发展党员，新发展党员 2 名。完善“一厅四站三队”服务平台，坚持定期、定点、定人为牧民提供服务，全年累计为牧民提供各项服务 800 余次，办结率达 95%以上。集体经济发展方面，开展抓党建促脱贫工作，对 14 户 32 人国贫户进行建档立卡。通过争取项目资金支持哈沙图众力合作社开展野猪等特色养殖，年出栏野猪 260 口，27 户贫困户户均分红 6880 元（成猪一口 6000 元，现金分红 880 元）。引进内蒙古泰兴旅游服务公司，与查干敖包自驾游营地 30 户牧民签订为期 10 年的蒙古包整体租赁协议，每户牧民年均收入 5000 元。

【党风廉政】 党建工作方面，落实从严治党要求，推动“两学一做”学习教育。修订完善《机关干部学习制度》《机关干部廉政勤政制度》等 46 条制度，用制度来约束党员干部，持之以恒抓“四风”整顿，严禁公款吃喝、公车私用等不正之风。严格落实“两个责任”。组织全体党员干部及嘎查“两委”成员召开落实党风廉政建设“两个责任”专题会议，与各嘎查签订《党风廉政建设责任书》，与领导干部签订《达尔汗苏木领导干部廉洁自律承诺书》。

查干哈达苏木

【组织机构】查干哈达苏木辖哈达哈少、那仁宝力格、腾格淖尔、巴音赛汉4个嘎查村。苏木党委下辖5个党支部,共有党员149名,流动党员32人,少数民族党员107人,有党代表35名。查干哈达苏木内设:党政综合办公室、农牧业服务中心、计生办、劳动社会保障事务所、财政所、司法所、人大办、纪检办、组织办、民委统战办、民政办、团委、妇联、综治服务中心、工会、红十字会、武装部、兽医站、文化站、畜牧业经营管理站、水管站、安全生产监督管理办。

【脱贫攻坚】2017年,识别国家级贫困户3户3人(哈达哈少嘎查1户1人、那仁宝力格嘎查2户2人)。通过"一户一策"方法帮助贫困户脱贫。嘎查配种站的修缮能够解决贫困户宝日呼住房问题,雇佣放牛和饲养能够解决宝日呼稳定收入来源的问题,每月工资500元,一年共计6000元。针对格日勒,根据苏木扶贫帮扶资金使用计划,从赛那农牧业专业合作社购买德美基础羊12只(共计人民币13600元),购买羊12只,交由赛那合作社代养,每年赛那合作社给格日勒4000元代养受益资金,保障贫困户有稳定收入。针对青格勒:在那仁宝力格嘎查风电场范围内进行清扫垃圾工作,风电场每季度给青格勒发放500元工资,一年共计2000元。自己打临工最低年收入2000元以上。

【农牧工作】农业工作方面,2017年,支持内蒙古金绥润农牧业发展有限公司,种植马铃薯1200亩、紫花苜蓿1200亩、玉米280亩。在巴音赛汉园区打灌溉水井6眼,确保当地种植用水。牧业工作方面,2017年,在巴音赛汉嘎查落实集体经济,强化赛那农牧业合作社基础设施建设,完成围封集体草场20000亩,建设1000平方米棚圈1处,完成机井建设,接通高压电,合作社养殖德美肉羊400只;在哈达哈少嘎查落实肉牛养殖及肉业产业集体经济,完成棚圈建设,购买冷库基础设施,购置肉牛20头。

【新牧区建设】2017年,落实项目资金70万元,在镇区主街道西南侧进行选址,共建设主体房屋80平方米,硬化院落300平方米,安装容量为1吨的净水器1台。7月30日,工程竣工使用。开展镇区绿化工作,共完成苏木院落及镇区主街道两侧16805平方米绿化工作。签订永久性征地协议89份,临时性征地协议89份,其他各类协议40余份,边防公路已建设完工。在哈达哈少嘎查开展无电户通电工作,涉及无电牧户19户,通电距离14千米,已全部实现通电。

【社会管理】成立综治服务中心,开展国安、打传销、防邪教、禁毒等排查调查工作2次,未发现危害国家安全事件;未发现传销人员、传销组织和传销活动;辖区内不存在邪教组织,未发生邪教聚众事件;辖区内未发现吸食毒品、制作毒品人员,4名吸毒人员3名在强制戒毒,1名社区戒毒。健全警民三级联防联控体系,在各嘎查利用便名服务站积极组织成立矛盾调解处理中心,全年共解决各类矛盾纠纷71件。社会稳定工作,大中专毕业生未安排工作相关人员15人,按照领导干部包片实行责任管理,通过每天联系、与其家人联系和实地探访的形式实行稳控。牧区军队复员军人,有60岁以下牧区复员军人46名,没有上访人员。苏木党委已帮助1名下岗复员军人落实各项政策,并办理低保。

【社会事业】对115户低保户进行排查,清理低保户70人,重新确定低保户10户,贫困户12户。累计筹集社会救助资金410831元。其中,低保的保障资金31662元,“五保”保障金30000元,优抚对象补助金13248元,60岁退伍军人生活补助3240元,重度残疾人护理补助和生活补助29760元,残疾人燃油补贴7280元,困难户临时救助7200元,大病救助1494元,80岁高龄补贴16200元,“三民”人员生活补贴67200元,退伍士兵地方经济补助127399元,农村义务兵家属优待金76148元。民政开展临时救助1次,救助96户,发放救济款共计172800元。合作医疗参保人数1926人,养老保险参保人数159人。

【基层组织】落实党建工作责任制,坚持书记抓、抓书记,党委书记与各支部分别签订党建工作责任状。执行自治区从严治党“1+3”制度体系,落实“五个一”工作机制,定期召开会议研究分析党建工作,制定党建工作责任清单和领导干部年度引领示范任务清单,层层落实责任,层层传导压力。落实“三会一课”“三重一大”“四议两公开一监督”等各项制度,推行“532”工作法和“四定三评两考核”,制定“三项制度”,开展七项重点工作摸底排查;发展党员3名,1名党员获评优秀共产党员称号;完成哈达哈少嘎查和腾格淖尔嘎查阵地改扩建,完成党员中心户建设。

【党风廉政】2017年,坚持抓住领导干部这个“关键少数”来引领党员“最大多数”,坚定推行“一岗双责”。结合“五级示范抓引领”,开展党员领导干部纪律作风监督检查12次、窗口单位行政效能检查4次、“雁过拔毛”式腐败问题专项检查2次。共约谈领导干部8人次，约谈部门负责人3人次。苏木纪委全年共举办廉政学习培训6次,开展党政一把手廉政党课1次,观看专题警示教育片6次，参观反腐倡廉警示教育基地1次。2017年,苏木纪委完成交办案件1件,处理不合格党员1名。

巴音敖包苏木

【组织机构】苏木核定编制共43个。其中,行政编制23个,实配人数23人;事业编制20个,实配人数20人(农牧业服务中心16人、劳动社会保障事务所2人、人口和计划生育服务中心2人)。党员26名,占总人数的60%;少数民族27人,占总人数的63%。苏木下辖巴音宝力格、巴音花、巴音乌兰、乌兰察布、毛都坤兑、格日乐敖都、达布希拉图7个嘎查支部。嘎查两委班子成员共29人,其中书记、主任一肩挑4人;男女比例为21∶8。

【脱贫攻坚】2017年,制定《巴音敖包苏木2017年扶贫动态管理实施方案》,成立领导小组,下设工作组,有效形成主要领导亲自抓,包片领导带队深入,包户干部、下派干部、嘎查村两委全体参与的联动机制。经过评议,苏木有1户牧民人均经济收入低于国家级贫困标准。

【农牧业】争取饲草料地节水灌溉建设项目，在毛都坤兑嘎查新打深井5眼,铺设低压管道12000米,实现1200亩饲草料地节水灌溉，发放玉米补贴3077亩19.7万元。为“茴香”“圣洁”合作社争取市民委少数民族产业发展项目资金120万元,进行肉牛、马奶酒规模化生产和基础设施建设。年内完成动物免疫共12.64万头只，犬孢虫病防治742条,牲畜免疫率达到99%。为157种植户完成8153亩种植保险投保。

【乡村建设】完善人工景观湖和休闲健身步道配套设施建设,争取资金400余万元,实施太阳能供热工程,当年建成并投入使用。争取农牧民小型体育健身项目资金50万元，新建标准化篮球场1处。引进蒙草公司,在苏木所在地、西阿玛乌素、南营所实施绿化工程,种植各类树木3万余株，绿化面积200亩。2017年,巴音花嘎查被国家民委授予“全国少数民族特色村寨”称号。

【社会管理】按照社会矛盾积案化解“百日攻坚”专项行动、打击“黄赌毒”和危爆物品排查整治、信访隐患排查安排部署,开展各类隐患排查整治,累计排查化解企业污染、工程欠款、草场纠纷等涉及群众切身利益的矛盾隐患10件。办结牧民关于草场纠纷、环境污染等信访案件6件。苏木科级领导干部累计接访25批60人次,化解信访积案2件,解决工牧矛盾3起。

【社会事业】落实惠民政策,发放禁牧补贴款1900多万元,民政救灾救济款17.45万元、最低生活保障金8.9万元、"三民"补贴款22.08万元、优抚金5.88万元、退役士兵地方经济补助11.78万元、现役军人家属优待7.6万元、大病救助款6.46万元、"五保"补贴款4.42万元、孤儿补贴1.8万元、高龄补贴6.6万元、残疾人困难补贴1500元、残疾人护理补贴11万元、残疾人燃油补贴6500元。实施社会保障"阳光工程",牧民养老保险参保人数达到597人,参保比例达到17.2%。提高新农合保障水平,参合牧民3478人,参合率100%。强化就业技能培训,组织20名牧民参加旗就业部门举办各类培训,367名牧民子女在工业、商贸、餐饮企业务工。做好卫生计生工作,苏木内2所卫生院医疗设施逐年改善,为牧民群众免费体检433例。年内共出生12人,无计划外出生。完成征兵任务。

【基层组织】履行抓党建"第一责任",坚持把学习贯彻党的十九大精神作为首要政治任务,及时购置发放蒙汉双语《党的十九大报告学习辅导百问》《中国共产党章程》等学习资料。邀请党的十九大代表潘志荣、讲师团成员开展党的十九大精神集中宣讲。执行民主生活会、组织生活会、谈心谈话等制度,年内召开3次以"两学一做"学习教育、巡视"回头看"专项整改为专题的民主生活会,8个党支部按期分别召开2次专题组织生活会,对8个支部202名党员进行民主评议。

【党风廉政】履行党风廉政建设"两个责任""一岗双责",每季度召开1次专题研究党风廉政建设的党委会议。推进"廉政文化进嘎查、进党员中心户"活动,在苏木、嘎查建立廉政广场、廉政宣传栏,专题学习《中国共产党党内监督条例》《中国共产党问责条例》,强化反腐倡廉教育。组织苏木党员干部赴旗廉政警示教育基地进行参观教育,突出警示教育震慑力。2017年,苏木纪委受理信访案件1件,及时进行初步核查,对核查中发现的2人滥用职权,立案调查1人,党纪处分3人。